新・社会心理学の基礎と展開

編著
中里 至正
松井 洋
中村 真

清水 裕
越智 啓太
永房 典之
下斗米 淳
西迫 成一郎
堀内 勝夫

八千代出版

執筆分担（掲載順）

中里至正	第1章
中村　真	第2章、第11章、第12章
清水　裕	第3章
越智啓太	第4章
永房典之	第5章
下斗米淳	第6章
松井　洋	第7章、第8章、第13章
西迫成一郎	第9章
堀内勝夫	第10章

はしがき

　心理学は、人間の行動全般にわたる「行動の原理」を研究する幅の広い学問である。その心理学の中で、社会心理学は、特に人の行動に影響を及ぼす対人関係や環境要因に着目して研究を続けている心理学の一研究分野である。

　われわれは、自分が好むと好まないとにかかわらず、人と人との関わりの中で生活している。そしてわれわれは、自分一人の時と他の誰かがいる時とでは、意識するとしないにかかわらず態度や行動を変えている。なぜだろうか。どんな要因がわれわれに一人の時とは違った態度や行動をさせているのだろうか。その理由を研究しているのが社会心理学なのである。

　さらにいえば、われわれは他人からの影響だけではなく、自分が生まれ育ったところの風俗、習慣、文化の影響を受けて成長しそして大人になっていく。この時の影響が、われわれ日本人と外国の人たちの考え方や行動様式を違ったものにしているのである。この広い意味での環境の影響の受け方を研究するのも、社会心理学の研究課題となっている。

　本書は、広範囲にわたる社会心理学の研究課題の中から、代表的な課題を選んでまとめたものである。また、初学者の理解を容易にするために、本書ではそれぞれの課題を章ごとに、【基礎知識】と【研究の展開】に分けて解説している。さらにいえば、各章の執筆者は、大学や研究所で活躍中の現役の研究者たちである。これらのことが、現在の社会心理学に対する、諸君の理解と興味を増すことに役立っていただければ幸いである。

　本書の企画と刊行に当たっては、八千代出版の森口恵美子社長をはじめ、編集部の御堂真志氏に一方ならぬお世話になった。ここに心からの感謝の意を表する次第である。

2014 年 2 月 5 日

　　　　　　　　　　　　　　　　　　　　　　　　　中里　至正

　　　　　　　　　　　　　　　　　　　　　　　　　松井　洋

　　　　　　　　　　　　　　　　　　　　　　　　　中村　真

目　　次

はしがき　i

Chapter 1　社会心理学の成立とその独自性 ―――― 1

【基礎知識】
Ⅰ　社会心理学の成立 …………………………………………… 1
Ⅱ　社会心理学の目的と研究領域 ……………………………… 3
Ⅲ　社会心理学の研究方法 ……………………………………… 5
　　1 観察法／5　　**2** 実験法／5　　**3** 調査法／6

【研究の展開】
Ⅰ　社会心理学的研究の実際 …………………………………… 7
　　1 社会的動機について（個人レベルの研究）／7
　　2 援助行動について（対人レベルの研究）／9
　　3 リーダーシップについて（集団レベルの研究）／11
　　4 流行について（社会レベルの研究）／13
　　5 道徳意識について（文化レベルの研究）／15

Chapter 2　社会の見方 ――――――――――――― 19

【基礎知識】
Ⅰ　社会的知覚 …………………………………………………… 19
　　1 大きさの判断と価値／19　　**2** 知覚の選択性／20
　　3 サブリミナル効果／22
Ⅱ　対　人　認　知 ……………………………………………… 23
　　1 全体的印象の形成／23
　　2 限られた情報から他者を認知する際に判断を誤らせる働き／24
　　3 対人認知に影響する要因／25
　　4 相手を知ろうとする動機と対人認知／29　　**5** 対人関係の認知／31

【研究の展開】
Ⅰ　偏見（prejudice）とは ……………………………………… 33
Ⅱ　偏見の実態 …………………………………………………… 34

Ⅲ　偏見の形成要因 ……………………………………………………………… 36
　　　■1 心理力学的アプローチ／36　　■2 認知的アプローチ／37
　　　■3 葛藤理論／38　　■4 社会的学習理論／39

Chapter 3　行動の原因と結果についての認知 ───── 41

【基礎知識】

　Ⅰ　帰属の原理 …………………………………………………………………… 41
　　　■1 帰属とは何か／41　　■2 対応推論理論／42
　　　■3 分散分析モデル／43　　■4 因果図式モデル／45
　Ⅱ　帰属の誤り …………………………………………………………………… 46
　　　■1 根本的な帰属錯誤（過度の内的帰属）／46　　■2 過度の責任帰属／47
　　　■3 コントロールの錯覚／48
　　　■4 セルフ・サーヴィング・バイアス（自己奉仕的バイアス）／48
　　　■5 行為者-観察者バイアス／48
　　　■6 正常性バイアス（正常化の偏見）／49

【研究の展開】

　Ⅰ　情動の帰属 …………………………………………………………………… 49
　Ⅱ　個人に特有な帰属の傾向 …………………………………………………… 52
　　　■1 統制の所在／52　　■2 達成結果と原因帰属／52

Chapter 4　個人に特有な行動の一貫性 ─────── 57

【基礎知識】

　Ⅰ　態度とその一貫性 …………………………………………………………… 57
　　　■1 態度とは何か／57　　■2 態度の3つの成分／57
　　　■3 潜在的態度／58　　■4 態度の形成／59
　　　■5 認知的不協和理論／59
　Ⅱ　説得的コミュニケーション ………………………………………………… 61
　　　■1 説得的コミュニケーションとは何か／61　　■2 送り手の要因／63
　　　■3 メッセージの要因／63　　■4 状況の要因／65
　　　■5 受け手の要因／66
　Ⅲ　説得的コミュニケーションへの抵抗 ……………………………………… 66

1 心理的リアクタンス理論／66　　2 免疫理論／67

【研究の展開】
　Ⅰ　説得的コミュニケーションの精緻化見込みモデル ················· 67
　Ⅱ　態度とマーケティング心理学 ··· 69
　　　1 態度と購買行動／70　　2 説得的コミュニケーションと広告／70

Chapter 5　自分の見方 ——— 75

【基礎知識】
　Ⅰ　自己とは ··· 75
　　　1 IとMe／75　　2 鏡映的自己／75　　3 自己の社会性／76
　　　4 自己過程／76
　Ⅱ　自己への注意と自己意識 ·· 76
　　　1 客観的自覚理論／76　　2 自己意識／77
　Ⅲ　自己を知る ··· 79
　　　1 自己概念／79　　2 自己知覚／80
　　　3 セルフ・ディスクレパンシー理論／80
　Ⅳ　自己の評価 ··· 81
　　　1 自尊感情（自尊心）／81　　2 社会的比較／82
　　　3 自己評価維持モデル／83
　Ⅴ　自己を表現する ··· 84
　　　1 自己呈示／84　　2 自己開示／86

【研究の展開】
　Ⅰ　自己意識尺度 ··· 87
　Ⅱ　自尊感情（自尊心）尺度 ·· 87

Chapter 6　対人関係の親密化と悩ましさの発生メカニズム ——— 91

【基礎知識】
　Ⅰ　対人魅力：対人関係の芽ばえ ·· 91
　　　1 感情的側面／92　　2 認知的側面／93　　3 行動的側面／95
　Ⅱ　対人関係の親密化過程：段階理論 ··································· 96
　Ⅲ　親密化メカニズム：維持と崩壊、進展 ····························· 98

1 維持と崩壊のメカニズム／99
　　　2 進展のメカニズム：親密化過程の3位相説／100
【研究の展開】
　Ⅰ　類似性と異質性：情緒的機能と道具的機能 ……………………………… 103
　Ⅱ　親密さと社会的痛み ……………………………………………………… 106

Chapter 7　人を攻撃する ─────────────────── 111
【基礎知識】
　Ⅰ　人の攻撃性の起源 ………………………………………………………… 111
　　　1 攻撃の歴史／111　　**2** 攻撃を説明する／112
　Ⅱ　攻撃は本能か ……………………………………………………………… 112
　　　1 チンパンジーの攻撃／112　　**2** 攻撃の本能／114
　　　3 死の本能／115
　Ⅲ　攻撃と感情 ………………………………………………………………… 116
　　　1 欲求不満と攻撃／116　　**2** 責任の帰属と攻撃／116
　　　3 攻撃の利益とコスト／117　**4** 社会的状況と攻撃／118
　Ⅳ　攻撃の学習 ………………………………………………………………… 119
　　　1 モデリング／119　　**2** マスメディアと攻撃／121
　　　3 攻撃の文化／122
【研究の展開】
　Ⅰ　現代の様々な攻撃 ………………………………………………………… 123
　Ⅱ　攻撃の抑止力 ……………………………………………………………… 125
　Ⅲ　攻撃性を測る ……………………………………………………………… 126

Chapter 8　人を助ける ─────────────────── 129
【基礎知識】
　Ⅰ　人を助ける心は生まれつきか …………………………………………… 129
　　　1 自己犠牲／129　　**2** 進化が向社会性をつくる／130
　Ⅱ　援助と個人的要因 ………………………………………………………… 132
　　　1 向社会的判断／132　　**2** 役割取得／133　　**3** 共感性／134
　Ⅲ　社会的状況と援助 ………………………………………………………… 135

Ⅳ 向社会性をつくる ·· 137
　1 社会化／137　　2 学習／137　　3 親子関係／138
　4 文化と向社会性／138　　5 日本の中・高校生の愛他意識／139
【研究の展開】
　1 向社会性の自己診断／141　　2 共感性の自己診断／142

Chapter 9　人との関わり方 ──────────── 145
【基礎知識】
Ⅰ コミュニケーションの種類と機能 ··· 145
　1 コミュニケーションの種類／145
　2 コミュニケーションの機能／147
Ⅱ 非言語的コミュニケーション ·· 148
　1 視線／148　　2 接触／149　　3 パラ言語／149
　4 ノンバーバル・スキル／150
【研究の展開】
Ⅰ 対人関係の維持とソーシャルスキル ··· 151
　1 人の話を聴くスキル／152　　2 ソーシャルスキルの測定／153
　3 セルフ・モニタリング／153
Ⅱ 要 請 技 法 ·· 156
　1 Door in the face technique（譲歩要請法）／156
　2 Foot in the door technique（段階要請法）／157
　3 Low ball technique（承諾先取り要請法）／158
　4 That's not all technique（特典付加要請法）／160

Chapter 10　集団とリーダーシップ ──────── 163
【基礎知識】
Ⅰ 集　　　団 ·· 163
　1 集団とは／163　　2 集団活動の効果性／164
　3 集団の意志決定／168
Ⅱ リーダーとリーダーシップ ·· 170
　1 リーダーシップ・スタイルの3タイプ／170　　2 PM理論／171

3 コンティンジェンシー（条件適合）理論／173
【研究の展開】
　Ⅰ　カリスマ的リーダーシップと変革的リーダーシップ……………… 177
　Ⅱ　構造こわし …………………………………………………………… 180
　Ⅲ　パス・ゴール理論（Path-Goal Theory）…………………………… 181

Chapter 11　他人への影響力 ─────────── 185

【基礎知識】
　Ⅰ　同調と服従の心理 …………………………………………………… 185
　　　1 同調に及ぼす規範的影響と情報的影響／185
　　　2 服従と社会的勢力／188
　Ⅱ　他者の存在と課題遂行 ……………………………………………… 192
　　　1 社会的促進と社会的抑制／192　　2 社会的手抜き／193
　Ⅲ　他者の存在と対人行動 ……………………………………………… 195
　　　1 援助行動／195　　2 没個性化／195
【研究の展開】
　Ⅰ　なわばり ……………………………………………………………… 196
　　　1 なわばりの種類／197　　2 なわばりの機能／198
　Ⅱ　パーソナル・スペース ……………………………………………… 199
　　　1 パーソナル・スペースとは／199
　　　2 パーソナル・スペースの測定と、大きさ、形状、性差／201
　　　3 パーソナル・スペースの異常／201
　　　4 パーソナル・スペースの規定要因／203

Chapter 12　不特定多数の人々の関わりあい──集合行動のしくみ ─── 205

【基礎知識】
　Ⅰ　集合行動の特徴と種類 ……………………………………………… 205
　Ⅱ　群 集 行 動 …………………………………………………………… 207
　　　1 群衆とは何か／207　　2 群衆の心理的特徴／208
　Ⅲ　流 行 現 象 …………………………………………………………… 208
　　　1 流行とは何か／208　　2 人が流行を採り入れる理由／210

❸ 流行採用の個人差／211　　❹ 流行の社会的機能／212
　Ⅳ　世　　　論 ………………………………………………………… 213
　　　❶ 世論とは何か／213　　❷ 政治と世論／214
　　　❸ マスコミと世論／214

【研究の展開】――事例でみる集合行動
　Ⅰ　流言とその伝播 …………………………………………………… 215
　　　❶ 流言とは何か／215　　❷ 流言の発生条件／216
　　　❸ 事例でみる流言／216
　Ⅱ　パニック …………………………………………………………… 218
　　　❶ パニックとは何か／218　　❷ パニックの発生条件／218
　　　❸ 事例でみるパニック／219　　❹ パニック事態を防ぐには／221

Chapter 13　文化と人 ―――― 223

【基礎知識】
　Ⅰ　文化と人、人と文化 ……………………………………………… 223
　　　❶ 進化と文化／223　　❷ 文化研究のいろいろ／224
　Ⅱ　世界をどう見るのか ……………………………………………… 227
　　　❶ 世界の知覚／227　　❷ 言葉が違えば見方も違う／227
　Ⅲ　東洋と西洋 ………………………………………………………… 229
　　　❶ 分析的思考と包括的思考／229　　❷ 周りに影響される／231
　　　❸ 原因は内側にあるのか外側にあるのか／233　　❹ 西洋と東洋／234
　Ⅳ　文化によって違う「自己」………………………………………… 235
　　　❶ 相互独立的自己観と相互協調的自己観／235　　❷ 文化と発達／238
　　　❸ 個人主義と集団主義／240
　　　❹ 文化は心の中にあるのか社会にあるのか／241

【研究の展開】
　Ⅰ　恥 の 文 化 ………………………………………………………… 242
　Ⅱ　相互独立的自己―相互協調的自己 ……………………………… 244
　Ⅲ　20　答　法 ………………………………………………………… 245

　人名索引／249
　事項索引／253

Chapter 1

社会心理学の成立とその独自性

【基礎知識】

I 社会心理学の成立

　科学としての心理学の歴史は浅く、せいぜいこの100年ぐらいであると考えてよいだろう。心理学にはいろいろな分野がある。青年心理学、臨床心理学、パーソナリティ心理学、教育心理学、犯罪心理学など、心理学は、この100年ほどの間に、その研究対象と目的によって分化し続けて現在に至っている。社会心理学も、そのような分化の過程で台頭した心理学の一分野である。

　それ以前は、遠く古代ギリシャ時代から中世を経て、哲学、宗教学、政治学などの研究者が、性格とか、宗教行動とか、社会的行動などに興味を抱いて研究をしていたといわれている。

　ところが、18世紀の後半に、イギリスに端を発した産業革命は、19世紀の後半になってヨーロッパ諸国やアメリカ、さらには日本に多大な影響を与えた。この影響の1つが、科学的に物事を考える、という思想の定着である。ここでいう科学的という意味は、あらゆる問題の解決は、論理的、客観的に実証され、かつそれが検証可能でなければならない、という考え方である。自然科学的な考え方といってもよいだろう。

　当然のことながら、心理学もこの時代の影響を強く受けた。いわゆる実験心理学の台頭である。20世紀に入って、知覚心理学や学習心理学などが、

実験という手法、つまり操作主義的な手法を取り入れて大きく発展することになる。しかし、それらの心理学は、個人の知覚現象とか、個人の学習過程を研究の主たる対象として、集団の中の人の行動についてはあまり興味を示していなかった。

われわれは無人島に暮らしているわけではない。誰もが絶えず人からの影響を受け、そして人にも影響を与えながら日常の生活を送っている。つまり、われわれの日常生活は、生まれた時から、人との「相互作用」によって成立しているのである。

常識的に考えても、われわれの行動は、1人の時と、誰かと一緒の時とではかなり違っていることは確かである。特に、恋人と一緒の時などの態度、ものの感じ方、行動などは、1人の時とは大きく違っていることは周知の通りである。とすれば、当然のことながら、心理学は1人の時とは違うわれわれの行動をも、研究の対象としなければならなくなる。なぜならば、個人を対象とした研究をいくら重ねても、集団にいる時のわれわれの行動のメカニズムを知ることにはならないからである。この点を科学的に明らかにしようとするのが、現代の社会心理学なのである。

もちろん、20世紀の初頭から、科学的な手法にあまりこだわらずに、集団における人の行動に興味を持って研究を進めた心理学者たちがいた。たとえば、実験心理学の父といわれたドイツのヴント（W. Wundt）、フランスのル・ボン（G. LeBon）やタルド（G. Tarde）などがそれである。

ヴントは、彼の著書『民族心理学』の中で、民族による言語、習慣、神話などの違いを民族精神と考えてその原因を追求した。民族という集団を研究の対象にしたという意味で、彼の研究を先駆的な社会心理学研究であるという人もいる。

また、ル・ボンは、「群集心理」を研究している。彼は当時の民衆の集合行動を、衝動的、盲目的、被暗示的と批判したそうである。彼の研究は、個人の心理状態を越えた「集合心」を想定しているという意味で、人の社会行動の研究といえるだろう。また、タルドは、ル・ボンのいう「集合心」を、人

と人との間に成立する「模倣」という特殊な相互作用から群集心理を説明したといわれている。タルドもまた、集合時の人の行動に興味を持っていたということになる。このような彼の研究もまた、先駆的な社会心理学的研究といえるだろう。

その後、ヨーロッパに端を発した先駆的な社会心理学的研究は、その中心がアメリカに移る。1920年代から1930年代にかけて、社会心理学はアメリカにおいてその基礎が出来上がることになる。

現代の社会心理学の基礎を確立したのは、アメリカのオールポート（F. H. Allport）であるといわれている。彼は1924年に、社会心理学に実験的手法を取り入れて社会心理学の体系化を試みた『社会心理学』という著書を出版している。オールポートが主張した実証的な研究の重視という研究方向は、多くの研究者の賛同を得て、その後の実験社会心理学の成立に貢献することとなった。

第2次世界大戦の後、社会心理学はさらに発展する。現在は、政治、経済、広告、教育、リーダーシップ論、援助行動、災害時の行動など、多くの領域に社会心理学は深く関わっている。このような、研究領域の拡大に伴って、新しい理論の構築が必要となる。その試みが現在でも続いているのである。

Ⅱ　社会心理学の目的と研究領域

社会心理学は、個人の態度や行動に影響を及ぼす他者、集団、文化、社会制度などとの相互作用を研究する学問である。ここでいう相互作用という意味は、たとえば個人は他者からの影響を受けるが、同時に、その個人は他者に対して影響を与えているということである。

このように、社会心理学の研究対象は、基本的に「個人」であり、その主たる研究の目的は、個人を取り巻く広い意味での「社会的環境」との相互作用を明らかにすることである。この相互作用の実態が明らかになれば、そこからその相互作用を予測する仮説を設定することができる。そしてその仮説

は、客観的に検証されることによって、理論の構築へと発展していくのである。

　この定義から想像がつくように、社会心理学の研究領域は広範囲にわたる。それでは社会心理学は、実際にどのような研究を行っているのだろうか。そして、どのようなプロダクトを生み出しているのだろうか。それらの具体的な内容については、後の章に譲るとして、ここでは簡単に、加藤義明（1989）の考え方を参考にして、社会心理学の研究領域を概観する。

① 個人レベルの研究：社会的動機、対人認知、社会的知覚、態度の形成と変容、帰属過程、社会的自己など。
② 対人レベルの研究：協同、競争、攻撃、援助、コミュニケーション、対人魅力など。
③ 集団レベルの研究：集団形成、集団凝集性、集団規範、同調と逸脱、集団意思決定、リーダーシップなど。
④ 社会レベルの研究：流行、デマ、パニック、マス・コミュニケーション、群集行動、広告、偏見、世論など。
⑤ 文化レベルの研究：社会的動機、社会的知覚、価値意識、道徳意識、国民性、行動様式など。

　以上は、社会心理学が関与する研究領域のほんの一部分であるといっても過言ではないと思う。そのぐらい社会心理学は、われわれの複雑な日常生活と密接に関連している学問なのである。最近では、ますますその研究領域が拡大の方向に向かっている。たとえば、子どもの対人認知の発達と関連した「発達社会心理学」、教育の実際と関連させた「教育社会心理学」、問題行動の診断や治療と関連させた「臨床社会心理学」、災害時の避難行動やパニックなどと関連する「災害心理学」などが、社会心理学の応用分野として、多くの研究がなされている。

Ⅲ 社会心理学の研究方法

　社会心理学の研究方法は、他の心理学と基本的に同じである。ここでは、現在の社会心理学が用いている研究の方法を簡単に紹介する。以下に述べる研究方法は、いずれも一長一短がある。実際の研究を進めるに当たっては、研究の目的や状況によって、最も適した研究方法を採用することになる。

1 観 察 法

　観察法とは、研究者がありのままの現象を観察して、そこからデータを収集するという方法である。この方法は、観察者の主観が入りやすいために、観察の仕方がいろいろと工夫されている。

　その1つが、組織的観察法といわれている方法である。この方法は、観察に当たってあらかじめ、何をどのように観察して記録するかという枠組みを決めておくのである。そうすることによって、観察に主観が入ることをある程度防ぐことができる。さらに観察結果の客観性を増すために、複数の観察者が同じチェックリストを用いて観察することもある。

　いずれにしてもこの方法は、主観的になりやすいという欠点があるが、本格的な研究に入る前の段階としての問題の発見や情報の収集には有効な方法とされている。

2 実 験 法

　実験法というのは、人為的に計画され、統制された状況の中で、刺激条件（独立変数）を操作し、それに対応して変化する反応（従属変数）を測定するという方法である。この方法の主たる目的は、刺激と反応との間の因果関係を知ることである。たとえば、隣の部屋から、悲鳴とか笑い声などを聞かせて（独立変数）、それに対して被験者としての子どもたちが、どのような反応（従属変数）をするかを測定する、という実験があったとする。このような実験

によって、様々な声という刺激条件と、それと対応した子どもたちの反応との間の因果関係を知ることができるのである。

　この実験法には、現場実験と実験室実験とがある。現場実験とは、現実の工場や学級、また路上などで、人為的に「刺激」を操作して、その結果、対象者の「行動」がどのように変化するかを測定するという方法である。現実に近い状況での実験なので、対象者の心理的な抵抗感とか違和感は少ないが、コントロールが難しく、他の要因が混入する可能性がある。

　これに対して、実験室実験は、完全に近い形で実験条件をコントロールすることができる。しかし、実験室という場面は、現実とはかけ離れたものであるし、不自然でもある。さらにいえば、対象者の心理的な抵抗感も避けられないという短所もある。しかし、この方法は、刺激と反応との間の因果関係を知るための望ましい方法であることは確かである。

3 調 査 法

　調査法とは、質問に対して回答者が答えるという形でデータを収集する方法である。この方法は、実験法のように、因果関係はわからないが、たとえば、態度とか意識とかを構成する要因間の相関関係を知ることができる。

　たとえば、中里至正らの研究（1999）で明らかなように、思いやり意識の強弱と親子関係の良否の間には強い相関関係がある。具体的には、思いやり意識の強い子どもたちは、親との関係が良好であるのに対して、思いやり意識の弱い子どもたちは親との関係が思わしくないのである。この場合、思いやり意識の強弱と、親子関係の良否との間の正確な因果関係はわからないが、両者の間にある程度の因果関係を想定することができる。調査法は、実験法の適用が難しい社会的行動を研究の対象とする時に用いられる研究方法であって、現在の社会心理学では非常に多く用いられている。

　調査法は、質問紙や調査票を用いて行われる。質問紙調査法には、大別して、自計調査（回答者が直接自分で調査票に回答する方式）と、他計調査（口頭による質問に回答者が口頭で答えて、それを調査者が記入するという方式）がある。

自計調査には、①調査者が回答者を訪問して、後日に調査票を回収するという配票調査、②教室などで全員に調査票を配っていっせいに回答してもらうという集合調査、③調査票を郵送、もしくは電子メールなどで送って、回答した調査票を返送してもらうという広い意味での郵送調査などがある。

また、他計調査には、①調査者が質問して、その回答を調査票に記入するという面接調査、②電話で回答してもらう電話調査などがある。

【研究の展開】

I 社会心理学的研究の実際

さて、ここでいくつかのトピックスを選んで、具体的に、社会心理学では実際にどのような研究が行われているかを、研究の歴史なども含めながらごく簡単に述べることにしたい。後の章では、テーマ別に最近の研究も含めて、より詳細な解説がなされているが、ここでは、社会心理学が、いかに身近な問題を研究の対象としてきたかを簡略に説明したいと思う。

1 社会的動機について（個人レベルの研究）

日常の生活で、われわれは物事を考えたり、行動したりしている。そのような行動を起こさせる原動力を、心理学では動因とか動機と呼んでいる。この動機は、大別して2つある。その1つは、生存と直接関係する「飢え」とか「渇き」とか、「苦痛からの逃避」などの生得的な動機である。他の1つが、後天的な学習によって習得される「社会的動機」である。われわれの行動のほとんどは、この社会的動機によって生起しているといっても過言ではない。

社会心理学は、社会的動機がどのように形成され、その動機に基づく行動

にどのような特徴があるかを研究する。現在までに、多くの社会的動機が見出されている。たとえば、「達成動機」といわれる社会的動機がある。この動機は、困難を乗り越えても目標を達成したいという動機である。また「親和動機」といわれる社会的動機がある。この動機は、他の人たちと仲良くし、その関係を続けていきたいという動機である。さらにまた、「支配動機」といって、人に指示したり、人の上に立ちたいというような社会的動機もある。これらの社会的動機は、仕方によってその内容が研究者によって多少異なっているが、マレー（H. A. Murray, 1964）の、屈従、達成、親和、支配、攻撃など20種類に社会的動機を分類した研究が有名である。

　われわれは、これらの社会的動機を1つだけ持っているわけではない。われわれは皆、複数の社会的動機を有している。ただ、それらの社会的動機の相対的な強さが人によって違うのである。たとえば、達成動機と支配動機が比較的強く、親和動機が弱い人がいたとする。このような人は、出世志向が強くがんばりやで、目標達成のためには、友だちとの友情については軽く考える傾向があるかもしれない。また、親和動機が非常に強く、達成動機が比較的弱い人がいたとする。この人は、仕事の成功をある程度犠牲にしても、今まで築いた人間関係を重視する傾向があると考えられるのである。

　このように、社会的動機は、人の社会的行動の原動力であって、その原動力の構成が人によって違っているのである。別の言い方をすると、その人に特有な複数の社会的動機の強弱によって、人それぞれによって社会的行動の違いが生じてくる、つまり個人差が生じてくるということになる。

　個人差といえば、パーソナリティ心理学が、伝統的に、性格とか気質という観点から、人によって異なる態度や行動傾向を研究している。ここにパーソナリティ心理学と社会心理学との接点がある。また、臨床心理学も社会心理学との接点がある。というのは、何らかの理由で社会的動機が阻止された場合、人はフラストレーションの状態になり、場合によっては適応異常の行動をするようになるので、この治療のためには、社会的動機の解明が必要となるからである。

さらにいえば、個人の社会的動機の強弱の相対的な関係は固定的なものではない。社会的動機は、成長するに従って、また何かの特別な出来事によって変化することもある。たとえば、シャクター（S. Schachter, 1959）の実験が示すように、人は不安状態になると親和動機が強くなるそうである。たしかに、ハイジャック事件の報道などを見ていると、飛行機の中の見知らぬ乗客同士の親近感が増すそうであるし、また場合によっては、犯人に対してさえも親近感のような感情を抱くこともあるらしい。このことから、社会的動機を変動するパーソナリティ特性という人もいる。

それでは、社会的動機はどのようにして形成されるのだろうか。この点については不明のところが多いが、遺伝的要因、幼い時からの家庭環境、しつけのされ方、生活環境の違い、生活環境の変化などが、社会的動機の形成と密接に関係しているものと考えられている。

2 援助行動について（対人レベルの研究）

だいぶ以前の話であるが、1964年の3月のある日の夜中に、ニューヨークでキティ・ジェノヴィーズという若い女性が変質者に殺されるという事件があった。当時のアメリカでは、この種の事件は珍しいものではなかったが、この事件の特異性は、彼女が30分もの間悲鳴を上げて逃げまどっていたのに、そのアパートに住む38人の住人が、そのことに気付きながら誰一人彼女を助けるという行動に出なかった、というところにある。

もし住人の誰かが、自分では助けに行かなくても、警察に電話をかけてくれさえすれば、少なくとも10分以内には必ずパトカーがやって来る。そうすれば彼女は殺されずにすんだはずである。このような事件、つまり周囲の人が気付きながら、誰も助けてくれずに殺されてしまった事件は、当時のニューヨークでいくつも発生したそうである。

このような事件の多発に対して、ニューヨークの新聞、雑誌、テレビなどが大きく反応した。つまり、「これでよいのかニューヨークっ子よ！」と強く、そして広くニューヨークの住民に訴えたのである。当時、ニューヨーク

にあるコロンビア大学の若き社会心理学者ラタネ（B. Latané）とダーリー（J. Darley）は、これらの報道に触発されて「人はなぜ人を助けないのか」という命題の研究を始めた。彼らの研究は、1970年に『冷淡な傍観者』という本にまとめられて出版され、多くの賛辞を得ることになった。その後間もなくして、カリフォルニア大学バークレー校のマッセン（P. Mussen）と、彼の教え子であるアリゾナ大学のアイゼンバーグ（N. Eisenberg）は、より広範囲な思いやり行動（愛他行動）の研究を行っている。

　人が人を助けるか、助けないかという行動は、対人行動という意味でまさに社会心理学の課題である。当然のことながら、1980年代には、多くの社会心理学者がこの分野の研究に関心を持ち、いろいろな角度からの研究発表が見られるようになった。それらと並行して、援助行動の発達とか形成についての研究が、発達心理学者や学習心理学者、さらに比較文化心理学者などたちによってなされている。たしかに、援助行動は単に社会心理学の問題にとどまらず、より広範囲な課題を内包している。

　たとえば、人が人を助けたい、という援助動機は、明らかに後天的に形成された社会的動機である。とすれば、それはどのような形成過程をたどって獲得されてくるのだろうか。このような問題を考える時には、どうしても発達心理学や学習心理学の知恵を借りる必要がある。また、文化によって異なる規範意識や価値観が、救援行動や思いやり意識の形成とか発達とどのように関係しているのだろうか。この点については、比較文化心理学の研究業績が、情報を提供してくれることになるだろう。

　「援助行動」のような大きく、そして複雑な行動のメカニズムを明らかにするためには、いくつかの学問領域からの知見を総合する必要があることは当然のことである。しかしながら、援助行動と関連するいくつかの研究領域の中で、社会心理学が中心的な役割を果たしていることは確かである。社会心理学は、援助行動が生起する、もしくは生起しない条件を、援助者と被援助者との関係、その場の状況との関連、環境要因との関連、さらには、援助動機と他の社会的動機との関連など、実に広範囲にわたる研究を続けながら

現在に至っている。なお、援助行動については、「Chapter 8」でより詳細に述べられているので参照されたい。

3 リーダーシップについて（集団レベルの研究）

　最近は、みんなを引っ張っていくようなリーダーがいなくなったとよくいわれる。たしかに、子どもたちを見ていても、昔の「ガキ大将」的な子どもが見当たらなくなって久しい。また、リーダー不在の家庭も最近は少なくないようで、このことは中里らの研究（1999）でも明らかになっている。

　このように、最近のわが国には強いリーダーがいなくなってきたということは、われわれの生活にはリーダーは必要ないということを意味しているのだろうか。そのようなことはないようである。会社に勤めるサラリーマンなどからよく聞く、「良い上司不在」の嘆きは、裏返せば、「リーダー待望論」である。たしかに、ある集団が、ある目的を効率的に達成しようとすれば、そこには「良い」リーダーの存在が必要である。このことは多くの社会心理学的研究が実証している。

　リーダーシップ、つまり個人の周囲の人に対する影響力、もしくは指導力が、学問の対象となったのは、20世紀の初頭である。産業革命以後の近代産業においては、その昔と違って何百人、何千人という単位の人たちが、同一の職場、たとえば自動車工場などで働くようになった。そのようなところでは、リーダーシップの良し悪しが、直接的にその工場の生産性の高低と関係する。とすれば、リーダーシップに関する研究の重要性が高まってきたのは当然のことといえるだろう。そのような世の中の要求に応えたのがアメリカの社会心理学者、もしくは組織心理学者たちであった。その後、この領域の研究は、アメリカを中心として発展し現在に至っている。

　リーダーシップ研究が、最終的に目指すところは、広い意味での生産性の向上である。そこでは、どのようなタイプのリーダーが、より望ましいリーダーシップを発揮するかということが主要な研究課題となった。つまり、リーダーとフォロワー、もしくは上司と部下との関係が生産性との関係で研究

されたのである。

　この方向の研究で、歴史的に有名なのが1920年代の後半に、アメリカのある通信機メーカーのホーソン工場で行われた実験である。メイヨー（E. Mayo）らは、その工場の女子従業員を対象として実験を重ねた結果、職場の人間関係の良し悪しが、生産性の向上に結び付くということを発見した。「職場」という公式集団よりも、「仲間」という非公式集団の人間関係の重要性を指摘した彼らの研究は、その後のリーダーシップ研究に強い影響をもたらし、「人間関係論」が重視され、広く受け入れられることになった。

　1930年代の後半になって、レヴィン（K. Lewin）は、集団内における人の考え方や行動について詳細な研究を始めた。いわゆるグループ・ダイナミクス（集団力学）の研究である。そこでは、集団目標の有無、集団の凝集性の強弱、つまり個人がその集団にとどまりたいと思う気持ちの強弱とか、集団からの圧力の強弱などが、集団内における個人の行動にどのような影響があるかが検討された。さらに、これらの研究結果をもとにして、望ましいリーダーシップのあり方についても、きめの細かい研究がなされている。

　わが国では、三隅二不二のリーダーシップの研究が有名である。彼は、リーダーシップのパターンを、目標達成機能（P機能）と集団維持機能（M機能）のそれぞれを強弱に二分して、その組み合わせで望ましいリーダーシップのあり方を検討した。ここでいう目標達成機能とは、部下を厳しく管理し働かすという側面である。また、集団維持機能とは、部下に配慮し優しく対応するという側面である。前者を「鬼の管理職」、後者を「仏の管理職」のイメージでとらえればわかりやすいかと思う。これらの側面を組み合わせると、PM型（どちらも強い）、Pm型（Pのほうが強い）、Mp（Mのほうが強い）型、pm（どちらも弱い）型の4パターンになる。

　三隅らの研究によれば、一般的にはPM型が最も望ましく、pm型が最も望ましくないとされている。しかしその後の研究で、どのような職位にいるか、部下のレベルの高低、仕事の内容などによって、望ましいリーダーシップの型が異なるということが見出されている。

望ましいリーダーシップのあり方については、過去から現在まで、20年ぐらいの間隔で微妙に変化している。その最大の理由は、部下である若者の労働意識や社会情勢、さらには経済情勢が変化しているからである。このように、これからも望ましいリーダーシップのあり方は、時代とともに変化していくものと思われる。

　なお、現在のリーダーシップ論には、ここで述べたほかにもいくつかの代表的な考え方がある。そのことについては、「Chapter 10」で詳しく述べられているので参照されたい。

4 流行について（社会レベルの研究）

　「流行」という言葉は、日常的によく使われている。服装とかアクセサリー、独特の言い回しとか行動、さらにはスポーツやゲームなど、われわれの生活の中には、いわゆる「流行現象」が日常化している。この現象は、マスコミの伝達手段の発達と強く関係している。したがって、いろいろな情報の伝達手段がある現代では、流行の伝播のスピードも、またその影響の範囲も大きくなっている。

　この流行という現象は、どのような特徴を持っているのだろうか。流行に乗った行動は明らかにわれわれの社会的行動の一部である。誰もいない無人島に生活している人には、流行はありえないであろう。この意味で、この現象は社会心理学の研究対象となる。

　流行は、ある集団の趣味とか、考え方とか、行動様式を、他の多くの人たちが比較的短い期間に取り入れるという社会現象である。この現象は、その社会の習慣とか文化をくつがえすような「大事件」ではない。したがって、個人は比較的自由にその現象を、部分的に、または全面的に取り入れることになる。

　流行はその内容によって、大きく広がる場合もあれば、それほど広がらない場合もある。また、流行は短期間に消失してしまうという特徴があるが、場合によってはそれが習慣化して定着するものもある。さらにいえば、いっ

たん消えてしまった流行が、その後しばらくして復活することもある。

それではなぜ「流行」という現象が起きるのだろうか。従来の研究によると、流行はいくつかの動機が複合して生起していると考えられている。われわれは、新しいことや珍しい物に興味を抱く。これは誰もが生まれながらにして持っている「好奇動因」と呼ばれるものである。もちろん、その強さは人によって異なるが、この気持ちを持っていない人はいない。

この好奇動因を基本にして、それ以外に特に2つの社会的動機が、流行の発生に関係している。その1つは、顕示要求である。われわれには、目立ちたい、人の注意を引き付けたい、人とは違ったことをしたい、という気持ちがある。このような気持ちを、顕示要求という。この要求が、若者に、たとえば短いスカートとか、破れたGパンをはかせる原動力となっている。

他の1つは、ほかの人と同じようにしたい、という同調、もしくは同化要求である。われわれは皆、何らかの社会集団に所属している。意識するとしないにかかわらず、われわれはその集団からの圧力を受けて生活している。その社会的圧力が皆と同じような行動をさせることになる。この気持ちもまた、ある程度流行している行動や品物などをより広く伝播させる原動力になっている。

このように、われわれが流行を取り入れた行動をするに当たっては、ある意味で矛盾した2つの社会的動機が関係しているのである。というのは、たとえば「目立ちたい」という気持ちは、皆と同じことをしたくない、つまりその集団からの逸脱を志向しているのに、同時に「皆と違ったことはしたくない」という気持ち、つまり集団への同調をも志向しているからである。このように、流行の心理は、複雑ではあるが、社会心理学的には興味深い研究課題である。今後とも、流行についての研究が様々な角度から行われることになるものと思われる。なお、流行についてのより詳しい解説は「Chapter 12」で述べられているので参照されたい。

5 道徳意識について（文化レベルの研究）

周知のように、何が良いことで、何が悪いことかという判断基準は国によって、もしくは文化によって異なる。もちろん、殺人をするとか、強盗をするというような凶悪な犯罪行為については、どの国でも悪いことであって、それを「良い」というようなところはない。しかし、子どもが酒を飲むこと、ポルノなどに接触すること、夜遅くまで外で遊ぶことなどについて、それらの行為を悪いことと考える程度は、国によってかなり違ってくる。つまり、社会的行動の善悪の判断基準、もしくは道徳意識は、文化によってかなり違っているのである。

古典的な研究としては、40年ほど前に行われたアメリカのコールバーグ（L. Kohlberg, 1976）の道徳的判断の発達に関する研究が有名である。彼は、長年の研究の結果、道徳的判断には以下のような6段階の発達のプロセスがあるとした。

レベルⅠ　前習慣的水準
第1段階：物理的な結果によってのみ行為の善悪を判断する。罰を避け、力のある者に対して盲目的に服従する。
第2段階：正しい行為とは、自分の欲求や、場合によっては他人の欲求を満たすことである。この段階では、公平、平等な分配ということも考えているが、それらをいつも損得勘定で考える。

レベルⅡ　習慣的水準
第3段階：良い行為とは、他人を喜ばせたり、助けたりして、他者から容認されることである。いわゆる「良い子志向」である。この段階では、行為の背後にある動機も考えられるようになる。
第4段階：この段階での正しい行為とは、法を守り、義務を果たすこと、そして権威を尊重し社会秩序を維持することである。

レベルⅢ　後習慣的水準

第5段階：正しい行為とは、法的な観点を重視しながらも、個人の権利と、社会の基準との兼ね合いで決められるものと考える。
第6段階：正しい行為とは、論理的な一貫性があることを前提として、自分自身の「倫理的原理」による良心によって決められるものと考える。

　ここで問題とすることは、コールバーグの考え方そのものの妥当性の有無ではない。問題は、彼の理論が、普遍性を持っているのか、それとも文化によって異なるものなのか、ということである。
　この点については、1980年代から90年代にかけて多くの研究がなされている。たとえばスナーレー（J. R. Snarey, 1985）は、27ヵ国で行った研究の結果を検討して、コールバーグの発達段階の第1段階から第4段階までは普遍性があるが、第5段階と第6段階については国によって異なるといっている。
　その他、香港在住の中国人を対象としたホーとルー（K. Hau & W. J. Lew, 1989）の研究や、香港、中国、イギリス、アメリカの被験者を対象としたマとチュン（K. H. Ma & C. Cheung, 1996）の研究でも、スナーレーと同様な結果を見出している。このように、発達段階のレベルⅢのところでは、どの文化にも共通する普遍性は認められていない。
　わが国では、山岸明子（1985）がコールバーグの追試を行っている。その結果、わが国の子どもたちの場合は、アメリカよりも早い時期に第3段階に移行するが、そこにとどまる期間が長いということが明らかになっている。このことについて彼女は、他者との「融合」を良しとする日本の文化が、長いこと子どもたちを第3段階の水準にとどまらせているのではないか、またそのことから、コールバーグのとは違った発達の「段階」があるのではないかなどと考察している。
　以上のように、道徳意識については、「最高レベル」といわれるところで、国による、もしくは文化による一貫性は認められていないが、その下のレベ

ルではある程度の普遍性があるようである。しかし、「最高レベルの道徳意識」を設定すること自体が、比較文化心理学的に考えてあまり意味のあることとは思えない。というのは、道徳そのものの考え方が、文化の違いによって大きく異なるからである。

　たとえば、インド人とアメリカ人を比較した、ミラーとバーソフ（J. G. Miller & D. M. Bersoff, 1992）の研究によれば、ヒンドゥ教では、人を助けることが最高の道徳で、大人も子どももそれ以上のレベルの道徳はないそうである。とすれば、インドにはインドに適した、道徳意識の発達のプロセスを考えなければならないことになる。

　文化の違いはともかくとして、どんな文化でも、道徳意識が学習されて、より高次のレベルへと発達することは確かである。それではどのような要因が、道徳的行動のような高次の社会的行動の形成とか発達に関与しているのだろうか。文化レベル研究については、現在の社会心理学にはまだまだ研究の余地が多く残されている。

参考・引用文献

　G. W. オールポート（高橋　徹・本間康平訳）(1957)『社会心理学史（社会心理学講座Ⅰ）』みすず書房
　安藤清志・大坊郁夫・池田謙一（1995）『現代社会心理学入門 社会心理学』岩波書店
　加藤義明・中里至正編著（1996）『入門社会心理学（基礎心理学Ⅴ）』八千代出版
　加藤義明・中里至正編著（2000）『入門心理学（基礎心理学Ⅰ）』八千代出版
　D. マツモト（南　雅彦・佐藤公代監訳）(2001)『文化と心理学』北大路書房
　中里至正・松井　洋（1999）『日本の若者の弱点』毎日新聞社
　中里至正・松井　洋（2003）『日本の親の弱点』毎日新聞社
　中里至正・松井　洋・中村　真編著（2013）『新・心理学の基礎を学ぶ』八千代出版
　末永俊郎・安藤清志編（1998）『現代社会心理学』東京大学出版会

Chapter 2

社会の見方

【基礎知識】

　われわれの周囲には、人やモノ、事象、出来事といった無数の情報が存在する。人は、そのような社会的世界をどのように見つめ、受け止めているのだろうか。溢れる情報の中からどのようにして自分に必要なものを選び出しているのだろうか。これは、人が社会的適応を図る上で極めて重要な問題である。なぜならば、自分を取り巻く人やモノを的確に把握することによってわれわれは社会環境に適応することが可能になるからである。【基礎知識】では、人がモノや他者を認識するしくみ、すなわち、社会的知覚および対人認知について論じる。

I 社会的知覚

　「隣の花は赤い」とか「逃げた魚は大きい」といった諺で言い表されているように、われわれの目に映るモノの形や色、大きさは、必ずしもそれらの物理的な特徴をありのままに反映したものではない。人の知覚は、社会的諸条件によって影響されるものであり、対象に付与された社会的価値や対象に対する知覚者の興味、関心、欲求、恐れなどによってその見え方や聞こえ方も異なってくる。このような現象を社会的知覚（social perception）と呼ぶ。

1 大きさの判断と価値

　先に挙げた諺のように、釣り上げる途中に目の前で逃げられてしまった魚

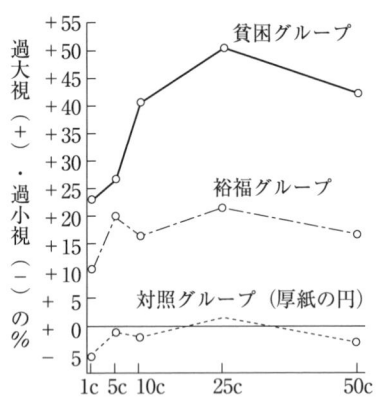

図 2-1　貨幣の見えの大きさ（J. S. Bruner & C. C. Goodman, 1947）

は大きく見えるものだという。このような知覚現象が生じる原因は、釣り人の魚に対する欲目（惜しいという気持ち）にあるとされている。これを実証的に確かめたのが、ブルーナーとグッドマン（J. S. Bruner & C. C. Goodman, 1947）の研究である。彼らは、児童を対象に貨幣の大きさの知覚判断実験を行った。そこでは、児童に額が異なる5種類の貨幣および統制条件として設けられた貨幣と同じ大きさの円盤状の厚紙を提示し、それらがどのくらいの大きさに見えるかの判断を求めた。その結果、円盤状の厚紙の大きさはほぼ正確に判断されたのに対して、貨幣は実際よりも大きく判断された。また、児童を家庭の経済状態によって富裕群と貧困群に分けたところ、過大視の程度は貨幣に対する欲求が相対的に強いと思われる貧困群で顕著であった。つまり、われわれは価値あるモノを実際よりも大きく見る傾向があることを示している。このように、社会的に価値づけられたモノの過大視を知覚的強調化（perceptual accentuation）と呼ぶ（図 2-1）。

2 知覚の選択性

1）知覚的鋭敏化

ミュージシャンの小田和正は、何気なく目にしていた新聞や雑誌に俳優の

田村正和やODA（政府開発援助）の活字が載っていると、一瞬、自分のことかと思ってしまい、目が止まってしまうのだという。たしかに、膨大な活字情報の中に埋もれている自分の名前は特に注視していなくても自然に目に入ってくるものである。このように、われわれは誰もが溢れる情報の中から自己や自己に関連すること、あるいは興味や関心を抱いていることをすばやく察知することができる。このような機能は知覚的鋭敏化（perceptual sensitization）と呼ばれる。

　これを実証的に示したのがポストマンら（L. Postman, J. S. Bruner & E. McGinnies, 1948）の研究である。彼らは、あらかじめ測定することによって得られた被験者にとって価値が異なる複数の単語を特別な装置を用いて瞬間提示すると、価値の高い単語ほど迅速に認識されることを見出した。すなわち、認知者にとって価値が高い刺激ほどそれに対する認知閾は低くなるという。認知閾とは、刺激が正しく判断されるのに要する最小の提示時間のことである。先の例は、いわば、知覚的鋭敏化に伴って生じてしまう誤認であるといえよう。

2） カクテル・パーティ現象

　休み時間中のざわついた教室や歓談中の立食パーティ会場では、人の噂話に花が咲くことが多い。しかし、多少離れた位置であっても噂の的になっている人が居合わせる場合には、当人に聞かれたくないような悪い噂話は極力避けたほうがよいだろう。なぜならば、われわれは大勢の人が居合わせ、多くの聴覚的刺激が同時に生起しているような状況下にあっても、自分のことや自分が興味を持っていることなどを選択的に抽出することができるからである。これはカクテル・パーティ現象と呼ばれ、聴覚的刺激に対する知覚の選択性を示す際にしばしば言及される。ためしに、同じような場面で録音された音声を聞いてみるとよい。雑然とした聞き分けにくい音しか聞こえないはずである。よく、「壁に耳あり……」といわれるが、パーティ会場では「雑踏に耳あり……」に置き換えたほうがよいのかもしれない。

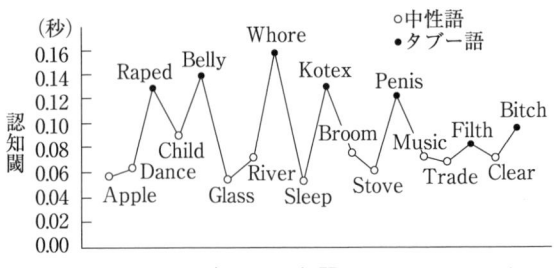

図 2-2　中性語とタブー語の認知閾 (E. McGinnies, 1949)

3) 知覚的防衛

　一方、われわれには、知覚すると恐れや不安、不快感が生じてしまうような刺激をできるだけ知覚しないようにする傾向がある。これを知覚的防衛（perceptual defense）と呼ぶ。マクギニー（E. McGinnies, 1949）は、被験者に性に関する単語と中性的な単語を瞬間提示し、それらに対する認知閾を測定した。図 2-2 に示したように、認知閾は 2 種類の単語で異なっており、中性語よりも性に関する単語の認知閾が高い。つまり、性に関する単語は中性語よりもそれを認識するために必要とされる時間が長くなったのである。1940 年代の人々にとっては、現在にも増して図 2-2 に示したような性に関する単語は社会的にタブーとされており、口にすることがはばかられていたと思われる。したがって、それらを知覚することによって不快な思いが導かれるのは想像に難くない。

　知覚的防衛は、精神分析理論でいう防衛機制と類似したものであると想定されており、不快感を招くような対象は意識される前に無意識下で検出され、何らかの処理（たとえば、「抑圧」のような）が施されることによりそれが意識に上って自我が脅かされるのを防ごうとする働きであると考えられる。

3　サブリミナル効果

　かつて、映画の映像の中に観客が全く気づかないように瞬間的に「コカ・コーラを飲め」、「ポップコーンを食べろ」といった文字を挿入したところ、売店でのコカ・コーラとポップコーンの売り上げが増加したという実験があ

った。坂元 章ら（1999）によると、これはパッカード（V. Packard, 1957）がその著書『隠れた説得者たち（*The hidden persuaders*）』において紹介したビカリー（J. M. Vicary）のコカ・コーラ実験であり、当時のアメリカ社会に大きな衝撃を与えた。このように、閾下で提示された刺激によって知覚者の心理や行動が影響されることがある。これをサブリミナル効果と呼ぶ。後に、この実験結果は信頼のおけるものではないとする見解をビカリー自身が告白しているが、後続する多くの研究を総合的に概観すると、サブリミナル効果は確かに存在するようである（坂元ら、1999）。しかし、その効果が現れる条件や詳しいメカニズムについては未知の部分も多く、今後の研究にその解明が期待される。

II　対人認知

　初めて会うことになった取引先の担当者の人柄や仕事ぶりについて、あれやこれやと情報を入手している営業マンの姿を目にすることがある。この営業マンに限らず、他者とつき合っていく上で、その人をどのように認識するのかといった問題は重要である。なぜならば、われわれは他者についての印象に基づいて相手を理解し、その人の行動を予測し、時にはそれを制御することに役立てようとするからである。ここでは、他者を認識するしくみ、すなわち、対人認知（person perception）について論じる。

1 全体的印象の形成

　「知的な」「器用な」「勤勉な」「あたたかい」「決断力のある」「実際的な」「注意深い」といった特徴を持った人物を思い浮かべ、その印象を記述してみよう。

　これらは、印象形成に関する研究の先駆けとなったアッシュ（S. E. Asch, 1946）の実験で用いられた性格特性リストである。われわれは、直接的、間接的に得た情報から他者に関する印象を形成することができる。先のリスト

のように、会ったことがないような人物について、しかも、限られた情報しかなくても、それらを統合して生き生きとした人物像を描くことが可能である。アッシュは、上のリストの「あたたかい」を「つめたい」に変えただけの別のリストを用意して、ある人物の性格特性であるといい、被験者に2つのリストのうちいずれかを読み聞かせた上で、その印象を記述させた。その結果、リストは「あたたかい」と「つめたい」が異なっているほかは同一であるにもかかわらず、記述された内容は最初のリストを聞いた被験者群で明らかに好意的であった。つまり、人物に関する印象は、個々の特性が単に寄せ集められて合成されるのではなく、全体的に調和がとれるように統合されたものである。また、「あたたかい」や「つめたい」のように全体的印象への影響が強い特性（中心特性）もあれば、それほど影響しない特性（周辺特性）もある。人を紹介する際には、その人のよさを知ってもらうために長所を挙げることも大切だが、それにも増して中心特性の及ぼす影響を重視したほうがよいのかもしれない。

2 限られた情報から他者を認知する際に判断を誤らせる働き

先に述べたように、われわれは限られた少ない情報しかなくても他者の印象を形成することができる。むしろ、現実場面では情報が乏しい状況で相手を認知しなくてはならないことのほうが多いだろう。このように、対人認知過程は多分に推論を含んでおり、われわれはこの推論の働きによって見知らぬ人を認知し、そして、関わり合っていくことができるのである。しかし、時折、この推論が誤ってしまうことがある。以下に限られた情報から人を認知する際に判断を誤らせる働きの典型的な例を挙げる。

1）ハロー効果

「美人は性格もよい」というように、ある他者の特定の側面について望ましい（あるいは望ましくない）と認知すると、事実をよく確かめずに、その人の他の側面または全体的側面も望ましい（あるいは望ましくない）と判断してしまうことがある。これをハロー効果という（halo effect、光背効果、後光効果

とも呼ぶ）。

2）論理的過誤

かつて、やさしいが、優柔不断な男性と付き合っていたＦ子は、その後もやさしい男性に会うたびに、この男は優柔不断な面があるに違いないと考えてしまい、交際を躊躇してしまうのだという。このように、a、bという2つの特性を併せ持った人と接触した経験のある人が、a特性には常にb特性が随伴するものであると思い込んでしまうことによって、確かな根拠がないにもかかわらず、a特性を持っていると認知した別の他者をb特性も持っているに違いないと推論してしまう傾向を論理的過誤（logical error）という。これは、包装効果（packaging effect）とも呼ばれる。

3）寛 容 効 果

他者のパーソナリティの肯定的な面はより高く評価し、否定的な面をそれほど悪くないと寛大に判断する傾向を寛容効果という（leniency effect；寛大効果とも呼ぶ）。

3 対人認知に影響する要因

1）ステレオタイプ

われわれは、他者を認知する際に様々な手がかりをもとにして相手のことを理解しようと試みる。職業、出身地、性別、年齢、体型などがこれに相当する。たとえば、「Ａさんは教師だからまじめな人だろう」とか「北海道出身のＢさんはスキーがうまいだろう」というように、同じカテゴリーの人々に共通すると考えられている特徴を、そのカテゴリーに属する個人に当てはめて相手を認知しようとする傾向をステレオタイプ的認知（stereotyping）あるいはカテゴリー化（categorization）という。また、この場合の「教師＝まじめ」や「北海道出身＝スキーがうまい」といった紋切型の概念やイメージをステレオタイプ（stereotype）と呼ぶ。ステレオタイプの内容は肯定的なものもあれば否定的なものもある。

われわれは学校や職場、地域社会において日夜多くの人々と関わって生き

ている。しかし、その一人ひとりを理解するのに時間をかけて詳しく吟味していたのでは、目まぐるしく変化する社会環境にうまく適応していくことはできない。ゆえに、ステレオタイプ的認知は、相手を迅速かつ効率的に理解するという適応の理にかなった機能であるといえる。しかし、ステレオタイプに過度に頼ることは、個性を無視して相手を理解するといった、誤った推論を導くことにもつながる。いわば、諸刃の剣でもある。

2) 暗黙裡の性格観

友人同士が、2人に共通する知人についてその人物評を交わし合うことがある。ところが、同じ相手のことを話しているのに、その印象や見え方が友人同士で異なり、話がかみ合わないことがある。われわれは、一人ひとりが「人のパーソナリティとはこんなものである」といった自分なりの素朴な信念体系を持っており、それに基づいて他者を判断している。たとえば、ある人物を「知的である」と紹介された時、その人物はきっと"上品"であると同時に、"とっつきにくい"面もあるのではないかと推測することがあるだろう。このように、人は、性格を構成する特性間の共起性に関して、日常生活の中で経験的に獲得してきた独自の見方を持っている。ブルーナーとタジウリ (J. S. Bruner & R. Tagiuri, 1954) は、これを「暗黙裡の性格観 (implicit personality theory) と呼んだ。同じ人物に対する印象が認知者によって異なってしまうのは、この性格観が微妙に相違していることが一因であると考えられる。

「暗黙裡の性格観」は個人に特有なものであるが、多くの人に共通する次元があることも見出されている。林 文俊 (1978) は、多くの人に共通するパーソナリティ認知の基本的な次元として、「個人的親しみやすさ」「社会的望ましさ」「力本性」の3つを挙げている（表2-1）。これらは多くの人に共有された他者を判断するモノサシのようなものである。

女子大生のRさんは、コンパに参加する時にはT君と一緒で、講義はS君の隣席に座り、交際している彼はG君であるという。こんな話を聞くと「なんて節操のない！」と思う人がいるだろう。でも、このRさんは、パーソ

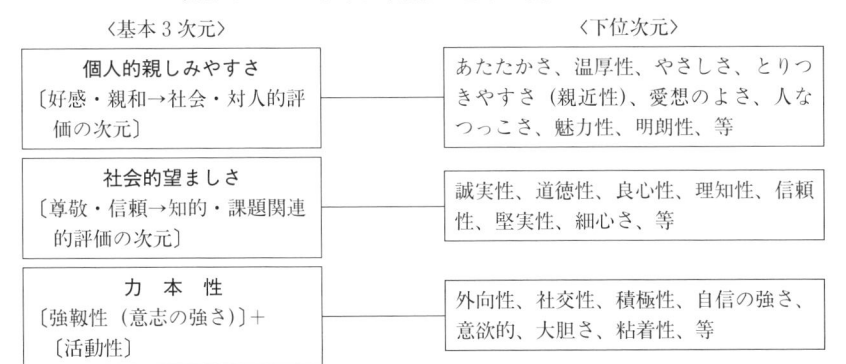

表2-1　パーソナリティ認知の基本3次元 (林、1978)

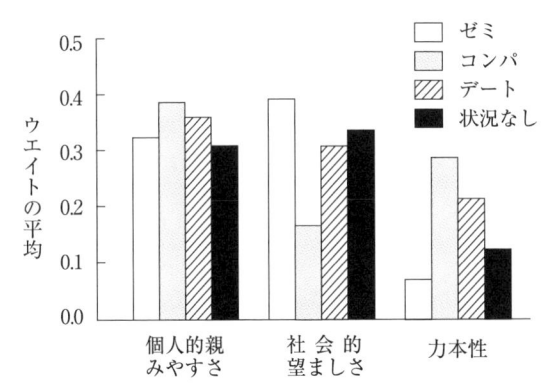

〈基本3次元〉	〈下位次元〉
個人的親しみやすさ〔好感・親和→社会・対人的評価の次元〕	あたたかさ、温厚性、やさしさ、とりつきやすさ（親近性）、愛想のよさ、人なつっこさ、魅力性、明朗性、等
社会的望ましさ〔尊敬・信頼→知的・課題関連的評価の次元〕	誠実性、道徳性、良心性、理知性、信頼性、堅実性、細心さ、等
力本性〔強靭性（意志の強さ）〕＋〔活動性〕	外向性、社交性、積極性、自信の強さ、意欲的、大胆さ、粘着性、等

図2-3　基本3次元に対するウエイトの状況による相違 (廣岡、1989)

ナリティ認知の観点でいうと、なかなかの賢者かもしれない。というのは、3人とも温厚でやさしい点は甲乙付け難いが、T君は「社交性」や「積極性」の高い人物であり、S君は「知的」で「誠実」な人であり、G君は「社交性」や「誠実さ」を兼ね備えているのだという。極端な例ではあるが、Rさんは状況に応じて相手をうまく使い分けているのである。図2-3に示したように、廣岡秀一（1989）によると、どのような状況で他者を認知するかによって、パーソナリティ認知の基本次元の重要度が異なるという。Rさんの行為は、それぞれの場面に最も適した人物を見極めることができた結果であ

るといえるが、読者も承知の通り、このような行動選択が必ずしもうまくいくとは限らない。

3) 期待と予期

大学入学後、所属することになったゼミナールの担当教授について"厳しくて怖い人"という噂を伝え聞いたあなたは、その人物評を参考にして初対面の教授を理解しようとするだろう。このように、現実場面では、何らかの期待や予期を抱きながら相手を認知することも多い。

ケリー（H. H. Kelley, 1950）は、大学生を対象に講師の印象を尋ねるという現場実験を行ってこれを検討した。大学生は、講義前に講師に関する紹介文を受け取り、全員同時に講義を受講し、討論にも参加した。その後、講師が退室してから講師の印象をいくつかの評定項目で回答した。講師の略歴や人柄を記載した紹介文の概要は、以下の通りであった。

ブランク氏は、マサチューセッツ工科大学の卒業生である。彼は他の大学で心理学を教えた経験がある。この大学での講義は初めてである。26歳、既婚。彼の知人は彼を"あたたかい"、"勤勉"、"批判力がある"、"実際的"、"決断力がある"と評している。

実は、紹介文はもう1つあり、上記の"あたたかい"を"つめたい"に替えただけで、他の内容は同一であるものが用意された。大学生には2種類のうちいずれか一方の紹介文が配布されたのである。

結果は、"あたたかい"が含まれる紹介文を受け取った大学生が"つめたい"を含む文を受け取った学生よりも講師を肯定的に評定していた（表2-2）。また、討論への参加率も後者に比べて前者のほうが高かった。つまり、大学生は全く同じ講義を受講したにもかかわらず、事前の紹介文が異なるというだけで、講師に対して異なる印象を形成したのである。これは、大学生が事前に入手した情報によって講師に対するある種の先入観や期待を持ち、それをもとにした印象を形成したためであると考えられる。そして、その印象が後の行動（討論への参加）をも方向づけたようである。

表 2-2 紹介文の内容と印象評定結果 (Kelley, 1950 より一部抜粋)

印象評定の項目	紹介文の内容	
	あたたかい	つめたい
社交的な ― 非社交的な	5.6	10.4
人気のある ― 人気のない	4.0	7.4
穏やかな ― 怒りっぽい	9.4	12.0
ユーモアのある ― ユーモアのない	8.3	11.7

評定値が高いほど否定的である。

たしかに、われわれはよく知らない他者と交渉する前に相手の性格や行動について何らかの期待や予期を抱くことがある。この実験結果のように、事前の期待に合うように人物像が形成される傾向は、期待や予期に合致する情報には注意が向きやすいが、合致しない情報は見逃されたり軽視されがちであることに起因すると考えられる。われわれは期待を確証するように相手を認知しているのである。

4 相手を知ろうとする動機と対人認知

対人認知は、サークルの先輩や職場の上司のように自分にとって重要な他者を認知する場合と、単なる隣人のように自分にとってそれほど重要でない他者を認知する場合とでは、そのプロセスが異なると考えられる。なぜならば、前者のように重要な他者については相手を詳細に知りたいと考えて多くの労力を費やすのに対して、重要でない他者のことはそれほどよく知る必要はないと考えて、あまり努力を払わないと思われるからである。つまり、対人認知は、相手を知ろうとする動機とその背後にある相手との関係性によって強く影響されるといえる。

近年では、相手との関係性や相互作用の影響、認知者の保有知識の利用などを踏まえた、対人認知過程をより包括的に説明するモデルが考案されている。その中でも最も有名なものがブルーワー (M. B. Brewer, 1988) による「二重処理モデル」と、フィスクとニューバーグ (S. T. Fiske & S. L. Neuberg, 1990) の「連続体モデル」である。ここでは後者について紹介しよう。

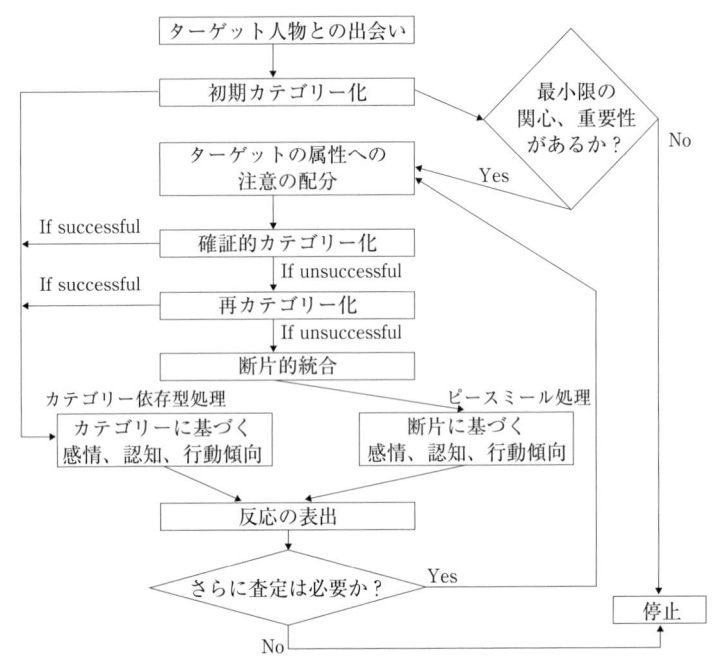

```
                    ターゲット人物との出会い
                           ↓
            ┌──→ 初期カテゴリー化 ──→ ◇最小限の
            │         ↓              関心、重要性    No
            │   ターゲットの属性への    があるか？ ──→
            │     注意の配分     ←── Yes
            │         ↓
   If successful 確証的カテゴリー化
   ←────────       ↓ If unsuccessful
            │    再カテゴリー化
   If successful    ↓ If unsuccessful
   ←────────     断片的統合
            カテゴリー依存型処理     ピースミール処理
            ↓カテゴリーに基づく    ↓断片に基づく
             感情、認知、行動傾向    感情、認知、行動傾向
                     ↓
                  反応の表出
                     ↓
              ◇さらに査定は必要か？ ── Yes ──┐
                     │ No                  │
                                         停止
```

図 2-4　連続体モデル（S. T. Fiske & S. L. Neuberg, 1990 より）

　フィスクとニューバーグが提唱した「連続体モデル」（図2-4）では、まず、初対面の他者が「初期カテゴリー化」と呼ばれる段階で何らかの社会的カテゴリーに割り振られる。この時点で相手が認知者にとって重要な存在でない場合や、相手に関心がない場合には、処理は停止する。もし、その他者が認知者にとって重要な存在であったり、何らかの関心があれば、相手の特徴に注意が向けられ、それらの特徴が初期カテゴリー化で同定された社会的カテゴリーに一致するか否かが検討される（「確証的カテゴリー化」の段階）。一致していればその社会的カテゴリーに基づいた印象が形成される。これを「カテゴリー依存型処理」と呼ぶ。

　一致しない場合は、別のカテゴリー情報との照合が行われる（「再カテゴリー化」の段階）。そこで一致すればカテゴリー依存型処理がなされるが、どうしても相手を特定のカテゴリーに当てはめることができない場合には、その

人物の特徴一つひとつを丹念に吟味し、それらを統合して人物像を形成する「ピースミール依存型処理」へと進む。

このように、連続体モデルでは、初期カテゴリー化を起点にして相手の特徴をさらに詳しく吟味する必要があるかどうかを継続的に検討するという対人認知のプロセスが想定されている。山本眞理子と原 奈津子（2006）によれば、認知者にとって相手が重要な人物で、その人のことを知りたいという動機が強いほど詳細な対人情報処理、すなわち、ピースミール依存型処理が導かれやすいという。したがって、重要な他者に対してはステレオタイプなどの既成概念にあまり影響されずに精緻なパーソナリティ認知が行われやすいのだといえる。その背景には、先輩や教員、上司などのように自分の将来に対して何らかの影響を及ぼす可能性を有している状態にある他者への統制力を回復するために、相手を正確に把握したいという動機があるとされる。

5 対人関係の認知

「敵の敵は味方」というように、あまり好きではない他者であっても、自分がとても嫌っている第三者がその相手と敵対関係にあることを知ると、相手に少なからず好意を寄せるようになることがある。一方、「親が憎けりゃ子も憎い」とか「坊主憎けりゃ袈裟まで憎い」という諺で表現されるように、相手のことが嫌いだと、その人に関係する第三者や身に付けているモノまでも嫌いになることがある。

このように、人が他者を認知する場合に、介在する第三者または事物に対する認知者の態度が影響したり、第三者または事物を認知する際に関係する他者への態度が影響を及ぼすことがある。このような認知のしくみは、ハイダー（F. Heider, 1958）のバランス理論（均衡理論）によって説明される。図2-5に示したように、ハイダーは、認知する人（P）と相手（O）、および第三者または対象事物（X）の3つを想定して、認知者にとっての認知上のP－O－Xという三者間の関係に注目した。具体的には、P－O、P－X、O－Xがそれぞれ、類似、所有、近い、好意、賛成の場合には正（＋）の関係とし、

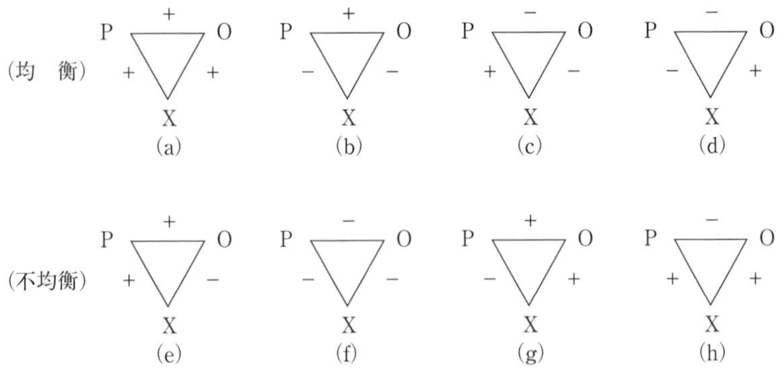

```
         P  +  O      P  +  O      P  -  O      P  -  O
(均 衡)     \ / +         \ / -         \ / +         \ / -
       +  \/              -  \/              -  \/              +  \/
           X              X              X              X
          (a)            (b)            (c)            (d)

         P  +  O      P     O      P     O      P  -  O
(不均衡)    \ / -         \ / -         \ / +         \ / +
       +  \/              -  \/              -  \/              +  \/
           X              X              X              X
          (e)            (f)            (g)            (h)
```

図2-5 ハイダーのバランス理論

非類似、非所有、遠い、反対の場合には負（−）の関係とした。3つの正負の積が＋のときは三者についての認知体系が相互に適合している均衡状態である。これに対して、−の時は認知体系が適合しない不均衡状態であり、不快や緊張が生じる。この場合、3つの正負の関係のいずれかを変えることによって、均衡状態を回復しようとする力が働くという。たとえば、「敵の敵は味方」は、認知体系が（f）から（b）に転じることを示している。このように、バランス理論に基づけば、対人認知をはじめとする様々な対人関係の様相を理解することができる。

【研究の展開】

【基礎知識】では、われわれの「社会の見方」の基本となる社会的知覚と対人認知のしくみについて解説した。対人認知に関しては、主に、われわれが他者をどのように認知するのかという観点で論じた。しかし、現実生活における「社会」は、他者との関係にとどまるものでない。そこには、個人を超えた集団や組織が含まれる。【研究の展開】では、偏見の心理のしくみを解説することを通して、われわれが様々な集団や社会的カテゴリーをどのように認知しているのかを検討する。

I　偏見（prejudice）とは

　アメリカにおける黒人差別や、女性に対する性差別、高齢者や障害者に対する差別など、われわれの住む社会は多くの差別問題をかかえている。これらの解決を図るために、政治、文化交流、教育啓蒙など各方面で様々な努力が払われていることは、いうもまでもない。心理学においては、差別の主たる原因として偏見に注目し、偏見を引き起こす心理を探求することによって、差別のメカニズムを解明しようと試みている。

　東　清和（1994）によると、偏見とは、「ある種の人間や社会に対して、事実に即して認知し、判断するのではなく、予断や先入観によって、否定的、非好意的な態度や信念を抱いていることをいう」、また、中村　真（1996）は偏見を「個人が特定の集団あるいはそのメンバーに対して、事実に即して認知し、判断するのではなく、予断や先入観によって抱く否定的感情または拒否的態度」と定義している。

　偏見に関連する概念にステレオタイプ（stereotype）と差別（discrimination）がある。「Chapter 4」で詳しく述べるように、われわれの態度は「認知」「感情」「行動」の3つの要素で構成されている。特定の集団や社会的カテゴリーあるいはそのメンバーに対して否定的な態度を持つ時、ステレオタイプ、偏見、差別は、それぞれ、認知、感情、行動の各要素に相当する。これら3つの要素は相互に関連し合っており、ステレオタイプと偏見は差別の原因になる場合があると考えられている。【基礎知識】で述べた通り、ステレオタイプは、「黒人は踊りがうまい」とか「痩せた人は神経質である」のように、特定の集団やそのメンバーに対する紋切型の見方・信念のことであり、好意・非好意の両面が含まれる。しかし、正確な情報が与えられれば、修正することが可能である。偏見は、「自動車の運転が下手だから女性ドライバーは嫌いだ」のように、対象をそれが属する社会的カテゴリーで評価した非好意的な態度のことであり、憎しみ、恐れ、軽蔑、といった感情を伴う。

これは、否定的なステレオタイプに感情が付加し、強固になった信念であるとも考えられ、容易には変容しないものである。差別は、ある対象に抱いた偏見が行動として表れたものである。たとえば、「電車やバスでは老人の隣に座らない」や「外国人には部屋を貸さない」などは、われわれの周囲でもよく見られる差別である。

II 偏見の実態

われわれの周囲には、人種、民族、国籍、性、年齢、地位、職業、学歴、障害、といった様々な社会的カテゴリーに基づく偏見が存在する。多くの実態調査が行われているが、以下にその一部を紹介しよう。

我妻洋と米山俊直（1967）は、いくつかの方法で日本人の外国人に対する偏見の実態を調べている。たとえば、「隣人になってもよい」とか「一緒に

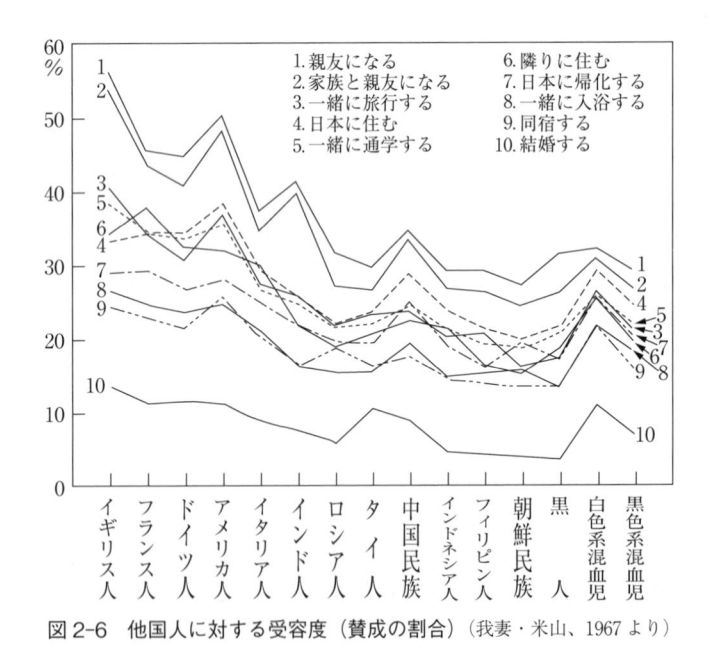

図2-6 他国人に対する受容度（賛成の割合）（我妻・米山、1967より）

表 2-3 女子大生の精神障害者に対する態度（数値は度数、カッコ内は％）

項　目	そう思わない	どちらとも言えない	そう思う
①精神障害者はできるだけ人里離れたところに精神病院をたて、隔離収容すべきである。	97(60.6％)	58(36.3％)	5(3.1％)
②精神障害者はうつっておくと何をするかわからないのでおそろしい。	26(16.3％)	70(43.8％)	64(40.0％)
③精神障害者の場合、身体障害と異なって、たとえ福祉工場のようなものがあっても働けるとは思えない。	85(53.1％)	55(34.4％)	20(12.5％)
④電車やバスの中で精神障害らしい人がいると冷たい目で見てしまう。	60(37.5％)	51(31.9％)	49(30.6％)
⑤精神障害者と接している場合、相手を傷つけているような気がして不安である。	41(25.6％)	47(29.4％)	72(45.0％)
⑥精神障害者と出会っても自分が何をしたらよいかわからない。	9(5.7％)	24(15.1％)	126(79.2％)
⑦精神病院の治療には、症状を治すだけでなく、患者が再び現実生活できるような訓練をすべきである。	5(3.1％)	14(8.8％)	141(88.1％)
⑧精神障害者が異常行動をとるのは、ごく一時期だけであり、その時以外は社会人としての行動をとれる。	36(22.5％)	94(58.8％)	30(18.8％)
⑨精神病院は一般内科・外科病院のように病棟に鍵をかけないような開放的な環境が望ましい。	19(11.9％)	91(57.2％)	49(30.8％)
⑩妄想、幻聴のある人でも病院に入院しないで社会生活できる人も多い。	38(23.8％)	65(40.6％)	57(35.6％)
⑪精神障害者は調子の悪い状態のときに 24 時間いつでも一時的に保護、治療するところがあれば、ふだんは通院するだけで充分実生活をやっていける。	29(18.1％)	64(40.0％)	67(41.9％)
⑫激しく変化、複雑化する競争社会では誰でもが精神障害者になる可能性がある。	11(6.9％)	34(21.4％)	114(71.7％)
⑬一度精神障害になると、一生精神障害者の烙印をおされることになる。	47(29.4％)	65(40.6％)	48(30.0％)
⑭自分の家に精神障害がいるとしたら、それを人に知られるのは恥である。	56(35.2％)	71(44.7％)	32(20.1％)
⑮精神障害者を長期にわたって入院させていると、実社会で再び生活できない人をつくる。	26(16.4％)	59(37.1％)	74(46.5％)

入浴してもよい」といった質問に対する肯・否定から相手との社会的距離を測定し、距離が大きいほど対象への偏見が強いと見なした。図2-6は、13のカテゴリー別に見た社会的距離（この場合は受容：質問に対する賛成の割合）である。これを見ると、欧米諸国民に対する受容度は高く、ロシア人、タイ人などが中位であり、朝鮮民族や黒人に対する受容度が低くなっており、彼らへの偏見の強さがうかがえる。

　中村　真と川野健治（2002）は、女子大生160人を対象に精神障害者に対する偏見の実態調査を行った。表2-3は精神障害者に対する態度項目への肯・否定の割合を示したものである。それによると、隔離必要性や生活訓練の是非といった質問への回答は肯定的であるのに対して、精神障害者に対する対処法や恐怖心に関する質問には否定的な回答が多い。これは、女子大学生の精神障害者に対する態度が両価的であり、建前としては好意的であるが、個人として精神障害者と関わる可能性を意識した場合に、非好意的になってしまうことを示している。

Ⅲ　偏見の形成要因

　偏見はどのようにして引き起こされるのだろうか。これまでの研究によって偏見の形成要因に関する複数の理論が提唱されている。岡　隆（1999）は、これらの諸理論を分析の水準（個人または社会文化・集団）と偏見の対象を貶そうとする動機の有無によって分類している。図2-7はその分類を示したものである。各理論はそれぞれに説得性を持っていることから、現在のところ、偏見は単一の原因で形成されるというよりも、複数の原因が絡み合って生じるものと考えられている。ここでは、各理論に基づいて偏見の形成要因を概観する。

1　心理力学的アプローチ

　これは、偏見の原因をパーソナリティや防衛機制といった個人の内的な要

```
                            動機を仮定する
              葛藤理論          │    心理力学的アプローチ
          （現実的葛藤理論、     │   （スケープゴート理論、
          社会的アイデンティティ理論）│    権威主義的パーソナリティ）
社会文化・集団 ──────────────┼────────────── 個人
                            │
              社会的学習理論    │    認知的アプローチ
                            │
                            動機を仮定しない
```

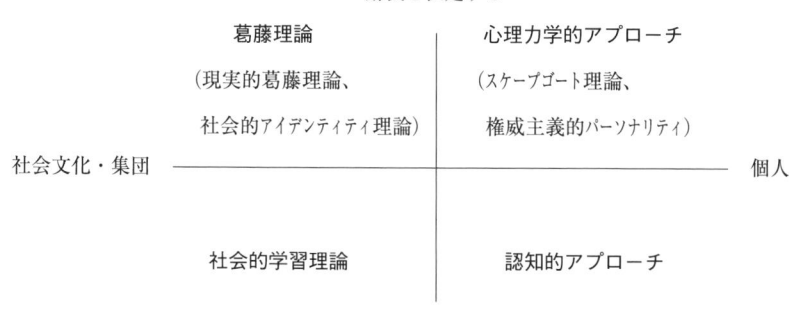

横軸：分析の水準
縦軸：動機の有無

図 2-7　偏見に関する心理学理論の分類（岡、1999 をもとに筆者が作図）

因に求める立場である。権威主義的性格（authoritarian personality）とは、ある集団に偏見を持つ者はその他の少数派集団に対しても偏見を抱く傾向があることを見出したアドルノら（T. W. Adorno, E. Frenkel-Brunswick, D. J. Levinson & R. N. Sanford, 1950）が名付けたパーソナリティ特性のことである。権威主義的性格を持つ人は、自己の所属する権威や伝統、上位者には同調・服従するが、下位者、弱者や自己の所属しない集団を敵視し、軽蔑する傾向があるという。

一方、偏見の原因を精神力動過程に求める立場もある。すなわち、偏見は自我の防衛機能によるものであり、人々の怒りや攻撃性がスケープゴート（身代わり）に置き換えられたり、自己の抑えた望ましくない欲望をスケープゴートの人が持っていると思い込んでしまう（投射）ことによって生じるという。

2　認知的アプローチ

これは、偏見の原因を人間の持つ認知活動の一般的原理に求める立場である。われわれは、環境を効率よく認識するという優れた機能を持っている。

しかし、【基礎知識】の「ステレオタイプ」の項で述べた通り、この高度な機能に従って事実をよく確かめずに他者をある社会的カテゴリーに結びつけて認知した結果、相手をネガティブに歪曲して見てしまい、それが偏見を導くことがある。

また、精神障害者が凶悪犯罪を犯したという報道を耳にした人が、実際には健常者の犯した犯罪率と大差がないにもかかわらず、精神障害者の中には犯罪者が多いと思い込んでしまうことがある。このように少数派メンバーが起こした稀な行為を実際よりも高頻度で起きたものと誤解することがある。これもわれわれの認知過程に伴って生じる偏見の例であり、少数事例同士の組み合わせが目立つために、その間に高い相関があると誤って認知されてしまうのだという。ハミルトンとギフォード（D. L. Hamilton & R. K. Gifford, 1976）はこれを誤った関連づけ（illusory correlation）と呼び、そのしくみを実験研究で明らかにしている。

3 葛藤理論

これは、偏見の原因を集団間の関係性に求める立場である。現実的葛藤理論（realistic conflict theory）によると、資源問題や領土問題、団体競技の対戦といった集団間に生じた現実的な葛藤が、自己の所属する集団への帰属意識とメンバー間の連帯感を高め、葛藤の対象となっている集団への嫌悪や敵意を生んだ結果、偏見が生じるという。シェリフら（M. Sherif, O. J. White, W. E. Hood & C. W. Sherif, 1961）は、これを少年のサマーキャンプ場面を用いて実証している。

また、タジフェルら（H. Tajfel, 1981, 1982; H. Tajfel & J. C. Turner, 1979）が唱えた社会的アイデンティティ理論（social identity theory）によると、われわれの自己概念には所属する集団の評価が含まれるという。われわれは自尊心を維持・高揚するために自己が所属する集団やそのメンバーを高く評価する一方で、他集団やそのメンバーを低く評価し、非好意的な態度をとってしまうのだという。

4 社会的学習理論

これは、ステレオタイプや偏見は生まれつき備わっているものではなく、社会化の過程で獲得した規範や価値観に包含されるものであるという立場である。偏見は、親や教師、マスメディア、仲間集団などが特定集団に対してとった態度を子どもが間接的に学習することによって形成されるという。

参考・引用文献

藤原武弘・高橋 超編（1994）『チャートで知る社会心理学』福村出版
林 文俊（1978）「対人認知構造の基本次元についての一考察」名古屋大学教育学部紀要（教育心理学科）、41、790-796
Heider, F.（1958）*The psychology of interpersonal relations*, New York: Wiley（大橋正夫訳〔1978〕『対人関係の心理学』誠信書房）
廣岡秀一（1989）「対人認知」大坊郁夫・安藤清志・池田謙一編『社会心理学パースペクティブ1 個人から他者へ』誠信書房、19-33
上瀬由美子（2002）『セレクション社会心理学21 ステレオタイプの社会心理学 偏見の解消に向けて』サイエンス社
中村 真（1996）「『偏見』に関する社会心理学的研究の動向—これまでの研究成果と今後の展望—」川村学園女子大学研究紀要、第7巻、第1号、67-78
中村 真・川野健治（2002）「精神障害者に対する偏見に関する研究—女子大学生を対象にした実態調査をもとに—」川村学園女子大学研究紀要、第13巻、第1号、137-149
岡 隆・佐藤達哉・池上知子編（1999）『現代のエスプリ No.384』至文堂
坂元 章・森 津太子・坂元 桂・高比良美詠子（1999）『サブリミナル効果の科学—無意識の世界では何が起こっているか—』学文社
我妻 洋・米山俊直（1967）『NHKブックス55 偏見の構造 日本人の人種観』日本放送出版協会
山本眞理子・原 奈津子（2006）『セレクション社会心理学6 他者を知る 対人認知の心理学』サイエンス社

Chapter 3

行動の原因と結果についての認知

【基礎知識】

I 帰属の原理

1 帰属とは何か

　事件や事故が起きると、われわれは、「誰が犯人か」や「何が原因か」を推論し、特定しようとする。たとえば、近所のゴミ置き場が散らかっていると、「カラスのせいではないか」と考えると同時に「ルールを守らずに昨日の夜にゴミを出したのは誰だろう」と考え、昨晩、家に帰る途中ですれ違った、ゴミ袋を持って歩いていた人を思い出し、「あの人のせいではないか」と推論するであろう。また、友だちが嬉しそうにしているのを見ると「何か良いことがあったのだろう」と考え、もっともらしい原因を推論するであろう。そして、この原因を特定しようとする動機は、その出来事が自分にとって身近なことであるなど、重要であるほど強くなるのである。たとえば「火災が起きた」というニュースを聞いた場合、遠い地域で起きた火災の原因よりも自宅の近所で起きた火災の原因を特定しようとする動機のほうが強くなるのである。

　このように、ある出来事の原因を推論し、自分なりに原因を特定することを「原因帰属」、推論する過程を「帰属過程」と呼ぶ。ただし、自分なりに推論して特定した原因であるため、必ずしも真の原因を特定しているわけで

はない点に注意が必要である。

2 対応推論理論

　われわれは、誰かの行動を見て、その人がその行動をとった理由を推論することがある。たとえば、乗り物の中で目の前に重そうな荷物を持ったお年寄りが立っているのに、座席を譲ってあげない若い人を見ると、「意地悪な人だな」と思ったり、食堂でいくつかのランチメニューの中から1つを選んだ友だちを見て、「パスタが食べたかったからBランチにしたのかな」などと考えるような場合である。

　ジョーンズとデイビス（E. E. Jones & K. E. Davis, 1965）は、人が選択的な行動をとる場合には、その人の意図や性格など、内的な傾性が影響していると仮定している。そして、観察者は行為者が選択した行動と選択しなかった行動とを比較することで、行為者の意図や内的な傾性を推論しているとし、対応推論理論を発表した。ジョーンズらは、観察者が行為者の行動から推定を行う時には、その行動が行為者の真の意図や内的な傾性とどれだけ対応しているかが問題になるとしており、この対応の高さに影響する2つの条件を指摘している。

　1つ目は、「観察対象となる人の行動の効果が社会的に望ましいかどうか」である。たとえば、ある人が乗り物の中でお年寄りに座席を譲った場合のように、社会的に望ましい行動をとった場合には、他の誰にでも期待できる当たり前の行動であるため、「特に親切な人である」とは考えにくいが、「お年寄りに座席を譲らない」という、社会的に望ましくない効果を生じさせる行動の場合には、その人の意図や内的な傾性との対応が高くなるため、その原因を「意地悪な人だから」などと推論しやすくなるのである。つまり、社会的に望ましい行動をしてもその人のせいにはなりにくいが、社会的に望ましくない行動をすると、その人の意図や性格などの内的な傾性のせいにされやすくなるといえる。

　2つ目の条件は、行動の効果の数が推論される対応の高さに影響すること

表3-1　2つの食堂のメニュー

第1食堂		第2食堂	
Aランチ	**Bランチ**	**Aランチ**	**Bランチ**
チキンソテー	ハンバーグ	チキンソテー	ハンバーグ
ライス	ライス	ライス	ライス
スープ	サラダ	サラダ	サラダ
フルーツ	アイスクリーム	フルーツ	アイスクリーム
コーヒー・紅茶	コーヒー・紅茶	コーヒー・紅茶	コーヒー・紅茶

である。たとえば、表3-1のように、値段が同じA、B2つのランチがある時、第1食堂のAランチには、チキンソテーのほかにBランチにはない、スープとフルーツが付いており、Bランチには、ハンバーグのほかにAランチにはない、サラダとアイスクリームが付いているとすれば、第1食堂でBランチを選んだ友だちは、ハンバーグが食べたかったから選んだとは限らず、アイスクリームが食べたかったから選んだのかもしれないし、サラダが食べたかったから選んだのかもしれない。つまり、Bランチを選択した理由は特定しにくい。このように、選択肢間に共通しない効果の数が多い状態は、行為者の真の意図や内的な傾性との対応が低い状態である。しかし、反対に、選択肢間に共通しない効果の数が少なくなるほど、対応が高くなる。たとえば、第2食堂でBランチを選んだ友だちは、どちらのランチにもサラダとコーヒー・紅茶が付いており、異なるのはハンバーグとアイスクリームに絞られるため、ハンバーグかアイスクリームのどちらかまたは両方がよかったから選んだのであろうと推論でき、第1食堂でBランチを選んだ友だちよりも相対的に選択理由が明確になるのである。

3 分散分析モデル

ある出来事が起きた時に、それを見ていた人がその原因を推論し、特定するためにはどのような条件が必要であろうか。

われわれは、ある出来事が起きる時には存在し、起きない時には存在しな

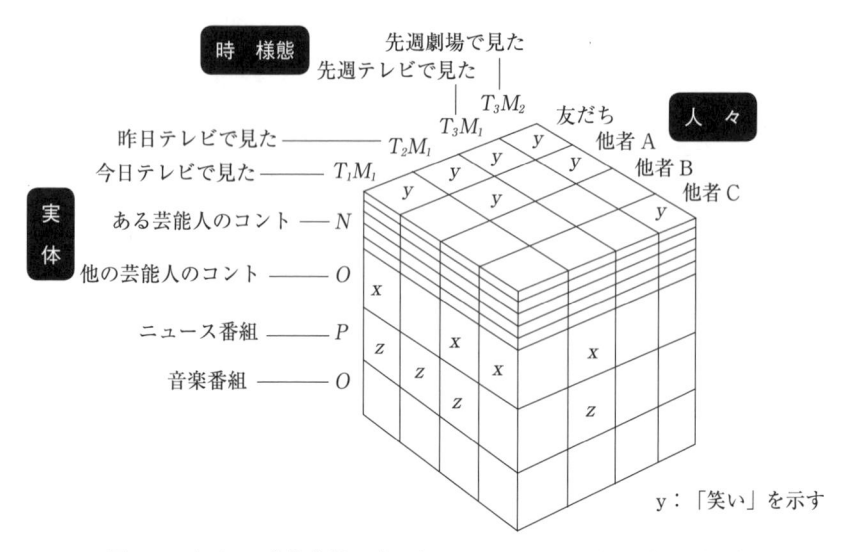

図3-1 ケリーの分散分析モデル（H. H. Kelley, 1967をもとに筆者が作成）

い要因をある出来事の原因と推論する傾向がある。たとえば、毎日の通学で、晴れた日には空いたバスが来るのに、雨の日には混んだバスが来ることが繰り返されると、「バスの混雑は天気のせいではないか」と推論するようになる。このように、一緒に変化する2つの要因間に関連性があると考える推論を「共変原理」と呼ぶ。

ところで、友だちがテレビを見て笑ったのを見た時に「確かにそのテレビに映っている芸能人のコントが面白かったから笑ったのだ」とわれわれが特定するためには、どのような条件が必要なのであろうか。ケリー（H. H. Kelley, 1967）は、分散分析モデルとして、原因帰属に関する基本的な推論の仕方を理論化したが、このモデルは「共変原理」が基礎になっている。

友だちは「たしかにそのテレビに映っている芸能人のコントが面白かったから笑ったのだ」と判断するためには、①対象となる実体、②他の人々、③時、④対象との接触の様態という4つの面から反応を検討する必要がある。図3-1のように、他の芸能人のコントを見ても笑わないのに、その芸能人がコントをしている時に笑い（弁別性）、その芸能人のコントはいつ見ても面白

く（時を越えた一貫性）、テレビで見ても劇場で見ても面白く（様態を越えた一貫性）、他の人々もその芸能人のコントが面白くて笑う（合意性）、という時に初めて「友だちがテレビを見て笑ったのは、その芸能人のコントが面白かったためである」と判断することができる。このモデルでは、繰り返し同様な事態を観察可能な場合の人間の原因帰属の過程を考えているが、繰り返しの観察ができない場合にはどのように原因を推論するのであろうか。

4 因果図式モデル

ケリー（1972）は、対象を一度しか観察できない場合の原因帰属過程を因果図式モデルとして理論化した。一度の観察からある出来事の原因を判断する場合には、因果関係に関する既存の知識の集成である「因果スキーマ」を利用する。最も重要とされているのが、「複数十分原因スキーマ」である。これは、ある結果を生じさせるために貢献する原因が2つあり、そのどちらか1つが存在すれば、もう1つの存在の有無にかかわらず、結果が生じる状況に適用できる。たとえば、図3-2のように、高い能力を原因1、課題のやさしさを原因2とすると、難しい課題を解く場合には、原因1（高い能力）が

	原因1（高い能力）	
	なし	あり
原因2（課題のやさしさ）あり	E 2	E 3
原因2（課題のやさしさ）なし		E 1

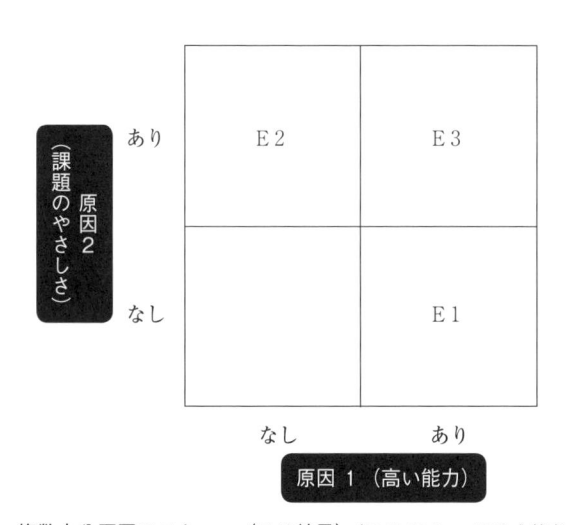

図3-2 複数十分原因のスキーマ（Eは結果）（H. H. Kelley, 1972を筆者が改変）

あれば原因2（課題のやさしさ）がなくても解ける（E1）し、やさしい課題を解く場合には、原因2があれば、原因1（高い能力）がなくても解ける（E2）というような因果関係が想定できる。もちろん、原因1（高い能力）があれば原因2（課題のやさしさ）がある場合にも解ける（E3）。このような事態における帰属では、片方の原因に関する情報を手がかりにして、もう片方の原因の貢献度の推定が行われる。たとえば、ある人が課題を解いた時に、課題が難しいという情報があれば、その人の能力は高く推定されるが、課題がやさしいという情報がある場合には、能力に関する推定はあいまいになる。このような関係を命題のような形にしたものが、「割り引き原理」と「割り増し原理」である。

　友だちが試験で満点をとった場合、「もともと試験問題を教えてもらっていた」という情報があれば、満点をとるのは当たり前だとして、友だちの能力は低く推論される。これが「割り引き原理」である。つまり、「ある結果が生じることに関するある原因の役割は、ほかにも促進的に働く原因らしきものが存在する時には割り引かれる」ということである。反対に「風邪をひいてほとんど試験勉強ができなかった」という情報があれば、ほとんど試験勉強をしなかったにもかかわらず満点をとったということで、友だちの能力は高く推論される。これが「割り増し原理」である。つまり、「ある結果が生じることに関するある原因の役割は、ほかに抑制的に働く要因が存在する時には割り増しされる」ということである。

II　帰属の誤り

　われわれは常に正しい原因を推論しているとは限らない。帰属過程には様々なバイアス（歪み）がかかり、帰属の誤りが生じることがある。

1 根本的な帰属錯誤（過度の内的帰属）

　ある人が他者など周囲の環境から影響を受けて行動していることを知って

いても、その行動にはその人の意思が多く含まれていると考えてしまうエラーをロス（L. Ross, 1977）は、「根本的帰属錯誤」と呼んだ。たとえば、悪徳商法の被害に遭った人が、自分では防ぎようがない手段で商品を買わされたとしても、その人にも落ち度があったために被害に遭ったのだ、と他者からの働きかけなど周囲の状況による影響力を軽く見積もり、本人の持つ特徴に原因を帰属する傾向のことである。「エレベーターに後から乗ってくる人のためにドアを開けておこうとして閉じるほうのボタンを押してしまったり、係員呼び出しボタンを押してしまった人がいる」という話を聞くと、実際にはドア開閉ボタンの表示がわかりにくかったり、開くボタンの近くに係員呼び出しボタンがあるタイプのエレベーターだったことを知らされなかった人は、「ボタンを押し間違えた人の性格がそそっかしいから」と原因帰属しがちなのである。このように、操作ミスにより事故が起きた場合などでは、実際には物理的な環境や仕事組織などにミスを起こさせやすくする背景要因が存在しているにもかかわらず、ミスの原因を個人の不注意のみに帰属させてしまう場合がある。そのような場合、いくら個人に注意や罰を与えても、ミスを誘発させやすい環境は変わらないため、その後も別の人により同じミスが繰り返されてしまうのである。

2 過度の責任帰属

人々は世界が予測・統制可能なものであると考え、因果応報が支配し、秩序ある公正な世界であると考える傾向がある。したがって、良い出来事や悪い出来事を招くのは行為者自身の行為か人格のせいであると考えがちである。このような「公正性の信奉」により、事件や事故が起きた時に、何の罪もない被害者にも落ち度があったと推論する場合がある。また、被害者ではなく、加害者の内的な傾性に原因を帰属する傾向も存在する。ウォルスター（E. Walster, 1966）は、偶然に起きた自動車事故の結果が重大であるほど、周囲の環境のせいではなく、運転者に大きな責任が帰属される傾向を見出した。これは、重大事故が偶然生じたり、周囲の環境のせいで生じたと考えると、判

断者は自分も同様な事態に遭遇する可能性があるため、その脅威を避けるために、「運転技術が未熟だったせいだ」とか、「不注意な人だったせいだ」など、事故を起こした運転者にその原因を帰属させると考えられる。このように、事故の脅威から自己を守るための帰属のことを「防衛的帰属」と呼ぶ。

3 コントロールの錯覚

偶然により生じていることが、自分の意図と能力で、ある程度統制できると錯覚する現象を、ランガー（E. J. Langer, 1975）は「コントロールの錯覚」と呼んだ。たとえば、自分が旅行に出かける日はきっと天気が良いだろうと考えたり、自分が運転する車は事故に遭わないだろうと考えるような場合が当てはまる。

4 セルフ・サーヴィング・バイアス（自己奉仕的バイアス）

成功の原因は自分に、失敗の原因は自分以外のせいにするというように、課題遂行などの結果を自分に都合の良いように解釈する傾向を「セルフ・サーヴィング・バイアス（自己奉仕的バイアス）と呼ぶ。たとえば、期末試験の点数が良かった場合には、自分の能力が高かったからと考えるが、反対に点数が低かった場合には、問題が難しすぎたからとか、運が悪かったからと考えるような傾向のことである。

5 行為者－観察者バイアス

他者の行為の原因は本人の内的属性に帰属し、自己の行為の原因は周囲の環境に帰属する傾向をジョーンズとニスベット（E. E. Jones & R. E. Nisbett, 1972）は、「行為者－観察者バイアス」と呼んだ。たとえば、道路を歩いていて転びそうになった人を目撃した場合、目撃した人（観察者）は、転びそうになった原因を「不注意な人だから」とか「慌て者だから」など、行為者の内的な傾性のせいと考えるが、行為者本人は、「道路が凍結していて滑りやすかったから」など、周囲の環境のせいと考える傾向がある。このような

食い違いが生じるのは、行為者の注意が周囲の環境（状況）に向いているのに対して、観察者の注意は行為者に向くためであるとする、「視点の違い」による解釈や、行為者は自分の性格に関する情報を持っていて、「不注意な性格ではない」と知っているが、観察者はそのような情報を持たないために、行為者の一度の行為を見ただけで、「いつも不注意な行動をとっているのだろう」と推論してしまうとする「情報量の違い」による解釈などが存在する。

6 正常性バイアス（正常化の偏見）

危険な状況が発生しているにもかかわらず「危険ではない」と誤った認知をしてしまう傾向のことを正常性バイアス（正常化の偏見）と呼ぶ。われわれは、異常なことや危険なことは滅多に起こらないと考えているため、非常ベルが鳴っても「火事だ」とは考えず、「誤作動だろう」と、日常の延長の感覚で考えてしまう傾向がある。したがって実際に危険な状況が起きている場合には逃げ遅れて命を落としてしまう可能性があるため、このような認知の歪みが生じがちなことを知った上で、念のため確認したり、いったん避難するなどの行動をすぐにとる必要がある。

【研究の展開】

I 情動の帰属

われわれは自己の感情をどのように知覚しているのであろうか。シャクターとジンガー（S. Schachter & J. E. Singer, 1962）は、心臓の鼓動が速くなるような興奮状態である「生理的覚醒」と生理的覚醒の原因についての認識である「認知的要因」の2つが重要な働きをするのではないかと仮定し、実験を行った。実験の流れは図3-3の通りである。

	条件1	条件2	条件3	条件4
①	「実験は視覚に及ぼすビタミンの効果を調べるものである」という説明を受ける			
②	エピネフリンを注射される 生理的覚醒（ドキドキする）が起きる			生理的食塩水を注射される
③	注射は生理的覚醒を起こすと説明される	注射の説明はない	注射はかゆみや頭痛を起こすと説明される	注射の説明はない
④	陽気な協力者と対面／怒った協力者と対面	陽気な協力者と対面／怒った協力者と対面	陽気な協力者と対面	陽気な協力者と対面／怒った協力者と対面
⑤	自分の感情を評定する。実験者に行動を観察され、感情を評定される			

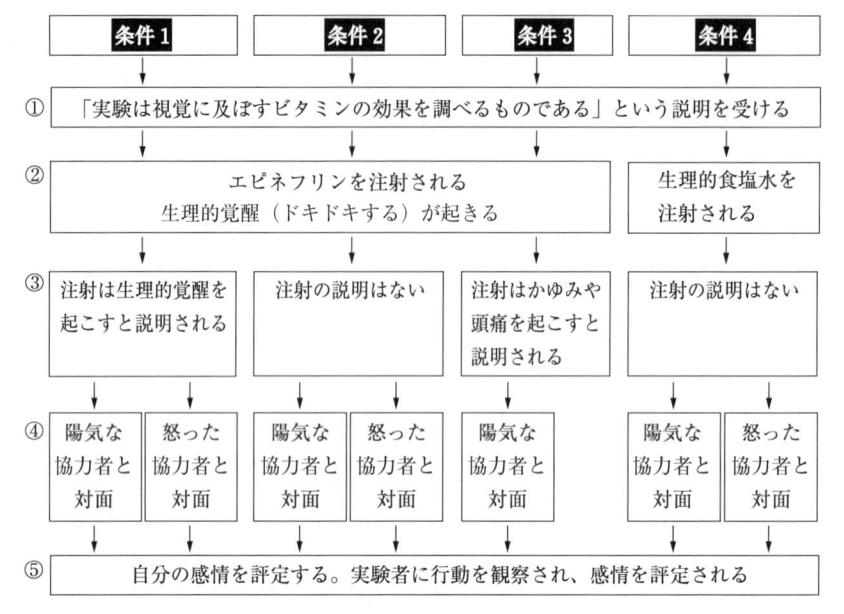

図3-3　シャクターとジンガーの実験の流れ

　実験参加者の男子大学生は、視覚に及ぼすビタミンの効果を調べる実験であるという説明を受け、4つの条件の1つに割り当てられた。条件1・2・3への参加者は、ビタミン剤ではなく、生理的覚醒作用がある「エピネフリン（アドレナリン）」を注射され、比較のために生理的覚醒を起こさせない条件4への参加者は生理的食塩水を注射された。その後、条件1への参加者には、「注射の副作用として、生理的覚醒作用がある」と、正しい情報が伝えられたが、条件2と4への参加者には、注射の作用に関する情報は全く伝えられず、条件3への参加者には、「注射の副作用として、かゆみや頭痛が起きる」と間違った情報が伝えられた。さらに各条件への参加者はそれぞれ2つのグループに分けられ（ただし、条件3は陽気な協力者と対面する1グループのみ）、注射の20分後に、同じ実験を受ける参加者を紹介された。実はこの参加者は実験者の仲間（協力者）であり、1人は陽気にふるまう演技（気分高揚条件）をし、もう1人は怒って部屋を出て行く演技（怒り条件）をした。参加者は、2

表 3-2 気分高揚条件における情動の徴候（S. Schachter & J. E. Singer, 1962 を筆者が改変）

条件	人数	自己報告	行動の指標
条件 1	25	0.98	12.72
条件 2	25	1.78	18.28
条件 3	25	1.90	22.56
条件 4	26	1.61	16.00

表 3-3 怒り条件における情動の徴候（S. Schachter & J. E. Singer, 1962 を筆者が改変）

条件	人数	自己報告	行動の指標
条件 1	22	1.91	−0.18
条件 2	23	1.39	+2.28
条件 4	23	1.63	+0.79

人の協力者のどちらか1人がいる部屋に通され、どちらかの協力者と対面した直後に、どの程度気分が陽気に高揚したか、または怒りを感じたかの程度を尋ねられた。また、実験者は、参加者の行動観察（行動の指標）から、参加者の気分を評定した。表3-2は気分高揚条件の結果、表3-3は怒り条件の結果である。表3-2は数値が大きいほど気分の高揚が強いことを示し、表3-3は数値が小さいほど怒りが強いことを示している。

表3-2の数値は、正しい情報が与えられていた条件1で最も低く、条件3で最も高い。また、表3-3の数値は、条件1で最も低く、条件2で高い。つまり、生理的覚醒の原因を正しく認知していなかった参加者は、実際には注射のせいで起きた生理的覚醒を、協力者が陽気なせいで起きたと原因帰属して協力者と一緒に陽気になったり、協力者の怒りによって起きたと原因帰属して協力者と一緒に怒ってしまったが、生理的覚醒の原因を正しく認知していた参加者は、協力者からの感情的影響を受けなかったのである。シャクターらの実験の結果から、われわれの感情の知覚には、ドキドキしたり、涙を流すなどの「生理的要因」と感情にラベル付けをする「認知的要因」の2つの要因の関わりが重要である事実が明らかにされた。なお、現在は倫理面のガイドラインにより、実験参加者の心身に害を及ぼす可能性がある（注射を

するような）心理学実験は行えないことになっている（「Chapter 6」参照）。

II　個人に特有な帰属の傾向

1 統制の所在

　ロッター（J. B. Rotter, 1966）は、自分の行動とその結果との間に因果関係があると考えることを「内的統制志向」と呼び、反対に自分以外の運や偶然などと因果関係があると考えることを「外的統制志向」と呼んでいる。つまり、自分のしたことがうまくいった時に、努力したからだと考えるような場合が「内的統制志向」、自分のしたことがうまくいった時に、ツキがあったからだと考えるような場合が「外的統制志向」である。どちらの志向が強いのかには個人差があり、内的 - 外的統制志向の強さを測定する尺度がつくられている。

　表 3-4 は、ロッターが作成し、吉田道雄と白樫三四郎（1975）が邦訳した、内的 - 外的統制志向測定尺度（IE 尺度）である。

　吉田・白樫（1975）による、大学生と社会人の得点の平均と標準偏差は表 3-5 の通りである。

2 達成結果と原因帰属

　ワイナーら（B. Weiner, H. Heckhausen & W. Meyer, 1972）は、課題達成の結果に関する原因帰属を、表 3-6 のように、「原因の内的 - 外的次元」と「原因の安定 - 不安定次元」の組み合わせで考えた。内的で安定した要因は「能力」、不安定な要因は「努力」、外的で安定した要因は「課題の困難さ」、不安定な要因は「運」である。

　たとえば期末試験の成績が悪かった時のことを考えると、「試験の成績が悪かったのは能力が低いためだ」と原因帰属した人と「試験の成績が悪かったのは勉強するという努力が足りなかったためだ」と原因帰属した人とでは、

その後の行動が異なると考えられる。つまり、安定した内的要因である「能力」に原因帰属した人は、「自分は勉強しても成績が上がらない」と諦めてしまう可能性がある。しかし、不安定な内的要因である「努力」に原因帰属した人は、「勉強したら成績が上がるかも知れない」と考えて、勉強をするようになり、実際に成績が上がる可能性が考えられる。

　ドゥエック（C. S. Dweck, 1975）は、学習意欲の低い子どもを対象とした実験を行い、課題を行わせるが失敗を経験させないグループと課題遂行に失敗した時に、その原因を努力不足に帰属する訓練を受けさせたグループが、その後どのように対処するかを検討した。そして、失敗を経験しなかった子どもたちよりも努力不足に失敗原因を帰属させる訓練を受けた子どもたちのほうが、課題遂行に失敗した後にも成績を維持させるか上昇させる事実を明らかにした。この研究結果は、課題遂行の結果をどこに帰属させるかによって、その後の課題遂行への動機づけの強さが変化することを示している。ただし、実際の教育場面においては、いくら努力しても課題遂行に成功しない子どもに対する配慮も必要である。

表3-4 内的 - 外的統制志向尺度（IE 尺度）

　これは世の中の出来事に対する人々の感じ方を調べるための調査です。問題の各項目にはa、b 2つの選択肢があります。あなたはそのどちらをより強く信じますか。信じるほうの符号を回答欄に記入して下さい。個人的信念に関する調査なので、正答とか誤答とかはありません。思った通りを記入して下さい。
　あまり考えすぎると決められなくなりますので、最初の印象で付けて下さい。とばさないで全部の項目に回答して下さい。中には、どちらか決めにくい項目があるかもしれません。その場合でも相対的に判断して下さい。それ以前の回答をなるべく見ないようにして、次々に回答して下さい。

F1　a　子どもが問題行動を起こすのは、両親があまりひどく罰するからである。
　　　b　現代の子どもの問題の原因は、第1に両親が子どもに安易に対処していることである。
2*a　人生における不幸な出来事の多くは不運による。
　　 b　不幸な出来事は、主としてその人が犯したあやまちから生ずる。
3　a　戦争が起こる主要な原因の1つは、人々が政治に対してあまり関心を持たないからである
*b　人々がいかに戦争防止に努力してみても、戦争というものはやはりなくならない。
4　a　価値ある人は、遅かれ早かれ世の中の人々の尊敬を受けるようになるものである。
*b　たとえ一生懸命努力しても、その人の価値が認められないことがしばしばある。
5　a　学生の成績に関して教師が不公平である、などということはあまり考えられない。
*b　何らかの偶然的な出来事によって学生の成績が左右されるということがしばしばある。
6*a　運に恵まれれば、誰でもリーダーになりうる。
　　 b　有能な人であってもリーダーになれないのは、せっかくの好機をうまく利用しないからである。
7*a　いくら努力してみても、好きになれない人というものはいるものだ。
　　 b　好きになれない人がいるのは、人に対する対処の仕方を理解していないからだ。
F8　a　人の性格を決定するうえで遺伝は重要な役割を果たす。
　　 b　人の特徴を決めるのは人生における経験である。
9*a　将来起こるであろう事柄は、実はすでに決まっているのであり、ただわれわれに見えないだけである。
　　 b　将来についても、はっきりとした意思決定をすれば、運にまかせるなどということはあり得ないはずだ。
10　a　よく準備のできた学生にとってみれば、試験問題が公平であるかどうかなどは、あまり問題にならない。
*b　試験問題は当たりはずれが多いので、まじめに勉強してもあまり役に立たない。
11　a　社会において成功するのは、熱心に仕事をしたためであって、運などはあまり関係がない
*b　よい仕事をなし得るか否かは、かなり偶然的な要素によるところが大きい。
12　a　一般市民も選挙などを通じて、政府の政策決定に何らかの影響を与えることができる。
*b　現実の社会は権力を持つ少数の人々によって動かされているので、一般市民のできることは全く限られている。
13　a　将来の計画を立てるとき、私は常に実行可能の見通しがある。
*b　あまり先の計画を立てても運、不運に見まわれることが多いのであまり役に立たない。
F14　a　この世の中には善良でない人々が確かに存在する。
　　 b　どんな人間にも、どこかによいところがあるものだ。
15　a　私の場合、いろいろな望みがかなえられるかどうかについて、運はあまり関係がない。
*b　われわれは、クジ引きや占いなどを頼りとして、決断を下すことがしばしばある。
16*a　昇進には常に運がつきまとう。
　　 b　人がすばらしい仕事をなしとげ得るか否かは、主としてその人の能力による。

Chapter 3　行動の原因と結果についての認知

- 17＊a 社会的事象の多くのものに対して、われわれはほとんど統制することができない。
-   　b 政治的ないし社会的事象のあるものに対しては、われわれは活動に積極的に参加することによって、ある程度まで影響を与えることができる。
- 18＊a 人生は偶然の要因によって左右されるものだということを、多くの人はよく理解していない。
-   　b 現実には、運などというものは存在しない。ただ人がそう思うだけである。
- F19　a 人間はあやまちを犯すものである。そのことを認めなければならない。
-   　b 人間のあやまちはできるだけ表面に出ないよう処理されるのが望ましい。
- 20＊a ある人がなぜあなたを好きになるのか、その理由を知ることは実際には難しい。
-   　b 友だちの数が多いか少ないかは、その人の性格による。
- 21＊a 長い目で見れば人生にはよいこともあれば悪いこともあり、その両者はだいたい釣り合いがとれているものだ。
-   　b 不幸の原因の大半は、その人の能力の欠如、無知、怠惰などである。
- 22　a われわれが監視などに十分な努力をすれば、政治的汚職を減らすことも可能だ。
-   ＊b 政治屋が役所の中で行うことに対して、われわれが口をさしはさむことは難しい。
- 23＊a なぜ教師がそのような成績をつけたのか理解できないことがしばしばある。
-   　b 一生懸命努力した結果は、だいたい成績に反映する。
- F24　a よいリーダーはなすべき事柄を自分たちで決定できるように導いてくれる。
-   　b よいリーダーはどのように進めていったらよいかを自ら示してくれる。
- 25＊a 自分の身にふりかかってきたことに対して、自分では何も統制できないと思うことがある
-   　b 偶然とか運とかいうものが、人生において重要な役割を演じるなどということは信じられない。
- 26　a 孤独なのは、他者に対して友好的態度をとるよう努めないからである。
-   ＊b 人を好きになろうと努力しても何の役にも立たない。もともと自分を好きだと思う人だけが仲良くなってくれるのである。
- F27　a 大学ではもっと体育に重点を置くべきである。
-   　b チーム・スポーツは性格形成のよい方法である。
- 28　a 人生において起こってくる事柄は、実はその人の行為の結果であるといえる。
-   ＊b 人生において起こってくる事柄を十分統制することは難しいと感じることがある。
- 29＊a 政治家の行動には理解しにくいところがかなりある。
-   　b 国家や地方の政治について、われわれ市民にもかなりの責任がある。

回答欄

1	2	3	4	5	6	7	8	9	10	11	12	13	14	15	16	17	18	19	20	21	22	23	24	25	26	27	28	29

注）「a」「b」のうち、「＊」のついている方が外的統制志向を意味する選択肢、ついていないほうが内的統制志向を示す選択肢である。項目番号の前の「F」は"フィラー項目"を示す。これは質問の意図に気付かれにくくするために加えられた項目であり、内的－外的統制志向とは関係がないため、採点の対象にはならない。実施時にはFと＊マークを取り除く必要がある。

　フィラー項目を除く23項目のうち、「＊」の付いた選択肢の選ばれた数がIE尺度得点である。この得点は0点から23点の間に分布し、得点が低いほど内的統制志向が強いことを示し、得点が高いほど外的統制志向が強いことを示す。

表 3-5　IE 尺度の平均得点と標準偏差
（吉田・白樫、1975 をもとに筆者が作成）

	人数	平均得点	標準偏差
男子大学生	123	11.34	4.08
女子大学生	113	12.23	3.38
社会人（男）	108	8.83	3.77

表 3-6　成功・失敗の帰属因
（B. Weiner ら，1972 を筆者が改変）

安定性	統制の所在	
	内　的	外　的
安　定	能　力	課題の困難度
不安定	努　力	運

参考・引用文献

蘭　千壽・外山みどり編（1991）『帰属過程の心理学』ナカニシヤ出版

唐沢　穣・池上知子・唐沢かおり・大平英樹（2001）『社会的認知の心理学』ナカニシヤ出版

Kelley, H. H.（1967）Attribution theory in social psychology. In D. Levine（Ed.）, *Nebraska symposium on Motivation*, Vol. 15. University of Nebraska Press. pp. 192-238

Kelley, H. H.（1972）Causal schemata and the attribution process. In E. E. Jones, D. E. Kanouse, H. H. Kelley, R. E. Nisbett, S. Valins & B. Weiner（Eds.）, *Attribution: Perceiving the causes of behavior*, General.

齊藤　勇編（1988）『対人社会心理学重要研究集 5　対人知覚と社会的認知の心理』誠信書房

Schachter, S. & Singer, J. E.（1962）Cognitive, Social and Psychological Determinants of Emotional State. *Psychological Review*, 69, 379-399

Weiner, B., Heckhausen, H., & Meyer, W.（1972）Causal ascriptions and achievement behavior: A conceptual analysis of effort and reanalysis of locus of control. *Journal of Personality and Social Psychology*, 21, 239-248

山本眞理子・外山みどり編（1998）『社会的認知』誠信書房

山本眞理子・外山みどり・池上知子・遠藤由美・北村英哉・宮本聡介編（2001）『社会的認知ハンドブック』北大路書房

吉田道雄・白樫三四郎（1975）「成功―失敗条件および成員の統制志向傾向が成員行動の認知におよぼす効果―」実験社会心理学研究、15、45-55

Chapter 4

個人に特有な行動の一貫性

【基礎知識】

I 態度とその一貫性

1 態度とは何か

われわれは社会の中のいろいろな対象について、「好き‐嫌い」、「賛成‐反対」などの判断を行っている。たとえば、タレントの好き嫌いや、スポーツの好み、原子力発電の賛否、政府の経済政策を支持するか否かの見解、などである。このような、ある対象に対する接近と回避に関連した反応準備状態を「態度」という。態度は、われわれが様々な行動をする場合、1つの基準となるものであり、また、時系列的に安定していることが多く、変化しにくいため、われわれの社会行動を分析する場合に、有用な概念である。

2 態度の3つの成分

ローゼンバーグとホブランド（M. J. Rosenberg & C. I. Hovland, 1960）は、態度には、3つの成分があることを指摘した。すなわち、認知的成分、感情的成分、行動的成分である。認知的成分とは、対象に対してどのような評価を加えるかといった側面のことであり、「良い‐悪い」「賛成である‐反対である」といったものを指す。感情的成分とは、そのものに対して抱く主観的な印象の側面であり、「好き‐嫌い」「快‐不快」といったものを指す。行

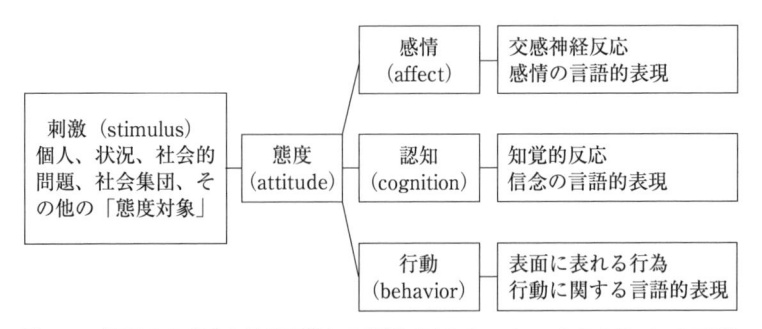

測定可能な独立変数	媒介変数	測定可能な従属変数
刺激（stimulus）個人、状況、社会的問題、社会集団、その他の「態度対象」	態度（attitude） → 感情（affect）	交感神経反応／感情の言語的表現
	→ 認知（cognition）	知覚的反応／信念の言語的表現
	→ 行動（behavior）	表面に表れる行為／行動に関する言語的表現

図4-1　態度の3成分と他の変数との関係（M. J. Rosenberg & C. I. Hovland, 1960）

動的な成分とは、ある対象についてのいかなる行動をとるかといった側面であり、その対象に対して接近、援助、支持するか、回避、妨害、反発するかを指す。

　一般には、この3つの成分の方向性は一致することが知られている。たとえば、原子力発電に反対（認知的成分）の人は、それが嫌い（感情的成分）であるし、また、原子力発電反対の署名をする（行動的成分）。

3 潜在的態度

　最近、われわれの態度の中には、意識的に把握することができる顕在的な態度のほかに、意識的には把握することができない潜在的な態度が存在していることがわかってきた。これを潜在的態度（implicit attitude）という。潜在的な態度を測定するためには、潜在的連合テスト（IAT：Implicit Association Test）という方法が用いられる。この方法を用いて、人種差別に対する態度を測定したところ、顕在的に測定した人種差別に対する態度とは全く相関していなかった。また、実際の行動においては顕在的に測定された態度よりも潜在的な態度のほうが強く影響していた。

4 態度の形成

では、態度はいかにしてつくられるのであろうか。クレッチら（D. Krech et al., 1962）は、態度の形成についていくつかの要因を挙げている。まず第1に、個人の目標達成との関連についての要因がある。つまり、個人の欲求を充足してくれる対象や、その手段となるものには、好意的な態度が形成され、欲求の充足を妨げるものに対しては非好意的な態度が形成される。第2に、自分の属している集団の影響の要因がある。われわれはそれぞれ、自分の行動や判断のよりどころとなる集団である準拠集団を持っている。それぞれの集団は集団自体の価値観を持っているため、われわれは準拠集団で一般的で受け入れられている価値観を自分の態度として取り入れる傾向がある。第3に、自分の身近な人々や尊敬する人々の態度について、同一化というプロセスを通じて、自分の態度として取り込んでいく。

これらの要因以外にも、単にある情報に接することが多いということによって、そのものに対して好意的な態度が形成されることや、ある情報と快気分が随伴することによって、条件づけが成立し、その情報に好意的な態度を形成することなども生じることが知られている。

成人になり、様々な知識や考え方を習得すると、外部の態度を取り入れるという形でなく、論理的思考や批判的思考などのより高度な認知的活動の所産として態度が形成されるようになっていく。

5 認知的不協和理論

一般にわれわれが持っている、認知や行動、感情などの要素は相互に一貫している。また、もしこれらの間に矛盾が生じるとわれわれはそれを解消するように動機づけられる。このような考え方は、バランス理論といわれるが、その代表的なものは、フェスティンガー（L. Festinger, 1957）によって提案された認知的不協和理論（Cognitive Dissonance Theory）である。

彼は、まず、われわれの認知要素間で、一方のものから、他方のものの逆

の命題が導かれるような関係にある時、これらの要素は「不協和」であるとした。次に、このような不協和の存在は、心理的緊張、あるいは心理的不快感をつくり出し、われわれをこれらの「不協和」をなくすように動機づけると考えた。これは、行動を変化させたり、行動を否認することや、不協和を増大させるような新しい情報を積極的に避けること、不協和を生じさせている認知を歪曲させたり、抑圧することなどによって行われる。

　たとえば、日頃たばこをよく吸う人が、TVで「たばこが健康に及ぼす害」についてのニュースを見たとしよう。「自分がたばこを吸う」ことと「たばこは健康に悪い」という情報は互いに矛盾するので、ここで認知的不協和が生じる。そこで、この人は、たばこの本数を減らしたり（行動の変化）、自分の場合はTVのケースとは違ってそれほど喫っていないと考えたり（行動の否認）、TVはいつも禁煙派の見方に偏っているとニュースの価値を低く評価したり（不協和を生じさせている情報の歪曲）、TVのチャンネルをかえてそれについての情報を回避したり（不協和を生じさせる情報を避ける）して、不協和を低減させようとする。

　認知的不協和理論は、われわれの様々な社会行動に適用することができる。たとえば、われわれは、自分の本当の態度と異なった発言をする場合がある。このような時、われわれの態度はどのような影響を受けるかについて検討してみよう。この現象を検討した研究として、フェスティンガーとカールスミス（L. Festinger & J. M. Carlsmith, 1959）の実験がある。この実験では、被験者は、心理学の実験として、1時間にわたって、糸巻きを並べては取り出すという単調で退屈な作業を繰り返し行った。その後で、この被験者に、「次に来る被験者に、この実験は非常に楽しかったと説明してくれ」と依頼する。被験者には、この依頼に対する報酬として20ドル与えるという条件と1ドル与えるという条件が設定された。この被験者が次の被験者に説明を行った後で、糸巻きを並べる実験についての面白さや、実験の科学的意義についての評定をさせた。その結果、20ドル受け取った被験者よりも1ドルしか受け取っていない被験者のほうが、これらについての評定値が高かったという。

これは、20ドルを受け取った被験者は、「実験は実際には面白くなかったが、面白かったという」ことについて十分な報酬をもらっているので、認知的不協和は発生せず自分の真の態度（実験はつまらなかった）を変容させる必要はないが、1ドルの被験者は、自分の実際の態度に反したことについて話すことに不十分な報酬しか受け取っていないので、発言と態度との間に認知的不協和が生じ、これを解消するために、本当は実験は面白かったに違いない、という形で態度自体を変えてしまったのだとして説明できる。この現象は、不十分な報酬で自分の意見と異なった態度を表明させることによって、その人の態度を変容させることができることを示している。これに似たテクニックはいわゆるマインドコントロール場面においても用いられている。

バランス理論には、ほかに、ハイダー（F. Heider）のPOX理論（「Chapter 2」参照）、ニューカム（T. M. Newcomb）のABX理論、オズグッドとタネンバウム（C. E. Osgood & P. H. Tannenbaum）の適合性理論などいくつかのものが提案されている。

II　説得的コミュニケーション

1 説得的コミュニケーションとは何か

態度は生涯にわたって常に安定して保持されていくものなのだろうか。そうではない。一般的に態度は安定的であるのは確かであるが、新しい情報に接した場合や新しい経験や体験をした場合など、われわれは自分の態度を変容させていく場合もある。

また、われわれは生活の中で他人から自分の態度を変容させるためのコミュニケーションを受けたり、他人の態度を変えるためのコミュニケーションを行うこともある。たとえば、自分の意見を人に説明して自分を支持してもらうためのコミュニケーションや、自分の良いと思うものを人に紹介するといったコミュニケーションである。また、宗教の勧誘や商品の広告、愛の告

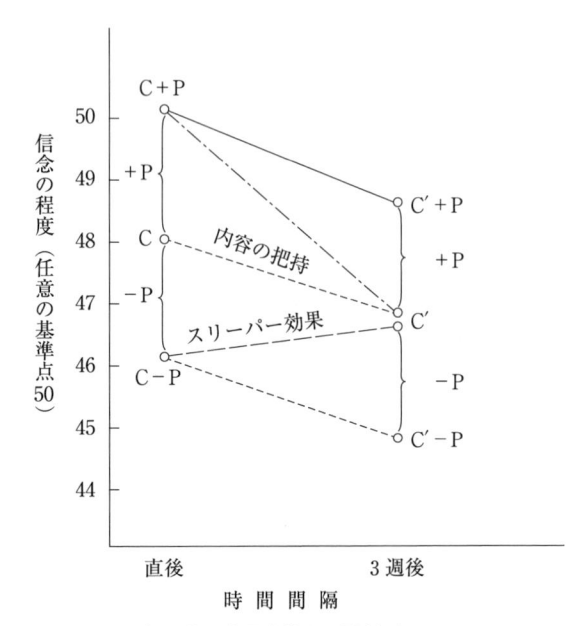

図 4-2　コミュニケーターの信憑性と意見変化との関係 (H. C. Kelman & C. I. Hovland, 1953)
　　　　C：コミュニケーション内容の初期の効果
　　　　C′：Cの時間経過により減少した量
　　　　P：情報源の＋または－の効果
　　　　C′±P：3週間後、再びコミュニケーターを示した場合

白もこのようなコミュニケーションの1つの形であるということもできる。これを「説得的コミュニケーション」という。

　ここで、問題となってくるのは、このような説得的コミュニケーションの効果を規定している要因にはどのようなものがあるのか、ということである。一般にコミュニケーションのプロセスは、「送り手」「メッセージ」「受け手」「状況」の4つの枠組みで分析されることが多い。そこで、説得的コミュニケーションの効果についてもこの枠組みで論じていくことがわかりやすい。

2 送り手の要因

説得の効果に影響する送り手の要因としては、送り手の信憑性や魅力がある。信憑性は、信頼性と専門性からなる。信頼性とは、説得者がどの程度信頼できる情報源であるかということを指し、専門性とは、説得者がその分野について専門的な知識を持っているかということを指す。もちろんこれらが大きければ大きいほど説得効果は大きくなる。たとえば、ホブランドとウェイス（C. I. Hovland & W. Weiss, 1951）は、抗ヒスタミン剤の効果という話題で、説得を行う場合、その情報源が、生物医学研究誌であるほうが、大衆雑誌であるよりも効果が大きいことを示している。

ただし、送り手の信憑性の効果については、スリーパー効果という現象が生じることが知られている。これは、低い信憑性の情報源からのメッセージの場合、コミュニケーション提示直後よりも、数週間後のほうが態度変容効果が大きいという現象である。これは、メッセージ提示直後では、メッセージの内容が、情報源の信憑性の低さによって割り引かれて知覚されるが、一定時間経過後には、情報源が何であったのかの情報が忘却されてしまうので、この割引効果が生じないからであると説明されている（H. C. Kelman & C. I. Hovland, 1953）。メッセージの内容よりも情報源が忘却されやすい現象は、ソースアムニジア（source amnesia）という現象として人間の記憶研究の中でも指摘されている。

3 メッセージの要因

次にメッセージの内容と説得効果の関連について検討してみよう。

1） 恐怖喚起コミュニケーション

メッセージの内容の要因のうち最初に、恐怖喚起コミュニケーションについて取り上げてみよう。これはたとえば「たばこをやめよう」という説得的なコミュニケーションをする場合に、たばこによって肺ガンになった人の肺の写真を見せる、といった恐怖を喚起する方法をとることである。最近では、

歯周病によって歯が抜け落ちてしまうことを提示した、歯周病菌を防ぐ歯磨き粉の広告や、紫外線によってシミができてしまうことを提示したUVカット化粧品の広告に用いられている方法である。この手法は、海外では特に交通事故防止のための公共広告に用いられることが多い。

　恐怖喚起コミュニケーションの研究を初めて行ったのは、ジャニスとフェッシュバック（I. L. Janis & S. Feshback, 1953）である。彼らの実験では、高校生を被験者として、歯磨きをテーマにした説得が行われた。恐怖喚起の大きな群では、歯を磨かないことによって、歯や歯茎がひどい病気になることが説明され、病気の歯の不快な写真も提示された。これに対して、恐怖喚起の小さい群では、健康な歯の写真を用いて、歯の機能や歯磨きの必要性について説明がなされた。1週間後に、これらの群で、歯磨き習慣の改善について測定したところ、恐怖喚起の量の小さいほうが効果が大きいことが示された。これは、恐怖喚起が、説得にマイナスの効果しか持っていないことを示している。

　しかし、その後、この実験に対する反論も現れた。たとえば、ダブスとレーベンソール（J. M. Dabbs & H. Leventhal, 1966）は、破傷風の恐ろしさと予防注射の必要性についてのコミュニケーションを使ってジャニスと同様の実験を行ったが、その結果、恐怖喚起が大きいほど、説得効果が大きいことが示された。

　これらの矛盾した実験結果を説明するためにジャニスやマクガイア（W. J. McGuire）は、恐怖喚起コミュニケーションと説得力の関係について逆U字型のモデルを提案している。これは、恐怖喚起が一定の量になるまでは、恐怖喚起の増大が説得効果を上げるが、一定程度以上になると、防衛機制の働きによって、抵抗が生じ、メッセージの内容を否定したり、無視するために説得効果が減少していくというモデルである。また、ロジャースとプレンティス-ダン（R. W. Rogers & S. Prentice-Dunn, 1997）らは、脅威に対する対処行動が有効性を持ち、自分で実施でき、実施コストが低い場合には、恐怖喚起の度合が大きいほど説得効果は大きくなるが、そうでない場合、説得効果が生

じなくなるという防護動機理論を提唱している (protection motivation theory)。

2) 一面コミュニケーションと両面コミュニケーション

次に、一面的コミュニケーションと両面的コミュニケーションの問題を取り上げてみる。前者は自分の主張したい問題について、それを支持する情報のみのコミュニケーションを行うことであり、後者は自分に都合の悪い情報も同時に提示する方法である。

この問題を検討した研究として、ホブランドの研究がある。彼らは、脳死段階の臓器移植の賛否を用いて研究を行ったところ、すでにこの意見に賛成の人には一面的コミュニケーションが有効であったが、反対よりの人には、臓器移植反対論があることを指摘した上で賛成の論拠を述べたほうが効果的であった。榊 博文 (2002) は、この問題についてなされた従来の研究を表4-1のように要約している。

表 4-1　コミュニケーションの呈示方向と説得効果の関連

	一面呈示が効果的である場合	両面呈示が効果的である場合
受け手の教育程度	低い	高い
説得的議論への精通性	低い	高い
説得的議論の複雑性	低い	高い
説得的議論の当然性	高い	低い
受け手の最初の立場	賛成	反対
逆説得の可能性	ない	ある

4 状況の要因

どのような状況で説得を受けたのか、という状況要因も説得の効果に影響を及ぼす。学習理論からは、コミュニケーションが快刺激と随伴して提示されるとその情報に対する印象もよくなることが予想される。このような考えを応用した研究として、ジャニスの研究がある。この研究では、ガンの治療法や宇宙旅行などのテーマについての説得的コミュニケーションを、軽食(コーラとピーナッツ)をとりながら読む条件と、軽食なしで読む条件が設定さ

れた。その結果、前者の条件のほうが説得効果は大きかった。この現象をランチョン効果という。

5 受け手の要因

メッセージを受ける側の要因、すなわち、どのような人が説得されやすいのか、といった問題についてもいくつかの研究がなされている。現在のところ、自尊心が低く、不安傾向が大きく、権威主義的傾向が大きい人ほど説得されやすく、認知欲求が高いほど説得されにくいと指摘されている。しかし、受け手の影響は複雑であり、現在でも明確な結論は出ていない。

III 説得的コミュニケーションへの抵抗

1 心理的リアクタンス理論

さて、われわれは説得的コミュニケーションを受けた場合に、常にその唱導方向に態度を変えてしまうのであろうか。この問題について興味深い効果が知られている。それは、ブーメラン効果 (boomerang effect) と呼ばれているもので、唱導方向とは反対の方向に態度を変容させる現象を指す。たとえば、「原子力発電推進」の説得的コミュニケーションを聞いたことにより、逆に「原子力発電反対」の態度が形成されたり、より強くなったりする効果である。このような効果を説明する理論として、心理的リアクタンス理論 (reactance theory) がある。この理論によるとわれわれは常に自由に自分の意見や態度を決定できるという信念を持っているという。説得的コミュニケーションは基本的に「態度を唱導方向に変えろ」というメッセージであるから、このような自由が脅かされることになる。このように自由な意思決定が脅かされると、われわれはその自由を確認するために、わざと唱導方向とは逆の方向に態度を変容させるというのである。つまり、説得的コミュニケーションが有効に働くためには、意思決定の自由への脅威を感じさせない方法

で行うことが効果的だということになる。たとえば、われわれは、面と向かって説得されるよりは漏れ聞こえてきた話の影響を受けやすい場合がある（漏れ聞き効果 over heard effect）が、これは面と向かって説得される場合に比べリアクタンス効果が生じにくいからだと考えられる。

2 免疫理論

いったんある説得的コミュニケーションに遭遇すると、次にまた説得を受けた時、抵抗力が大きくなることが指摘されている。マクガイア（1962）は、「毎食後に歯磨きをすることは良いことである」といった自明の理についての反論メッセージを用いた研究でこの現象を確認した。彼は今まで、反論など考えてみなかった状況を無菌状態になぞらえ、このような状況に置かれた場合には予期しなかった反論メッセージに対してわれわれは脆弱になるが、いったん、このようなメッセージでも反論されうるのだ、ということを体験すると、その後の同様なメッセージに対して耐性がつくられると考え、これを「免疫理論（inoculation theory）」と呼んだ。

【研究の展開】

Ⅰ　説得的コミュニケーションの精緻化見込みモデル

【基礎知識】で、説得的コミュニケーションには様々な要因が影響するということを述べてきた。古典的な研究で述べられてきた様々な現象を統一的に説明しようとしたモデルとして、ペティとカシオッポ（R. E. Petty & J. T. Cacioppo, 1981）による説得的コミュニケーションの精緻化見込みモデル（Elaboration Likelihood Model）である。

いま、何らかの説得的なコミュニケーションがなされたとする。これを受けた人はこのメッセージについて、まず、その内容を真剣に考え、検討する

```
                    ┌─────────────────────┐
                    │ 説得的コミュニケーション │
                    └──────────┬──────────┘
                               ↓
                    ┌─────────────────────┐                         ┌──────────────────────────┐
                    │ 考えよう（精緻化）とする動機 │                         │     周辺的態度変化        │
                    │ 個人的な関わり；認知欲求；個人的責任 │                    │ 態度は比較的に、一時的で、  │
                    │ etc.                │        なし              │ 影響されやすく、行動を予測  │
                    └──────────┬──────────┘─────────────────→        │ することができない        │
                               │ あり                                 └────────────↑─────────────┘
                               ↓                                                   │ あり
                    ┌─────────────────────┐                         ┌──────────────────────────┐
                    │  考える（精緻化）能力   │                          │ 周辺的手がかりはあるか？    │
                    │ 思考妨害；反復呈示；事前の知識；メッ │    なし                  │ 好意的／非好意的感情；魅力  │
                    │ セージの理解しやすさ etc.    │─────────────────→        │ 的な／専門的な情報源；議論  │
                    └──────────┬──────────┘                         │ の数 etc.                │
                               │ あり                                 └────────────↑─────────────┘
                               ↓                                                   │
                    ┌─────────────────────┐                                       │
                    │    認知的処理の性質     │                                       │
                    │ （事前の態度、メッセージの質 etc.）│                                       │
                    ├──────┬──────┬──────┤                                       │
                    │好意的な考えが│非好意的な考えが│中立 or どちらも│                                       │
                    │優勢       │優勢       │優勢ではない  │                                       │
                    └──┬───┴──┬───┴──┬───┘                                       │
                       │      │      │                                         │
                       ↓      ↓      └──────────────────┐     なし           │
                    ┌─────────────────────┐                  │                ┌──────────────┐
                    │    認知構造の変化      │                  │                │ 事前の態度に   │
                    │ 新しい認知が受け入れられて記憶のなか│                  └─────────────→ │ とどまる or   │
                    │ に保存されるか？；以前よりも異なった │                                   │ 再獲得する    │
                    │ 反応が突出（salieat）されるか？ │                                   └──────────────┘
                    └──┬──────────────┬──┘
                       │ あり           │ あり
                       │（好意的）        │（非好意的）
                       ↓                ↓
                    ┌──────────┬──────────┐
                    │  好意的な  │ 非好意的な │
                    │  中心的態度変化│ 中心的態度変化│
                    ├──────────┴──────────┤
                    │ 態度は比較的に、持続性と、変化への抵│
                    │ 抗と、行動との一貫性がある         │
                    └─────────────────────┘
```

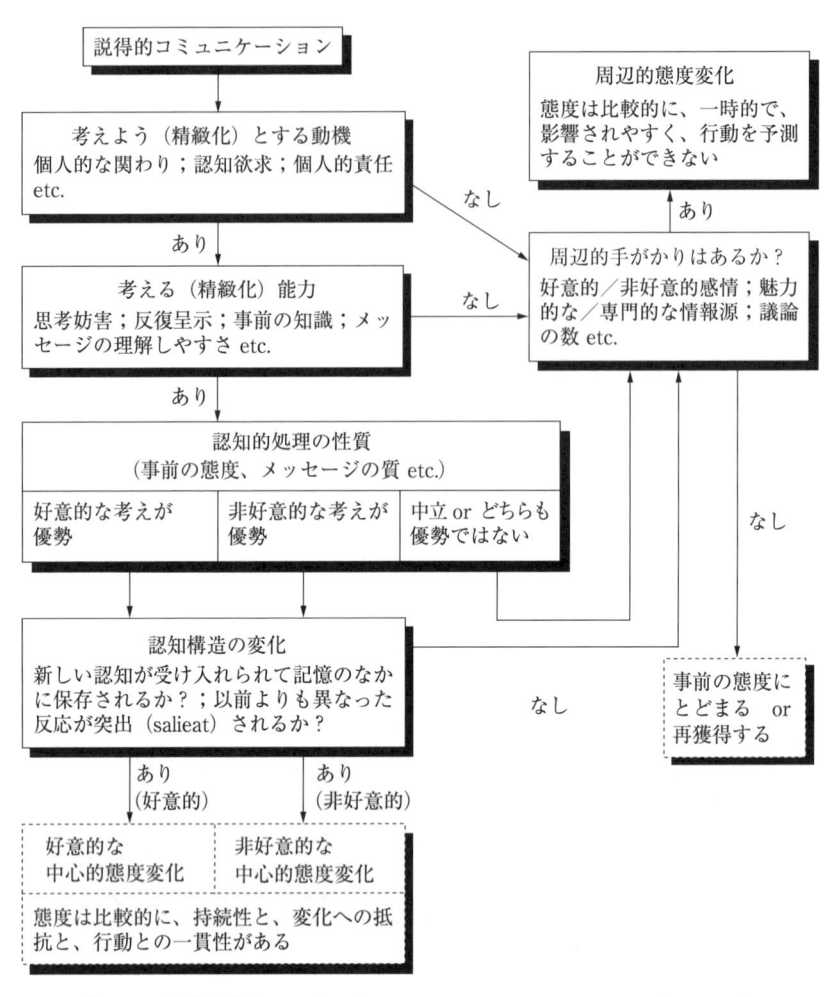

図 4-3　精微化見込みモデル（R. E. Petty & J. T. Cacioppo, 1986；土田、1989）

気があるかどうかについての判断を行う、次に、自分がその情報について考える能力があるか否かについての判断を行う、もし、これらの両方を行える場合に、われわれはこの情報を自分の既有知識と照らし合わせながら検討し、もし、コミュニケーションの内容がもっともなものであるならば、態度を唱導方向に変化させ、その内容が受け入れ難いものであれば、態度を変化させ

ないか、逆方向に態度を変化させることになる。これが、中心ルートの情報処理である。これに対して、処理の動機づけが低かったり、自分がその内容について判断できる能力がなかった場合には周辺ルートによる処理が行われる。これは、メッセージの内容自体でなく、送り手（説得者）の外見的魅力や専門性、あるいはその時の自分の気分などによって、メッセージを受容するか否かを決定するプロセスである。

　たとえば、ペティら（R. E. Petty, J. T. Cacioppo & R. Goldman, 1981）は、大学生の被験者に「大学の4年生に卒業試験を課すべきである」という文章を与えて、態度変容を測定した。この時、ある群にはこの文章は、ある地方の高校生が書いたものであると教示したが、別の群には、プリンストン大学の教授が高等教育についての委員会で報告したものであるとした。この場合、この話題が、自分たちに直接影響がない状況、具体的には「これは10年後に実施が検討されている問題である」といわれた条件では、この文章が誰のものであるかといった情報が結果に大きく影響しており、高校生の文章よりも教授の文章のほうが説得力が高かったが、自分たちに直接影響が及ぶ状況、具体的には「これは来年この学校で実施される可能性がある問題だ」といわれた群では、文章の書き手が誰であるかという問題はそれほど大きな影響力を持たなかった。これは、前者の場合、周辺的なルートで処理が行われたため、文章の書き手といった内容以外の周辺的な手がかりが大きく影響したのに対して、後者のケースでは、中心ルートで処理が行われたため、周辺的な手がかりでなく、内容についての吟味が行われたからであると考えられる。

II　態度とマーケティング心理学

　態度といった概念は、広告などのマーケティング場面を考えていく場合にも重要になってくる。

1 態度と購買行動

　商品の広告においては、そのある商品に対して消費者に好意的な態度を形成させることが重要になってくる。なぜなら、好意的な態度は、その商品を購入する可能性を高めるばかりでなく、その商品に対する自我関与を高め、認知的一貫性によってほかの商品の広告を回避したり、態度を変容させようとする広告に対する抵抗を生じさせて継続的で安定した商品購入につながるからである。

　商品に対する、消費者の態度についてのモデルとして、フィッシュバイン（M. Fishbein）の多属性態度モデル（multi-attribute attitude model）がある。これは、ある商品についての態度は、その商品の持っている様々な属性（パソコン市場における、性能、スタイル、価格など）について、消費者がその属性について感じている「重要度」と、その商品がその属性を持っているという消費者の「信念」の積を足し合わせたものになるというものである。

　このように考えれば、消費者にある商品に対するよりよい態度を形成させるためには、次のような戦略をとればよいことになる（中谷内一也、1997）。①ある属性（たとえば性能）に焦点をしぼり、それが優れていることを強調する。②属性間の重要度を変化させる。つまり自社の製品の優れている側面（たとえばスタイル）の重要度を強調し、劣っている側面（たとえば価格）の重要度を低めるような広告を行う。③全く新しい属性を付加する。たとえば、従来消費者が考えていなかったような重要な属性の存在を強調する（パソコンでは、タッチスクリーンや指紋認証など）。

2 説得的コミュニケーションと広告

　【基礎知識】でも述べたように、広告は一種の説得的コミュニケーションであるということができる。では、どのような広告が有効なのだろうか。

1）　広告の頻度の効果

まず消費者にどの程度の頻度の広告をすることが有効なのかを考えてみよ

う。ザイアンス（R. B. Zajonc）は、単純接触効果（mere exposure effect）という現象を報告している。これは、人はある対象に接触した場合には、その接触に快などの賞が伴わなくても、単に接触頻度が高くなるだけでそのものに好意的な態度を形成するというものである。これは一般には広告頻度が高いほど効果が大きいことを示している。TV を見ていると、同じ広告が何度もしつこく流れているのを目にするし、ウェブを見ていると、やたらに目につくバナー広告がある。これはこの現象が 1 つの根拠となっている。ただし、接触回数の増加による効果は、線形的に増加するのではなく、ある程度の回数で頭打ちになる事も知られている。そのため、何回の接触が最も効率的なのかについて多くの研究が行われている。では、逆に有効な広告頻度の下限といったものもあるのだろうか、これについては、広告が効果を持つためには、ある程度の最低限の接触回数が必要であるという有効フリクエンシー（effective frequency）という概念が知られている。

2） 集中的露出と分配的露出

広告の頻度と類似した現象として、広告の提示スケジュールの問題がある。これは、ある広告を一定時間に集中して提示するのと分散させて提示させるのは、どちらが効果的か、という問題である。実験的研究の多くは、分配的露出のほうが効果的であるという結果を出しているが、いくつかの例外もある。たとえば、TV の番組全部が 1 つの商品や企業の広告で占められていたり、電車の一編成がすべて同じ広告に統一されるといった広告戦略が存在するが、これは極度の集中的露出によって、認知度と記憶を高める 1 つの工夫であるといえる。

3） タレント広告

タレント広告とは、人気の歌手や女優、アイドルグループなどを用いた広告のことである。直接的に商品を勧めるものから、タレントが演じる十数秒のビデオクリップの中に、対象商品が効果的に写っているだけのものまでいろいろなものがある。タレント広告は、CM の認知度を高める効果があることが知られている（仁科貞文、1991）。そのため、低い頻度の露出でも相対的

に高い効果を得ることができる可能性がある。また、好感度の高いタレントなどを使用することによって、条件づけのメカニズムにより商品自体のイメージを高める効果も期待される。しかし、このような効果は、イメージなどの周辺的な情報処理によって購入を決定する商品では有効かもしれないが、不動産や自動車、パソコンなどの高価で、性能や品質が重視される、中心的な情報処理によって購入が決定される商品ではそれほど効果がないと思われる。

4) 比較広告の効果

海外では、自社の製品を売る場合にライバル会社の製品と自社のものを比較して、ライバルの製品を否定するといった方法がなされる場合がある。これを比較広告（comparative advertising）という。たとえば、コーラのシェアを争う、コカ・コーラとペプシ・コーラのCMがこの手法をとっていることが有名である。グレイサー（S. A. Greyser, 1975）は、比較広告が有効となる条件について次の4つを挙げている。

①自社製品が固有の利点を持っている。
②自社製品より競合製品のほうが強い。
③銘柄（ブランド）に対する愛着がそれ程高くない人が多い。
④主婦など消費者の判断力を否定しない。

ただし、比較広告は、対象について非好意的な態度を形成してしまう危険性も大きいので、その使用は、ある程度のリスクを伴うものである。

参考・引用文献

大坊郁夫・安藤清志・池田謙一編（1989）『社会心理学パースペクティブ1 個人から他者へ』誠信書房

深田博己（2002）『説得心理学ハンドブック』北大路書房

Kelman, H. C. & Hovland, C. I. (1953) "Reinstatement" of the communicator in delayed measurement of opinion change. *Journal of Abnormal and Social Psychology*, 48, 327-335.

Petty, R. E., Casioppo, J. T., & Goldman, R. (1981) Personal involvement as a determinant of argument-based persuation. *Journal of Personality and Social*

Psychology, 41, 847-855.

Rosenberg, M. J. & Hovland, C. I. (1960) Cognitive, affective and behavioral components of attitudes. In M. J. Rosenberg (Ed.), *Attitude, Organization and Change*, Yale University Press.

榊 博文(2002)『説得と影響 交渉のための社会心理学』ブレーン出版

杉本徹雄(1997)『消費者理解のための心理学』福村出版

Chapter 5

自分の見方

【基礎知識】

I 自己とは

1 I と Me

　私とはいったい何者であろうか。「我思うゆえに我あり」の言葉で有名なデカルトのように、古くから哲学などでも自己（自我）の探求はなされていたが、心理学において本格的に自己の研究を行ったのは、ジェームズ（W. James）であった。1890年の『心理学原理（*The principles of psychology*）』の中で、ジェームズは自己についての詳細な検討を行い、自己認識の二重性を指摘している。その自己の二重性とは、自分を知る主体的な者としての自己（主我、I）と、知られる者としての自己（客我、Me）の2つに分類できるというものである。さらにジェームズは、客我を「人が自分のものと呼び得るすべてのものの総和」と定義し、物質的自己（身体、財産）、社会的自己（他者から受ける印象）、精神的自己（心的状態、心的傾向）の3つに分類している。

2 鏡映的自己

　社会学者のクーリー（C. H. Cooley, 1902）は、自己を捉えるには、まず他者の存在が必要であって、その他者が、あたかも自己を映し出す鏡のように自分の言動をフィードバックしてくれる働きを持っていると指摘している。こ

のように、他者があたかも自分を映し出す鏡のような役割を果たし、その鏡に映っていると想像して得られる自分の姿と、そこから得られる自己感情によって得られる経験的な自己のことをクーリーは鏡映的自己（looking-glass self）と呼んでいる。

3 自己の社会性

ジェームズ、クーリーの論を発展的に踏襲し、自己（自我）論を唱えたのが、社会心理学者であり、哲学者でもあったミード（G. H. Mead）である。ミード（1934）は、自己の社会性を重視し、自己概念の形成にとりわけ他者の重要性を説いている。船津 衛（2002）によれば、自己（self）を他者との関係において理解しようとするミードは、親、友だち、先生、先輩などの他者の期待の取り入れ、つまり「役割取得（role-taking）」によって自己が形成されるといった自己の社会性を強調している。

4 自己過程

近年のわが国における社会心理学的な自己研究は、中村陽吉（1990）が「自己過程（self-process）」として自己を4つの位相に分類し体系化したものが著名である。この自己過程の4位相とは、①「自己の姿への注目」、②「自己の姿の把握」、③「自己の姿への評価」、④「自己の姿の表出」である。初学者にもわかりやすいと思われることから、本章でもその中村の「自己過程」論を基盤に、自己について見ていくことにする。

Ⅱ　自己への注意と自己意識

1 客体的自覚理論

憧れの異性との初めてのデートで、嫌われないよう鏡を前に自分の髪型や服装を念入りにチェックしている私。このような時は、自分自身への注意が

高まるものである。これは「自己の姿への注目」であり、自分が自分自身に気を向ける状態にあたる。

デュヴァルとウィックランド（S. Duval & R. A. Wicklund, 1972）は、人のある瞬時の注意は外に向かって環境に向けられているか、内に向かって自己に向けられているかのどちらかであると考え、後者のことを客体的自覚状態（客体的自己知覚；objective self-awareness）と呼んだ。デュヴァルらによれば、この客体的自覚状態が生起するのは、鏡に映る自分の姿を見たり、カメラを向けられたり、テープレコーダーから自分の声を聞いたりするなどの状況であるという。

このような自己への注意が強まった自覚状態では、かくあるべきだ、かくありたいという理想の自己イメージや行動規範（正しさの基準；standard of correctness）を意識するようになる。そして、現実の基準とその適切さの基準が一致しない時は、自己非難、自己卑下などの不快感が生じる。その不快な感情状態を避けるためには、自己への注意を環境のほうへと回避するか、自己のあり方を基準内容に合うよう調整し、不快感を低減させようと努力することが必要となってくる（図5-1）。

そして、こういった自己への注目とは逆に、自己が集団に埋没し、匿名性などの条件によって、自己の社会的役割に対する意識が薄れることで攻撃行動などの反社会的な行動をしやすくなる状態である没個性化（deindividuation）という概念もある（ジンバルド；P. G. Zimbardo, 1970）。

2 自 己 意 識

好きなあの人に自分はどう見られているだろうか、と他人の目に映る自分の姿を気にしがちで告白がなかなかできない人がいる。その一方で、好きな相手にはいつでも告白できるが、その前に自分はちゃんと自分の理想通りの人を選んでいるだろうか、と自分の内的な基準を重視しがちな人もいる。このように、自己を意識する傾向には違いがあるといえる。

このような自覚状態の経験しやすさ、すなわち特性としての個人差がある

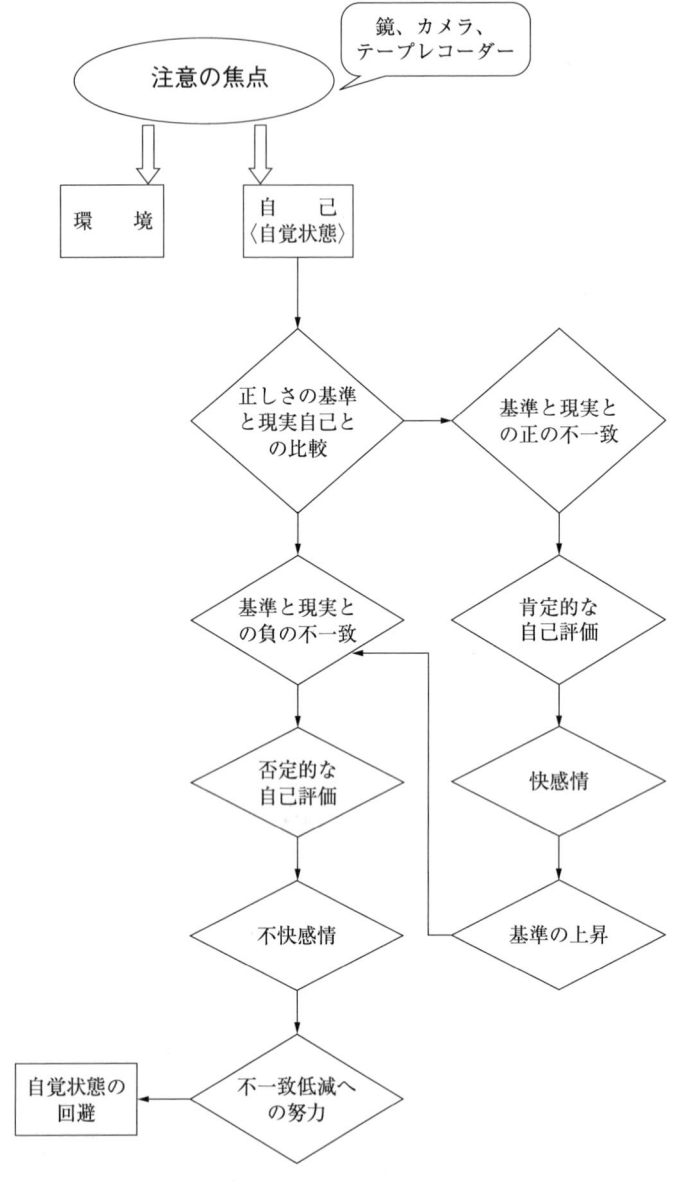

図 5-1　客体的自覚理論（R. A. Wicklund, 1975；押見、1992 をもとに作成）

ことを提唱したのが、フェニグスタインら（A. Fenigstein, M. F. Scheier & A. H. Buss, 1975）である。フェニグスタインらは、このような自分自身に注意を向けやすい性格特性を自己意識特性（self-consciousness）と名付けて、その個人差を測定する自己意識尺度を考案している。(【研究の展開】参照）。

フェニグスタインらは、その自己意識特性を測る尺度を分析した結果、自己意識特性には2つのタイプがあることを見出した。1つは、公的自己意識（public self-consciousness）で、自分の容姿やふるまいなど、他者から見られている外面的で公的な自己の側面に注意を向けやすい傾向である。もう1つは、私的自己意識（private self-consciousness）と呼ばれるものであり、自分の感情や動機、態度などの内面的で私的な自己の側面に注意を向けやすい傾向である。

公的・私的のそれぞれの特徴を挙げると、公的自己意識傾向が高い人は、社会的基準に従いやすく、他者からの評価的態度に敏感であり、対人不安傾向と関連がある。他方、私的自己意識傾向が高い人は、自分の基準に従い態度行動の一貫性が高いとされる。

Ⅲ 自己を知る

1 自己概念

大学生にもなると、コンパなどで自己紹介をする機会があるだろう。「私は、スキーサークルに所属していて、静岡県の出身です。カラオケ屋さんでバイトをしており、性格は明るいほうですが恋人はいません」といったように、私はどのような人間か、それぞれ自分が自分自身について様々な知識を持っている。このような自分の性格や能力、身体的特徴などに関する比較的永続した概念、またそれらを統一的に表現できる本質的な特性概念を自己概念（self-concept）と呼んでいる。

2 自己知覚

　私は、どのような人間なのだろうか。それを知るには、座禅でも組んで自己の内的な感情などを内観すればよいのか。それとも、遊園地のジェットコースターを楽しんでいる自分を見て刺激好きな自分を知るというように、外的な手がかりから判断すればよいのだろうか。

　ベム（D. J. Bem, 1972）は、人が、他者をどのような人であるかを知る時、外側から観察可能な他者の感情、態度、動機などからその内的状態を推論するように、自己についても、自己の行動とその行動が生起する状況などの外部手がかりを観察することで自己の内的な状態を推測するという自己知覚理論（self-perception theory）を提唱している。これは、どのように人は自分自身を知るか、という問題であり、その際、自己の内部ではなく自己の外部を主な手がかりにして知るということを示している。

3 セルフ・ディスクレパンシー理論

　自己概念が精神的健康の問題につながることがある。ヒギンズ（E. T. Higgins, 1987）は、抑うつのような気分障害の背景には、自分は無能であるといったような自己概念の内容そのものが問題なのではなく、自己表象間の相互関係やズレ（discrepancy）が問題であるというセルフ・ディスクレパンシー（self-discrepancy）理論を提唱している。ヒギンズは、自己の領域として、理想自己（ideal self）、現実自己（actual self）、当為自己（ought self）の３つを想定し、それら自己間の差異こそが否定的心理状態を生み出すと指摘している。たとえば、進学の際に、親から期待された義務としての進路に進むべき自分（当為自己）あるいは自分が行きたい進路につながる良い成績である自分（理想自己）と、成績が良くない実際の自分（現実自己）との間で葛藤して精神的健康に問題が生じる場合が挙げられる。

Chapter 5　自分の見方

Ⅳ　自己の評価

1 自尊感情（自尊心）

　試験に不合格で、自分を何とも不甲斐ない人間だと思った。あるいは、憧れの異性に交際を申し込んだら OK の返事がきて、自分に自信が持てた。このように、人は、自分自身に否定的または肯定的な評価をし、自分を価値のない、あるいは価値ある人間と判断するように、自分自身に対して評価をするものである。

　このような自分自身に対する評価（的感情）を、自尊感情（自尊心；セルフ・エスティーム；self-esteem）という。自尊感情とは、人が自分自身についてどのように感じるのかという感じ方のことであり、自己の能力や価値についての評価的な感情や感覚である。

　そして、このような自尊感情は、〔自尊感情＝成功／願望〕という公式で表すことができるとされる（W. James, 1892）。ジェームズの公式によれば、分子である「成功」を大きくすれば自尊感情は当然高まるし、逆に、分母の「願望」を小さくしても自尊感情は高くなることになる。

　ローゼンバーグ（M. Rosenberg, 1965）は、この自尊感情を、自己についての肯定的または否定的態度であるとし、自尊感情尺度（【研究の展開】参照）を作成している。さらに、彼は、自尊感情には、自分を「とても良い（very good）」と捉える場合と「これで良い（good enough）」と捉える場合の2つの異なる内包的意味があることを指摘している。前者は他者より優れ、また優れていると他者から見なされていると思うことに関連し、後者は、たとえ平均的な人間であったとしても自分が設定した価値基準に照して自分を受容し、好意を抱き、尊重することを示している。ローゼンバーグ自身は後者の立場に立っている。

　ローゼンバーグのような尺度を用いた顕在的（explicit）な自尊感情を測る

81

研究以外にも、潜在的自尊感情（implicit self-esteem）を測定する研究がある（A. G. Greenwald & M. R. Banaji, 1995）。この潜在的自尊感情の測定には、潜在的連合テスト（Implicit Association Test；IAT）と呼ばれる実験的手法が用いられる。このIATでは、パソコンの画面に次々と表示される自己に関わる単語（例、「私」）と、ポジティブ語（例、「すばらしい」）やネガティブ語（例、「ひどい」）を結び付け、そのカテゴリーや反応速度をもとに潜在的な自己への態度を測定する。ただし、この顕在的自尊感情と潜在的自尊感情の相関があまり高くないといった問題も見られる。

2 社会的比較

俺はアイツより頭がいいだろうか、私はあのコよりかわいいのかな、といったように、人は他者と比較することがある。このように、人は基本的に自己に対して評価したいという欲求を持ち、自己に関する不確かさを減少させるために自分と他者とを比較しようとする。このような他者との比較をフェスティンガー（L. Festinger, 1954）は、社会的比較理論（social comparison theory）として提唱した。人と比べる理由は、正確な自己評価を得るためであるが、そのためには人は自分とかけはなれた相手ではなく、同じくらいの類似した他者を比較相手に選び、自分の考えや行動の妥当性を確かめようとする。

また、類似した他者と比較するだけでなく、自分が価値ある人間でありたい、自尊感情を高めたいという自己高揚（self-enhancement）動機に基づいて、自分より優れた他者とも比較を行う。これを上方比較（upward comparison）という。この上との比較は、自己評価が低下する危険性がある反面、自己を向上させようという動機から自己にプラスの効果をもたらすこともある（図5-2）。

その一方で、自分より相対的に劣った他者との比較を行うこともある。これを下方比較（downward comparison）という。たとえば、乳ガンに冒された女性が自分より症状が重い人と比較をし、惨めな自分をどうにか慰めようとしたというウッドら（J. V. Wood, S. E. Taylor & R. R. Lichtman, 1985）の報告がある。

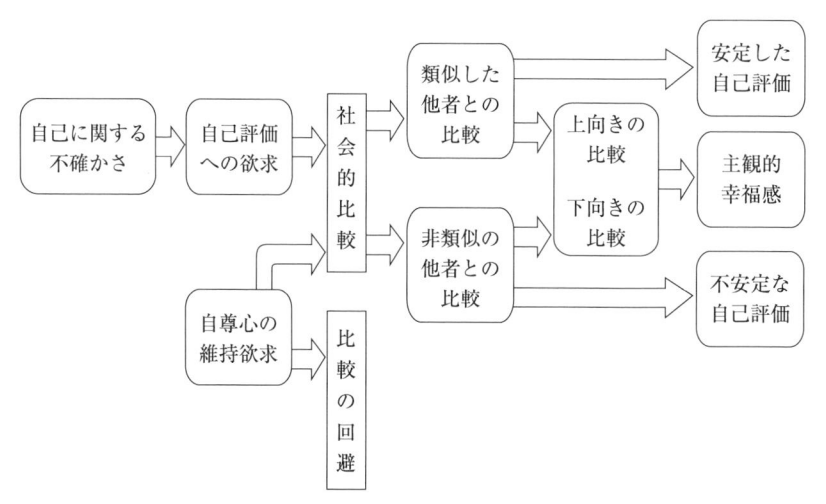

図 5-2　社会的比較と自己評価 (磯崎、1994)

3 自己評価維持モデル

　人は正確な自己評価を得るためだけでなく、肯定的な自己評価を維持するために、他者と比較し、あるいは比較そのものを避けたりする。テッサー (A. Tesser, 1988) は、人は自己に対する評価を自他との関係で維持するために様々な認知的・行動的な遂行を行うという自己評価維持 (self-evaluation maintenance ; SEM) モデルを提唱している。この自己評価維持モデルには、肯定的な自己評価維持に関わる過程として、比較過程 (comparison process) と反映過程 (reflection process) の2つがあり、さらにこれらに影響を与える変数として、自己と他者の心理的距離 (closeness)、活動内容における自己との関連性 (relevance)、自己と他者の遂行レベル (performance) の3つがある。

　比較過程の例は、自分が好きで得意 (自己との関連性が高い) であるスキーが同じサークルの友人 (心理的距離が近い人) より下手だ (遂行レベルが低い) と思った場合、自分の自尊感情が下がる危険があるので、もっとスキーが上手になるように練習してレベルを上げるか、あれは友人ではないと心理的距離

を遠くするか、スキーではなくスノボが大切だと関連性を変えるなど自分の行動や認知を変えることで自己評価を下げないようにするケースが挙げられる。また、反映過程の例には、所属する自分の大学が箱根駅伝で優勝し、その活躍した選手が知り合いだった時には、その他者と自分の結び付きを強調し同一視して自己評価を上げようとする（栄光浴）といったケースが挙げられる。

V 自己を表現する

1 自己呈示

　とにかく合格したい入学試験や就職試験の面接、あるいは恋人づくりのための合コン、このような時は、普段よりもいっそう自分を相手によく見せたいと思うものである。

　自己呈示（自己提示：self-presentation）とは、ジョーンズ（E. E. Jones, 1964）が提唱したもので、他者から肯定的なイメージや社会的承認、物質的報酬などを得るために自己に関する情報を他者に伝達することをいう。

　自己呈示研究に詳しい安藤清志（2002）によれば、自己呈示は、他者との関わりの中でいくつかの機能を果たすという。その機能とは、第1が「報酬の獲得と損失の回避」であり、ここでいう報酬や罰には、経済的な側面だけでなく地位の獲得、他者からの援助なども含まれる。第2は、「自尊感情の高揚・維持」である。自己呈示を行うことによって、他者から好意的に評価されるようになればそれが自尊感情の高揚につながるだろうし、失敗に対して上手に釈明できれば、自尊感情の低下も少なくてすむといえる。第3は、「アイデンティティの確立」であり、他者に対して「自分はこのような人間だ」ということを主張することによって相互のコミュニケーションがスムーズに進行することになり、自己概念に合致した行動を強く示すことでアイデンティティを維持することもできる。

表 5-1　自己呈示行動の分類 (J. T. Tedeschi & N. Norman, 1985；安藤、2002)

	戦術的	戦略的
防衛的	弁解 正当化 セルフ・ハンディキャッピング 謝罪 向社会的行動	アルコール依存 薬物乱用 恐怖症 心気症 精神病 学習性無力感
主張的	取り入り 威嚇 自己宣伝 示範 哀願 賞賛付与 価値高揚	魅力 尊敬 威信 地位 信憑性 信頼性

　こういった自己呈示の典型的なものは、安藤 (2002) が例を挙げるように、「面接試験」の場面であり、面接者に好意的な印象を与えることができれば、自己呈示は「内定」や「合格」という報酬を得ることに役立つことになる。そして、自己呈示のほぼ同義語として、印象操作 (impress management) があるが、印象操作の場合は、印象を操作する対象が自己以外も含んでいる。
　また、テダスキとノーマン (J. T. Tedeski & N. Norman, 1985) は、自己呈示を、①戦術的 (tactical) か戦略的 (strategic) か、②防衛的 (defensive) か主張的 (assertive) という2側面から分類している (表5-1)。
　たとえば、戦術的かつ防衛的な自己呈示であるセルフ・ハンディキャッピング (self-handicapping) は、あらかじめ自分にとって不利な条件（ハンディキャップ）をつくり出したり、主張したりするものである。これは、いわば事前に言い訳をつくっておくというものであるが、失敗すれば、不利な条件（たとえば、飲酒や不眠）のせいで正しく自分の能力は評価できなかったとすることができ、逆に、もし成功すれば、不利な条件にもかかわらずうまくいったのであれば、それは自らの能力が優れているからだということになり、さらに高い評価を得ることができる。

また、「取り入り」は、相手から好意的な印象を得ようとするもので、その他者に影響力を獲得することにも通じるが、失敗した場合には、「おべっか使い」や「卑屈者」のレッテルを貼られることになる。このように、自己呈示においては、相手やその時の状況次第で、自己にとって肯定的な評価を得たり、逆に否定的な評価をされたりすることに注意せねばならない。

2 自己開示

入学したばかりの新入生の頃など、同じクラスのある人にたまたま個人的な悩みを話して、その結果、その人と仲良くなった経験はないだろうか。

自己開示（self-disclosure）とは、他者に対して言語を通じて伝達される自分自身に関する情報、またはその伝達行為のことある。自己開示は、ジュラード（S. M. Jourard, 1971）によって体系的に研究が始まった概念であり、人は他者に対して自己を開示することで精神的健康も得られるとされる。また、他者から自己開示を受けた場合は、その人も相手に自己開示を返すといった、返報性の規範（norm of reciprocity）があることが指摘されている。

そして、その自己を開示する部分には、ジョハリの窓と呼ばれる4つの領域がある。4つの領域とは、①開放領域（自分も他者も知る自分）、②隠蔽領域（他者には見せない自分）、③盲点領域（他者に見えている自分）、④未知領域（自分も他者も知らない部分）である。自己開示を行うことによって、このような盲点領域や隠蔽領域を小さくしていき、開放領域を広げていくことが、対人関係や自己理解にとって重要であると考えられる。

最後に、自己開示と自己呈示の違いであるが、自己開示は、自己呈示と異なり言語的な伝達だけであり、自己呈示のような意図的であるという前提は含まない、という点で相違があるといえる。

【研究の展開】

I 自己意識尺度

　ここでは自己意識の尺度例として、フェニグスタインら（1975）の研究を参考にし、菅原健介（1984）が作成した自意識尺度（self-consciousness scale）を紹介する（表5-2）。この自意識尺度は、21項目（公的自意識11項目、私的自意識10項目）からなり、自分自身にどの程度注意を向けやすいかの個人差（自意識特性）を測定し、日本語版用に独自に項目を作成したもので表現がわかりやすいという特徴を持つ。大学生の男女を対象にした調査結果である尺度得点の平均値と標準偏差は、表5-3の通りである。

　また、その他の自己意識尺度には、フェニグスタインら（1975）の尺度を翻訳し、私的自己意識と公的自己意識、それに対人不安の項目を加えた押見輝男ら（1979）の尺度がある。

II 自尊感情（自尊心）尺度

　自尊感情を測定する尺度として、一般的に広く用いられているローゼンバーグ（1965）の尺度を翻訳した星野 命（1970）の自尊感情尺度（10項目）を取り上げる（表5-4）。ローゼンバーグ（1965）の尺度の特徴としては、質問項目数が少なく実施が容易であり、国内外の多くの研究によって一次元性や、妥当性・信頼性が確認されているなどの点がある。この尺度を用いて、井上祥治（1992）が大学生を対象に行った調査結果（男女別の尺度得点平均値と標準偏差）は、表5-5の通りである。

　また、その他の自尊感情尺度には、クーパースミス（S. Coopersmith, 1967）やジャニスとフィールド（I. L. Janis & P. B. Field, 1959）、ローゼンバーグ（1965）の尺度を翻訳した山本眞理子ら（1982）の尺度がある。

表 5-2　自意識尺度 (菅原、1984)

　以下の項目は、あなたにどの程度あてはまるでしょうか。「7.非常にあてはまる」から「1.全くあてはまらない」のうち最も近いものひとつに○をつけて下さい。

1. 自分が他人にどう思われているのか気になる
2. 人に会う時、どんなふうにふるまえば良いのか気になる
3. 自分自身の内面のことには、あまり関心がない（※）
4. 気分が変わると自分自身でそれを敏感に感じ取るほうだ
5. 人の目に映る自分の姿に心を配る
6. 自分が本当は何をしたいのか考えながら行動する
7. ふと、一歩離れた所から自分をながめてみることがある
8. 自分の発言を他人がどう受け取ったか気になる
9. つねに、自分自身を見つめる目を忘れないようにしている
10. 人に見られていると、ついかっこうをつけてしまう
11. 他人を見るように自分をながめてみることがある
12. 自分の容姿を気にするほうだ
13. 自分についてのうわさに関心がある
14. 初対面の人に、自分の印象を悪くしないように気づかう
15. 自分がどんな人間か自覚しようと努めている
16. 世間体など気にならない（※）
17. その時々の気持ちの動きを自分自身でつかんでいたい
18. 人前で何かをする時、自分のしぐさや姿が気になる
19. 自分を反省してみることが多い
20. 他人からの評価を考えながら行動する
21. しばしば、自分の心を理解しようとする

選択肢は、(7)非常にあてはまる、(6)あてはまる、(5)ややあてはまる、(4)どちらともいえない、(3)ややあてはまらない、(2)あてはまらない、(1)全くあてはまらない、の7段階。（※）は、逆転項目。
「公的自意識」項目は、項目番号「1・2・5・8・10・12・13・14・16・18・20」。
「私的自意識」項目は、項目番号「3・4・6・7・9・11・15・17・19・21」。

表 5-3　自意識尺度の平均値と標準偏差 (菅原、1984)

	男性			女性		
	N	平均値	（標準偏差）	N	平均値	（標準偏差）
公的自意識	272	52.8	(9.9)	162	56.4	(8.3)
私的自意識	272	50.3	(9.0)	162	54.0	(7.7)

表 5-4　自尊感情尺度（M. Rosenberg, 1965；星野、1970）

　以下の項目について、あなた自身にどの程度あてはまるかをお答え下さい。他からどう見られているかではなく、あなたがあなた自身をどう思っているか、ありのままお答え下さい。

1. 私はすべての点で自分に満足している
2. 私はときどき、自分がてんでだめだと思う（※）
3. 私は、自分にはいくつか見どころがあると思っている
4. 私はたいていの人がやれる程度には物事ができる
5. 私にはあまり得意に思うことがない（※）
6. 私は時々たしかに自分が役立たずだと感じる（※）
7. 私は少なくとも自分が他人と同じレベルに立つだけの価値がある人だと思う
8. もう少し自分を尊敬できたならばと思う（※）
9. どんなときでも例外なく自分も失敗者だと思いがちだ（※）
10. 私は自身に対して前向きの態度をとっている

選択肢は、(4)あてはまる、(3)ややあてはまる、(2)ややあてはまらない、(1)あてはまらない、の4段階。（※）は、逆転項目。

表 5-5　自尊感情の平均値と標準偏差（井上、1992）

	男性			女性		
	N	平均値	（標準偏差）	N	平均値	（標準偏差）
自尊感情	181	26.32	(3.45)	202	25.01	3.59

参考・引用文献

安藤清志・押見輝男編（1998）『自己の社会心理』誠信書房

安藤清志・丹野義彦監訳（2001）『臨床社会心理学の進歩』北大路書房

Duval, S. & Wicklund, R. A. (1972) *A theory of objective self-awareness*, Academic Press.

Feningstein, A., Scheier, M. F., & Buss, A. H. (1975) Public and Private self-consciousness: Assessment and theory. *Journal of Consulting and Clinical Psychology*, 43, 522-527.

Festinger, L. (1954) A theory of social comparison process. *Human Relations*, 7, 117-140

Greenwald, A. G. & Banaji, M. R. (1995) Implicit social cognition: Attitudes, self-esteem, and stereotypes. *Psychological Review*, 102, 4-27.

星野 命（1970）「感情の心理と教育（二）」児童心理、24、1445-1477

船津 衛・安藤清志編（2002）『自我・自己の社会心理学』北樹出版

Higgins, E. T. (1987) Self-discrepancyn: A theory relating self and affect. *Psychological Review*, 94, 319-340.

井上祥治（1992）「セルフ・エスティームの測定法とその応用」遠藤辰雄・井上祥治・蘭 千壽編『セルフ・エスティームの心理学』ナカニシヤ出版

磯崎三喜年（1994）「自己」藤原武弘・高橋 超編『チャートで知る社会心理学』福村出版

James, W. (1892) *Psychology, briefer course*.（今田 寛訳〔1992〕『心理学（上）』岩波文庫）

Jourard, S. M. (1971) *The transparent self*, Rev. ed., New York: Van Nostrand Reinhold.（岡堂哲雄訳〔1974〕『透明なる自己』誠信書房）

中村陽吉編（1990）『「自己過程」の社会心理学』東京大学出版会

押見輝男（1992）『自分を見つめる自分』サイエンス社

Rosenberg, M. (1965) *Society and adolescent self image*, Princeton: Princeton University Press.

菅原健介（1984）「自意識尺度（self-consciousness scale）日本語版作成の試み」心理学研究、55、184-188

Tedeschi, J. T. & Norman, N. (1985) Social power, self-presentation, and the self. In B. R. Shlenker (Ed.), *The self and social life*, McGraw-Hill.

Tesser, A. (1988) Self-evaluation maintenance model of social behavior. In L. Berkowitz (Ed.), *Advance in experimental social psychology*, Vol. 21. Academic Press. pp. 181-227.

Wood, J. V., Taylor, S. E., & Lichtman, R. R. (1985) Social comparison in adjustment to breast cancer. *Journal of Personality and Social Psychology*, 49, 1169-1183.

Wicklund, R. A. (1975) Objective self-awareness. In L. Berkowitz (Ed.), *Advances in experimental social psychology*, Vol. 8, Academic Press

Chapter 6

対人関係の親密化と悩ましさの発生メカニズム

【基礎知識】

　われわれは、多くの人々との間で、喜びや悲しみ、楽しさや悩ましさを味わい、互いに影響を及ぼし合いながら毎日を過ごしている。この意味で、誰にとっても、対人関係は身近で切実な最大の関心事であろう。【基礎知識】では、まず、この対人関係がどのような条件で芽ばえてくるかを検討する。そして次に、形成された対人関係がいかなる過程を経て親密化あるいは崩壊していくものであるか、一連の変化の様子を概観する。その上で、そのような対人関係の変化がいかにして生じるものであるか、吟味していくこととする。

I 対人魅力：対人関係の芽ばえ

　好きな相手とは一緒にいたいと思うであろうし、逆に嫌悪感を抱けば遠ざかりたいと考えるであろう。われわれが、たとえば友情や尊敬、あるいは嫌悪やねたみなどの感情を伴って他者に抱く評価は、対人魅力（interpersonal attraction）と呼ばれる。このように、対人関係を芽ばえさせる基礎には対人魅力がある。したがって、どのような条件で対人関係が芽ばえるかを検討するためには、この対人魅力の規定因を探っていく必要があろう。

1 感情的側面

1) 不　　安

マレー（H. A. Murray, 1938）は、人が持つ基本的欲求（need）の1つに、孤立を避け他者との接触を求めようとする親和欲求があると論じた。シャクター（S. Schachter, 1959）は、不安が高められると、この親和欲求が刺激され他者との接触がより図られるようになるのではないかと考えた。この仮説を検討するため、相互に面識のない被験者のうち、半数には「電気ショックが人体に及ぼす影響を調べるために、かなり痛みの伴う電気ショックをこれから与える」と述べ（高不安群）、残る半数の被験者には「電気ショックはほとんど感じない程度であるから心配はいらない」（低不安群）と教示した。その後、実験開始までの時間を個室で過ごすか、他者と一緒の大部屋で待つか、どちらでも構わないかを選択させた。その結果、高不安群では低不安群に比べて、大部屋を希望する者が多かった。

この研究は、人が親和欲求の充足を志向するものであり、不安の喚起がその親和欲求を高め、対人関係の発生の契機になりうることを示しているといえよう。

2) 恐　　怖

ダットンとアロン（D. G. Dutton & A. P. Aron, 1974）は、生理的な覚醒水準（arousal level）と恋愛感情とが関係するのではないかと考えた。この考えのもと、カナダのカピラノ川にかかる、強い恐怖を感じさせる吊橋と全く恐怖を感じさせない固定橋を実験状況に選び、それぞれの橋を渡った男性に、女性あるいは男性インタビュアが一連の質問を行った。その後、実験内容を説明したいからとしてインタビュアの電話番号と名前のメモを渡そうとした際に、被験者がそれを受け取り、実際に電話をかけてきたかについて調べた。

その結果は表6-1の通りに、吊橋では固定橋よりも多くの被験者が電話を実際にかけてきたというものであった。ところが男性インタビュアの場合には、電話番号の受け取りも、電話をかけた者もきわめて少なかったのである。

表6-1 吊橋実験の結果 (D. G. Dutton & A. P. Aron, 1974)

インタビュア	橋の種類	質問紙回答の人数	電話番号の受取り人数	電話をした人数
女 性	固定橋	22/33	16/22	2/16
	吊 橋	23/33	18/23	9/18
男 性	固定橋	22/42	6/22	1/6
	吊 橋	23/51	7/23	2/7

注) 表中の各セル内は、分母が当該条件の被験者数で、分子が反応者数を示している。

シャクター (1964) は、情緒体験とはまず自らの生理的覚醒の変化を自覚し、その原因を身の回りの状況に求め、得られた手がかりと関連する情緒語をもって解釈されるところから生ずるという、情動の2要因説 (two-factor theory of emotion) を提唱した。ダットンらも、恐怖による覚醒 (胸の高鳴り) を女性に話しかけられたことに手がかりを求めトキメキと錯覚された結果であると考察している。こうした錯誤帰属 (misattribution) により、対人関係が発生する可能性も指摘できる (「Chapter 3」参照)。

2 認知的側面

1) 身体的魅力

ウォルスターら (E. Walster, V. Aronson, D. Abrahams & L. Rottman, 1966) は、大学の新入生歓迎ダンス・パーティに参加した学生男女を対象に、いわゆる「コンピュータ・デート実験」を行った。コンピュータにより理想的と判断された未知の男女を引き合わせ、実際にダンスを楽しんでもらった。しかしこのペアは、事前に複数の判定者により身体的魅力が評定されており、その度合いに応じて意図的に組み合わされたものであった。ダンス後に相手への好意度を調べた結果、男女とも、また被験者自身の身体的魅力の程度にかかわらず、相手の身体的魅力が高いほどその相手への好意度も高くなっていたことが示された。身体的魅力が対人魅力に効果を持つ理由として、ダイオンら (K. K. Dion, E. Berscheid & E. Walster, 1972) は「容姿に優れた人は善人だ」というステレオタイプが介在している可能性を指摘している (長田雅

喜、1987)。またシガールとランディー (H. Sigal & D. Landy, 1973) によれば、身体的魅力の高い人との交際が周囲に対する社会的威光になりえるという。初対面では、相手の内面がよくわからないために相対的に外見を判断材料として重視せざるをえない。対人関係の芽ばえの時期においては、身体的魅力が対人魅力に対して規定力を持つことは十分に想定できるであろう。

2) 類 似 性

バーンとネルソン (D. Byrne & D. Nelson, 1965) は、図6-1 に示されるように、対人魅力と態度や意見の類似性との間に正の相関関係があることを明らかにしている。

この理由としては第1に合意的妥当化 (consensual validation) が挙げられる。物理的な対象の特性を測るには、それに応じた測度 (たとえば体重なら体重計) が用意されている。しかし心理的特徴、たとえば自分の態度や意見の「正しさ」を知りたいとした時、日常利用しえている手段は他者との比較であろう。合意的妥当化とは、態度などのように「正しさ」を証明する明確な基準がない場合に、他者との類似や合意をもってその「正しさ」を保証しようとする人の傾向をいう。だからこそ、類似した人とのお付き合いでは悩むことなく「正しい」とさえ思えるのであるから、「ホッとできる」「安心できる」「自信が持てる」のであろう。逆にいえばそうしたメリットを得ようとするがゆえに、類似した他者との接触を求めたがるものと考えることができ

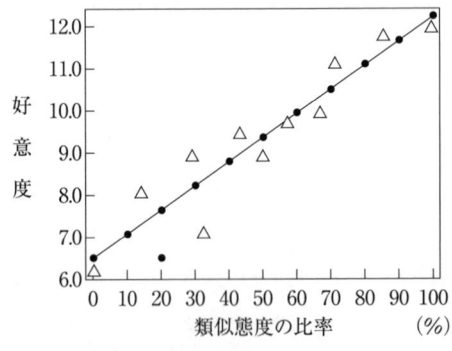

図6-1 態度の類似性と対人魅力 (D. Byrne & D. Nelson, 1965)

る。

3) 相　補　性

　ウインチ（R. F. Winch, 1958）は、既婚カップルを対象とした調査を通して、欲求について相補的な組み合わせであるほどお互いを受け入れ、その関係自体も良好であったと報告している。会議場面などを考えてみても、同じ意見の持ち主ばかりが集まってみたところで、議論に生産性はさほど期待できないであろう。しかし、このこと以上に、違っているからこそ対人関係がうまくいく理由には、役割行動の分担の必要性を挙げることができる。2人が出会えば、そこで共行動やあるいは協力行動がとられよう。いま、夫婦関係を例にとれば、結婚したその日から家事や、子どもができれば育児などの課題（task）を適切かつ速やかに解決しなければ、夫婦関係は維持できなくなるであろう。欲求などにおいて相補的に異なる他者を好む背景には、現時点や将来において当事者2人に付与されるであろう課題の解決のために適切な役割分担が志向されているからであると考えられる。

3 行動的側面

1) 空間的近接

　フェスティンガーら（L. Festinger, S. Schachter & K. Back, 1950）は、既婚学生を対象に、学生アパートにおける対人関係の発生を追跡調査した結果、空間的に少しでも近い部屋に住む学生同士であるほど友人関係を結ぶようになっていたと報告している。では、なぜ空間的近接が対人魅力を高めるのであろうか。第1には、ザイアンス（R. B. Zajonc, 1968）による単純接触効果（mere exposure effect）が挙げられよう。これは、初期の態度がなくても、ただ単に接触機会が多く見慣れてくるだけでも、その対象に好意を感じやすくなる傾向をいう。また第2には、仮にどの他者とお付き合いをしても同じような報酬（たとえば楽しさが味わえるなど）が得られるとした場合、空間的に近接の他者であるほどお付き合いをする上でかかるコスト（たとえば会うまでに費やす時間や電車賃など）は少なくてすむため、結果として両者の差し引きに

よる純益が多くなることであろう。こうした心の動きを背景に、偶然であれ空間的近接が、対人魅力に影響を持つに至ると考えられるのである。

2) 類似性

類似した他者に惹かれる理由には、行動面からも指摘できる。当然のことながら、他者との相互作用は、相手の状態を推測したり、相手の次の行動を予測しながら、それに応じて自らのふるまい方を決めて、互いにその交換を繰り返していくところに成立しているといえる。この意味では、他者について推測したり予測することは、その人と相互作用していく上で必要不可欠なものである。この時、類似した他者との交際であれば、そうでない人との場合に比べて、相手について根ほり葉ほり時間をかけて調べなくとも、自分を振り返るだけで簡便に相手の感情や行動を想像しやすくなると考えられる。この他者への予測容易性により、「気軽で」「悩まずにすみ」「すぐ対応できる」のではなかろうか。これらは感情であるが、労力をかけずにすむという点で行動面でのメリットともされよう。

II 対人関係の親密化過程:段階理論

たとえば、顔見知り程度、友人、親友や恋人、さらに配偶者へというように、ペアによって時間に長短の差はありながらも、確実にこれらの段階を経て対人関係は変化していく。対人関係の親密化過程を、そこで認められる相互作用の様相の差異からいくつかの段階に分けて説明しようと試みた諸説は、段階理論(stage theory)と呼ばれる。表6-2にはその代表的な諸説がまとめられている。対人関係がいかに変化を遂げていくか、概観していく。

1) フィルタリング説

カークホフとデービス(A. C. Kerckhoff & K. E. Davis, 1962)は、態度や価値観、欲求などのフィルターによって他者を選択していく過程こそが親密化過程であると考え、フィルタリング理論(Filtering theory)を提唱した。しかしこの考え方は、当時、似ている人ほど好きになるのか、それとも違っているから

表6-2 対人関係親密化過程の段階理論（下斗米 淳, 1992）

関係段階	Kerckhoff & Davis の配偶者選択に関するフィルター理論	Lewis の結婚に至るまでに2人が経る6過程	Murstein の配偶者選択に関するSVR理論	Levinger & Snoek の2人の関係性レベル
初期 ↑ ↓ 後期	価値観の類似性 欲求の相補性	多様な特性における類似性 ラポール 相互の自己開示 相手の共感的理解 対人間での役割適合（例、欲求の相補性） 二者の結晶化（例、関与、カップルとしての同一性）	外見的特性を刺激として喚起される能力（例、身体的魅力） 価値観の類似性 関係内で課された役割の遂行結果の良好さ（例、妻と夫）	一方的に意識―相手の持つイメージと相手からの潜在的利得に基づく魅力 表面的接触―相手の役割遂行により、もたらされた結果への満足さに基づく魅力 相互性―自己開示のわれわれ感情醸成

こそうまくいくのかという論争の渦中に提出されたものであるために、類似性と相補性の2つしか注目されなかったと考えられる。

2) 6過程説

ルイス（R. A. Lewis, 1972, 1973）は、初めて出会ってから結婚に至る時間経過の中で当事者たちにはどのような出来事が起こり得るのか、これを広く記述しようとし、実際のカップルを追跡調査している。その結果、いかなるカップルであろうとも共通に、表6-2に示される6つの事柄が、当事者の間に必ず問題となることを明らかにしている。

3) SVR 説

マースタイン（B. J. Murstein, 1977）は、たとえば、出会いから顔見知りになるために、顔見知りから友だちへ、そして友だちから恋人や親友あるいは配偶者に至るために、どのような条件が満たされなければならないかを明らかにしようと考え、調査研究を行った。その結果、出会いから顔見知り段階へは相手の外見を刺激（stimulus）として受ける魅力が、次に顔見知りから友だちへは価値観（value）の類似性が、そして友だちから恋人や親友あるいは配偶者には今後の2人に必要となるであろう役割（role）を分担し合える相手か否かが移行条件になっているとして、SVR説を提唱している。

4) 関係性レベル説

これら3組の研究者たちは当事者がどのような問題に直面するかを重視しているのに対して、レビンガーとスノエク（G. Levinger & D. J. Snoek, 1972）は、「対人関係が深まる」といわれる通りに、当事者個人の問題ではなく、顔見知り関係と友だち関係、恋人や配偶者ではそもそも対人関係それ自体の中味がどのように違っているかに着目しなければならないと考えた。その上で、初めは2人が独立で無関連な存在であっても、少しずつ「重なり」が多くなり、徐々に一方のふるまい方が他方の人に多大な影響力を及ぼし合う状態（相互依存性、interdependency）になっていく過程を親密化と捉えている。

これらの研究結果は、いわば、いまある自分の対人関係が親密化のどの途上にあるかを知る上のチェック・ポイントを示している。同時に、関係をより深めるために何が必要であるかが想像できるとの点で、対人関係のターニング・ポイントを教えてくれるものといえよう。

Ⅲ 親密化メカニズム：維持と崩壊、進展

段階理論は、親密化過程での出来事を流れ図のように整理した研究である。では、そのような対人関係の変化はいかにして生じるのであろうか。親密化のメカニズムを、維持か崩壊かをめぐる考え方と、進展にまで言及した考え

方とに分けて、検討していく。

1 維持と崩壊のメカニズム

1） 投資モデル（investment model）

　社会的交換理論（social exchange theory）は、人を、他者との相互作用から得られる報酬を最大化しようと動機づけれられた存在であると見る。したがって、利得があり続ける限りは「満足であり」その関係は継続され、利得が少なくなるにつれてあるいはコストがそれを上回るにつれて、関係からの離脱が生じやすくなると仮定される。この考え方を基盤に持ちながら、ラズバルト（C. E. Rusbult, 1980）は、対人関係の継続意図とは、現在その関係にどの程度満足しているか、これまでにその関係にどれほど投資をしてきたか、またほかにどれくらい魅力的な代替関係があるかの3点が検討された上で決定されると考えた。満足度とは、基本的に社会的交換理論と同様に報酬からコストを差し引いた純益の大きさによって決まり、これが大きいほど満足度が高まるとしている。しかし、このモデルでは社会的交換理論とは異なり、現時点での満足度は低くても関係の解消に必ずしも至らないことを説明している。これまでの投資量が多かったり代替関係からの報酬が現在よりも少ない場合には、関係は崩壊しない場合が考えられるとする。また逆に、現時点の満足度が大きくても、それ以上に代替関係からの報酬がそれを上回る時、関係からの離脱が生じる場合のあることをも想定したモデルである。

2） 衡平理論（equity model）

　社会的交換理論に認められる利得最大化原理に対して、ウォルスターら（E. Walster, E. Berscheid & W. Walster, 1976）は、自分と相手との間の報酬・コストの衡平がいまある関係の維持か崩壊かに影響を及ぼすと考えた。衡平であれば互いに満足いくために関係は安定的に維持される。しかし、自分に損失が多くなれば不満や怒りが生じるであろうし、逆に相手に損失が多く自分の方に多くの純益がありすぎると負債感や申し訳なさを感じることになると想定するものである。この時、人は、こうした不衡平を解消しようと動機

づけられ、関係自体を衡平に修正ができないと、その関係の崩壊が起こると考えられている。

3) 損得 (exchange) 関係と親愛 (communal) 関係

クラークとミルズ (e.g., M. S. Clark & J. Mills, 1993；J. Mills & M. S. Clark, 1994) は、利得最大化原理のような利己的な (selfish) 人間観に対して、滅私 (selfless) な交換原理に基づく対人関係も存在すると主張した。親愛関係での交換原理は、相手の要求に沿うことだけに関心の向けられたところから成立するものとする。そして、こうした関係ができあがるに従い、強い一体感が持たれてくると考えられている。たしかに、商談がすめばたやすく関係が消失してしまう商売上のような損得関係と、親愛関係とは、維持・崩壊においても区別できよう (下斗米 淳, 1996)。

2 進展のメカニズム：親密化過程の3位相説

1) 3位相の循環と葛藤

先の段階理論の調査結果や論述には、自己開示 (self-disclosure；自分の事柄を他者に対して、主に言語的手段で伝えること)、類似・異質性認知 (similarity/dissimilarity perception；相手とどこが同じでどこに優劣などの違いがあるかの認知)、そして役割行動の分担 (role behavior assignment；相互に酌み交わされた約束事の遵守や特定なふるまい方)、という3つの事象が、いずれも重視されている。この3事象に注目し、これらの関わるところから親密化のメカニズムに言及する学説に、3位相説 (Three phases of close relationship theory) が挙げられる (下斗米 淳, 1992, 1999a, 1999b, 2000)。

先の「相補性」のところで見たように、一般に、それぞれの対人関係には少なくともその関係を維持するために解決をしなければならない課題が固有にあり、そこでの関係を維持する上で必要な課題の合理的解決に、役割分担が求められるようになると考えられる。

いまここで、たとえば、夫が食事の主を担い、妻が補助的役割を請け負うことで分担が出来上がっていたとする。ところがある時、夫が「今日は食事

をつくらない」と言い出したならば、夫は当然食事にありつけないが、妻もまたおなかをすかせたままでいなければならなくなる。この夫婦の間柄はこの点で相互依存的といえよう。3位相説では、対人関係の親密さを、このように役割分担を通した相互依存性のレベルの高さと捉える。では、こうした役割分担はどのようにして決められていくものであろうか。3位相説においては、役割分担の前提に、事前に互いの類似性・異質性認知のなされていることを仮定している。同じ食事を例にとれば、料理の知識や経験の多さ・少なさや、腕前の優劣をお互いがわかった上で初めて、優れたほうにその主たる役割を、劣るほうに補助的な役割を担うことができるようになると考えられよう。そして、この優劣という異質性はどのようにして認知できるようになるかといえば、その有力な手段として、これまで互いに積み重ねてきた自己開示を挙げている。このように3位相説では、親密化過程を「自己開示を通して徐々に明らかにし合った当事者の類似・異質性に基づいて、現段階における課題解決に利する特定な役割行動を遂行するように期待し合い、相互依存性レベルを高め影響力を増していく過程」（たとえば、下斗米, 2000）と定義される。つまり、自己開示から類似性・異質性認知、そして役割分担という3つの位相が何度も循環していくことで、相互依存性レベルの高い状態へと変化していく動態を、親密化過程と見なしているのである。

では、3位相を循環させて相互依存性レベルを高めさせる力は、何により与えられると仮定されているのであろうか。3位相説では、その力は葛藤から生まれるものという理論的骨子を持っている。役割分担は、現時点での関係を維持する上に解決を要する課題に合うようつくり出されたものである。しかし、この課題は親密化過程において常に同じではなかろう。たとえば、夫婦関係での家事や育児という課題は、それ以前の恋人関係においてはなかったわけである。したがって、課題が変わる時、それに対応する新たな役割とその分担をつくり直さなければ、そこでの関係を維持できなくなると考えられる。

このように、段階の移行時期に際して、これまでと違った課題が与えられ

あるいは発生してくる一方で、しかしその時点での役割分担はこれまでの課題の解決に対応して働くようにつくり出されたものであるために、新たな課題に対しては十分に機能しない事態の必ず生じることが想定される。3位相説では、この役割分担の機能不全が、いわゆる喧嘩や軋轢のような葛藤であると考えられているのである。下斗米（2000）は、「喧嘩するほど仲がよい」といわれる通りに、親密化過程には葛藤が必ず生起することを示している。

2) 葛藤の機能

しかしながら3位相説では、葛藤が生起しても必ずそこでの対人関係が壊れるとは限らないとも考えられている。ここでの葛藤はこれまでの課題解決に機能していた役割が新たな課題で十分に対応できなかったことに起因しているのであるから、再度自己開示の位相に立ち戻り、適切な役割分担ができるよう類似性・異質性の見直しが図れるならば、対人関係の崩壊には至らずにすむであろう。より内面深い自己開示ができれば、いままで以上に理解の進んだ類似性・異質性が認知され、そのレベルでの役割分担が構築される時、より親密な相互依存関係が出来上がったことになろう。3位相説ではこのように、葛藤は、これまで以上に対人関係を親密化させる契機と捉えられているのである。

またここで、料理の主を夫が、補助役割を妻が請け負うような役割分担がなされていたカップルを例としよう。しかし実際に食事になってみると、とても食べられた料理ではないであるとか、要領が悪すぎてなかなか食事にありつけないなどが発覚したとする。こうなれば、「グルメだといったから任せたのに、食べられたものではないわ！」「独り暮らしで料理をしなれていると聞いたのでお願いしたのに、いつになったらできるのか‼」などと、喧嘩になろう。しかしこの時、夫は自ら「そういえば、フランス料理にはうるさいけれど、ジャガイモの煮物を求めて食べ歩いたことはなかった」とか「料理の本など手にしたこともなかったから、本当に料理がうまいかといわれれば自信がなくなるなあ」などとつぶやき始めるかもしれない。これは、いままでに語られなかった自分が開示されたのであり、被開示者は知らなか

った相手の姿を垣間見たことになる。と同時に、開示者本人も、「グルメではない」「料理が下手だった」というように、新たな自分を発見したことになるのではなかろうか。このことを傍証するように、下斗米（1999b）は、関係の相互依存性レベルが上がるほど、自分でもこれまでに気付かなかった自らの姿を発見でき（自己発見）、断片的な自己情報が整理されていく（自己体系化）傾向や、自信の深まる（自己高揚）傾向などを見出している。

このように、3位相説においては、葛藤が、関係をより親密化させる契機となり、また当事者の自己・他者理解を深めさせる契機としても機能していると考えられている。まさに「雨降って地固まる」といわれる現象にまで言及された学説であるといえよう。

【研究の展開】

対人関係に悩む人は多いであろう。そもそも、その悩ましさはどこから生じてくるのであろうか。ここでは、対人関係の成立基盤から見た悩ましさの理由を検討していくこととしたい。

I 類似性と異質性：情緒的機能と道具的機能

3位相説に従えば、対人関係は親密化過程において喧嘩を必然的に生起させるメカニズムを持っていると考えられる。これだけでも悩ましいものであろう。しかし、親密化過程を考えずとも、対人関係を結ぶこと自体にも悩ましさの生じる理由が考えられる。換言すれば、対人関係における諸問題のいくつかは、その成立基盤によって発生してくる可能性が想定できる。ここでは、類似性と異質性という成立基盤から検討を加える。

表6-3　自己開示相手と内容 (下斗米 淳, 2002a)

相談相手	相談内容
父親	進学、就職、経済、社会事象
母親	生活態度、身体、性、家庭内の出来事
教師	学習法、成績、進路・受験
友人	友達との交際、異性関係、学校生活

1) 道具性からの対人関係の再構築

表6-3は、下斗米 淳（2002a）により、80年代以降の自己開示研究が概観され、いかなる悩みを誰に相談するかについてまとめられた結果である。

明らかに、悩みの種類によって自己開示相手は変わっている。父親は「経済の専門家、社会人の先輩」として就職や社会事象問題が、母親は「性の先輩、家庭の中心人物」として身体問題や家庭生活の問題が、あるいは教師は「学業の専門家」として勉学に関わる問題をぶつける相手とされていることが読みとれるのではなかろうか。

本章において見てきた通りに、類似性は魅力や信頼感を生み出す強力な源泉であり、一方で異質性は、3位相説で指摘される通りに、対人関係を維持し相手への自己の存在意味を保証する源泉となっている。この意味で、類似性は情緒的機能を、異質性は道具的機能をもたらすものであり、対人関係において成立基盤をなす基本次元であると考えられる（cf. T. Parsons & R. F. Bales, 1955）。

たしかに、人は、生まれ落ちて間もない時期には全面的な養護－被養護者としての親子関係の中にある。しかしながら、加齢に従い、それぞれに特定な事柄に関する専門家としての道具的機能を期待し、身の回りにある個別の対人関係を構築し直していく様子を想定することができるであろう。どのようなところで情緒的機能を発揮しながら同時にどこに固有の道具性を認めて、そこでの対人関係を構築していけるかが問題とされる。

2) 孤独感と効力感・充実感

類似性と異質性は、親密な対人関係の成立基盤であると考えられた。しか

し、似ているところがわかるとそれは違っていないことを意味し、違っていることを強調すれば似ていないことを示したことになる。この点で、類似性と異質性は本来相反な関係にあると考えられる。永田良昭（1989）は、このバランスいかんで当事者の孤独感の強度が規定されるのではないかと論究している。下斗米 淳（2002b）は、大学生を対象に、クラブ・サークル集団内で類似性と異質性のバランスのとられ方が、個人の孤独感や充実感とどのような関係にあるかを調査した。その結果、類似性はその集団内での孤独感を弱め充実感を高める傾向を示すが、異質性に基づいて自分に課された役割を確実に遂行できている者に限り、そこに類似性が加わると、孤立感や疎外感、消極性が極めて低くなり、充実感や連帯感・存在感がより強く自覚できるようになっていたと報告している。

　類似性に基づく情緒的な魅力があっても異質性に基づく役割分担がなければ、「自分はこの関係にあって相手に何をしてあげられる存在なのか」と感じても不思議はない。逆に役割ばかりで情緒的な働きかけがなければ、その人に対する信頼感や魅力は育っていかない。いかにバランスをとるかにも悩ましさの原因が与えられるであろう。

3）対人関係ネットワーク

　異質性に基づいて多様な対人関係にまでネットワークを広げられれば、多くの道具的機能を受けやすくなり、その限りでいえば適応に好ましい影響が及ぼされることにもなろう。下斗米（2002a）は、自分の行動や考え方をめぐり指針やお手本を得たい時の準拠先として、どのような対人関係ネットワークを現代の大学生が持ち得ているかを調査している。その結果は表6-4に示される通りであった。

　この表からは、狭い対人関係しか持たない若者が多く、また生身の対人関係を避けたり相互依存的な関係ではなく成り行きに任せた対人関係に身を委ねてしまいかねない若者も見受けられる。しかし、一方では、たとえ1つの対人関係は希薄化していたとしても、それを補完するほどに、道具性や専門性を認めて多様なネットワークを張りめぐらせている若者も少なくない頻度

表6-4　男女青年別の対人関係ネットワーク類型（下斗米，2002 a）

```
                    男子大学生 (N=231)
「広範な準拠集団を持つタイプ」      (N=37、16.0%)
　……すべての人間関係を準拠集団としていこうとする。
「世間に拡張していかないタイプ」    (N=111、48.1%)
　……家族や友人など1次集団のみを準拠集団とする。
「友人関係にのみ埋没するタイプ」    (N=34、14.7%)
　……身近な友人関係だけで、家族や地域、世間に目を向けようとしない。
「全ての対人関係が希薄なタイプ」    (N=49、21.2%)
　……相互依存的な対人関係を持とうとしない。
```

```
                    女子大学生 (N=275)
「課題指向的対人関係タイプ」        (N=52、18.9%)
　……権威集団や世間集団のみを準拠集団とする。
「知識偏重タイプ」                  (N=46、16.7%)
　……家族や友達、教職員や職場、地域社会等の直接相互作用がある人間関係に目を
　　向けず、書物やメディアのみを重視する。
「世間に拡張していかないタイプ」    (N=54、19.6%)
　……家族や友人などの1次集団のみを準拠集団とする。
「すべての対人関係が希薄なタイプ」  (N=61、22.2%)
　……相互依存的な対人関係を持とうとしない。
「広範な準拠集団を持つタイプ」      (N=61、22.6%)
　……すべての人間関係を準拠集団としていこうとする。
```

で見出すことができる。いかにネットワークを広げていけるかは、道具性という点に限定して社会的適応を考える上に重要な問題となろう。

Ⅱ　親密さと社会的痛み

　親密な対人関係と一言で表現するが、もしも友情と恋愛との間に本質的な違いが認められるとすれば、時にそれらを取り違えてしまう場合や、友情から恋愛へあるいはその逆というように、両者の間がどのように移行していくかという問題を検討する必要が生じてこよう。また、親密さゆえに、その対人関係にうまく適応できない時に生じる心の痛みも大きいことであろう。こうした悩ましさをめぐる諸問題も、近年研究が展開されてきている。

表6-5 愛情と好意の関係に関する諸見解（松井 豊，1993）

分　類	理　論　例
量的に異なる	対人魅力、強化理論、社会的交換理論、衡平理論、認知的整合性理論
質的に異なる	臨床理論、情熱的愛への2要素理論、妨害理論、進化論、愛着理論
重なりがある	心理測定理論、絆理論
好意は愛の一部	色彩理論、クラスタ理論、三角理論

1）友情と恋愛

　友情と恋愛の表現の仕方には違いがありそうであるが、本来これらの構成要素の間には特徴的差異が考えられるのであろうか。そこで、表6-5を見ていただきたい。

　明らかに質に違いはないとする見解もあれば、重なりがあるあるいは包含されるとする見解もあり、未だ明確な結論を見るには至っていない現状である。松井 豊（2001）は、恋愛とその親密化に関わる研究は必ずしも十分な量が積み重ねられてきていないと指摘する。この意味では、古くてしかしまだまだ未解明な問題の多いテーマであるともいえよう。

2）心理的痛み

　近年になり、親密な他者や集団から排除されることで受ける社会的痛みは、身体的痛みと同じ神経・心理システムによって生じていることが明らかにされつつある（G. MacDonald & L. A. Jensen-Campbell, 2010）。

　排斥やいじめ、見棄てられや裏切りなど、親密な他者や集団からの排除は、感覚の鈍麻、知的思考の抑制、共感性の低下を引き起こし、攻撃的となる一方で向社会的行動を行わなくなり、またあえて自分の身を滅ぼしかねないような危険な行動を進んでとるようになることが実証されてきた。このような徴候を示すことから、親密な対人関係や集団を持てなくなることは、対人的トラブルの多い状況をつくり出し、その結果、精神病理を増大させ、様々な健康問題を抱え込んでしまうことにつながりかねない（A. L. Vangelisti, 2009）。

　たとえば、ジョエルら（S. Joel, G. MacDonald, & A. Shimotomai, 2011）やマクドナルドら（G. MacDonald, T. C. Marshall, J. Gere, A. Shimotomai, & L. July, 2012）のよ

うに、人は進化の過程の中で、事前にこのような社会的痛みを察知して巧みにそれを経験しないですむような心理的な安全装置を実証的に検討した研究は多くある。しかし一方で、不幸にも現実に排除されてしまった人々が抱える社会的痛みについては、それをどのように軽減し、回復や向上に導くことができるか、さらなる研究が積み重ねられようとしている。

3） 現代対人関係のあり方

恋愛関係に限ったことではないが、いわゆる現代的な対人関係のあり方をめぐっては、従来より、身体的成熟や性格、価値観や態度などの個人の内的特徴から理解しようとする傾向がうかがえる。しかし、下斗米 淳（2006）は、マーケティング戦略の変化などの経済動態や結婚・離婚制度の変化といった社会制度など、個人や対人関係を取り巻く環境の変化も、対人関係のあり方に大きな影響を及ぼしていると指摘している。このように、個人内の心理過程だけではなく、生態学的な巨視的諸変数についても、対人関係の現代的特質を理解しようとする上には十分な考慮を要しよう。

参考・引用文献

Byrne, D. & Nelson, D. (1965) Attraction as a linear function of proportion of positive reinforcements. *Journal of Personality and Social Psychology*, 1, 659-663.

大坊郁夫・奥田秀宇編（1996）『親密な対人関係の科学』誠信書房

Dutton, D. G. & Aron, A. P. (1974) Some evidence for heightened sexual attraction under conditions fo high anxiety. *Journal of Personality and Social Psychology*, 30, 510-517.

Joel, S., MacDonald, G., & Shimotomai, A. (2011) Conflicting pressures on relationship commitment for anxiously attached individuals. *Journal of Personality*, 79, 51-71.

MacDonald, G. & Jensen-Campbell, L. A. (Eds.) (2012) *Social pain: Neuropsychological and health implications of loss and exclusion.* Washington, DC: APA Books.

MacDonald, G., Marshall, T. C., Gere, J., Shimotomai, A., & July, L. (2012) Valuing romantic relationships: The role of family approval across cultures. *Cross Cultural Research*, 46, 366-393.

松井 豊（1993）『恋ごころの科学』サイエンス社

松井 豊（2001）「親密な対人関係」高木 修監修『対人行動の社会心理学―人と人との

間のこころと行動—』北大路書房
大橋正夫・長田雅喜編（1987）『対人関係の心理学』有斐閣
下斗米 淳（1992）「親しくなる」松井 豊編『対人心理学の最前線』サイエンス社，30-39
下斗米 淳（1996）「対人関係の親密化」『研究の展望—理論的枠組みの検討—』専修人文論集，58，23-49
下斗米 淳（1999a）「対人魅力と親密化過程」吉田俊和・松原敏浩編『社会心理学—個人と集団の理解—』ナカニシヤ出版，101-121
下斗米 淳（1999b）「社会的相互作用場面におけ自己概念の影響様態に関する研究—対人関係の親密化過程からの理解に向けて—」性格心理学研究，8(1)，55-69
下斗米 淳（2000）「友人関係の親密化過程における満足・不満足感及び葛藤の顕在化に関する研究—役割期待と遂行とのズレからの検討—」実験社会心理学研究，40(1)，1-15
下斗米 淳（2002a）「青年の対人ネットワークは狭いか？—準拠集団の道具性と拡張可能性からの検討—」シンポジウム「現代の若者の社会化をめぐって」日本教育心理学会第44回総会発表論文集，S56-57
下斗米 淳（2002b）「対人関係の成立基盤に内包された再構築過程と自己変容の可能性について」シンポジウム「自己心理学の展開(4) 自己の発達と対人関係」日本発達心理学会第14回大会発表論文集，S24
下斗米 淳（2006）「アイデンティティと苦闘する若者と大人」香山リカ・下斗米 淳・貫 成人・芹沢俊介『はんらんする身体』専修大学出版局，pp.75-120

Chapter 7

人を攻撃する

【基礎知識】

I 人の攻撃性の起源

1 攻撃の歴史

　旧約聖書の「創世記」には、アダムとエヴァの息子のカインが弟のアベルを殺したとある。神が弟の貢物だけ受けたことを嫉妬してのことだが、聖書ではこれが人類の最初の殺人ということになっている。聖書にはその後、モーセが60の都市を襲い、後継ぎのヨシュアが30以上の王国を征服して男、女、子どもすべてを殺した話が続き、このような大虐殺を神は祝福する。

　昔から人が人を攻撃したということの証拠は、数万年前の遺跡から多くの戦いによって傷ついた遺体が発見されることである。人類は古くから同じ人類を攻撃してきた。その後も、イギリスがタスマニアを植民地にした時はあらゆる手段を使ってタスマニア人を全員殺し、イギリス人とアメリカ人は北アメリカのインディアンを全滅しようとした。人類は10年に平均6回の国家間の戦争と6回の内戦をし（M. P. ギグリエリ、2002）、20世紀には2度の世界大戦、21世紀にも9.11同時多発テロ、報復のイラク戦争など攻撃が続く。また、身近にも犯罪、けんか、いじめ、体罰、DVなど、人の世界は攻撃に溢れている。

2 攻撃を説明する

　カインやアルカイダの攻撃、あるいはストーカー殺人は相手を傷つけることを目的としており敵意的攻撃という。モーセやイギリスの侵略は何かを獲得するためのもので、道具的攻撃という。このように人の攻撃はその原因や状況などが複雑である。そこで、この章では攻撃を複数の視点から見ていく。

　1つ目の視点は、このように古くから執拗に繰り返された攻撃には人の生まれつきの「本能的」な原因があるということである。人もまた動物なので動物に共通する進化の原理から考える必要がある。

　2つ目に、感情が攻撃の原因だということである。カインは弟に対する嫉妬という感情で弟を殺した。深層心理学のユング（C. G. Jung）は兄弟の嫉妬をカインコンプレックスと呼んだ。このような感情や、貧困や差別などの不満は攻撃の原因になる。

　3つ目に、攻撃は個人の問題だけでなく周りの状況の影響が大きいということである。テロリストは必ずしも異常な狂信者というわけではなく、周りの状況次第で普通の人間がそのようなことをするとも考えられる。その条件について考える。

　4つ目に、人の攻撃性はある部分は生まれつきの問題だが、ある部分は育ちや環境によって形成されるものであるということである。そこで、攻撃の学習や文化についても検討する。

　【研究の展開】では現実的な日常の問題と攻撃性の自己診断を行う。

Ⅱ　攻撃は本能か

1 チンパンジーの攻撃

　チンパンジーは、700万年前に人と分かれた、DNAの一致率が98％以上といわれるわれわれの兄弟である。チンパンジーを研究するのは人の本来の

姿が見えるからである。チンパンジーのオスは、集団内の他のオスと順位をめぐって示威行為をしたり争ったりする。また一方で、チンパンジーの集団のオスたちは協力して他の集団を襲うことがある。襲われた集団のオスは殺され、子どもも殺されることがあり、それは自分たちの遺伝子を残すためである。ダーウィン（C. R. Darwin, 1859）の自然淘汰の考え方は、生き延びて自分の遺伝子を残した個体の形態や行動だけが子孫に伝えられ広がるということである。攻撃行動も自分が生き延びることと自分の子孫を残して遺伝子を伝えていくために適応的であると、その特徴が次代に伝えられる。ウィルソン（E. Wilson, 1975）によれば、動物の攻撃は、なわばり、順位、性的、親のしつけ、離乳、道徳的制裁、捕食、捕食への防衛に分けられるが、このような攻撃行動は適応的だったので進化したのである。チンパンジーのオス同士の順位をめぐる争いは順位が高いほうがメスと交尾でき、順位が低いとチャンスが少ないので、地位を求めて争うという攻撃性が進化する。これと似たことは人にも見られる。たとえば、ギグリエリによれば、アメリカでは2歳以下の赤ん坊が継父に殺される確率は実父より100倍も高い。また、ヴェネズエラのヤノマモ族では、何人もの敵を殺し、獰猛であることの称号「ウノカイ」を得た男は、そうでない男に比べて3倍の妻と子どもを得るという。

　一方でチンパンジーのオスが団結して協力し危険を冒して戦いをしたりすることは、個々の動物の自然淘汰では説明しにくい。ハミルトン（W. D. Hamilton, 1964）は、個々の動物の自然淘汰ではなく、自分と多くの遺伝子を共有する兄弟や甥姪などによってトータルの遺伝子が残ることが大切である、つまり包括適応度が高くなるという血縁淘汰を唱えた。生殖しない働きアリや働き蜂が奴隷のように働いて自己犠牲をするのは、それが自分の遺伝子を残す最良の方法だからである。チンパンジーの場合メスは集団間で移動するが、オスは生まれた集団に一生とどまる。チンパンジーの集団はオス同士が濃い血縁関係で結ばれた集団であり、乱婚のため皆が父子兄弟という関係である可能性を持つ。だからオスたちは団結して危険な戦いに挑み、なわばりとメスを血族のために守り獲得しようとする。このようなチンパンジーの生

ニッキー（後）は年上のイエルーン（前）の支援を得て腕力では一番のラウトを威嚇する。こうしてニッキーはグループのNo.1の地位を得た。しかし、その前はニッキーはラウトに協力してイエルーンをNo.1から追い落としている。チンパンジーが群のNo.1になるためにはメスたちの支持を得たり協力者を得るための政治力が必要である。

図7-1　チンパンジーの戦い（F. ヴァール、1998）

き方は、モーセたちが氏族の安全と繁栄のために戦争を繰り返し、その後も部族や民族どうしが争うことに通じるものがある。

2 攻撃の本能

　動物行動学のローレンツ（K. Lorenz, 1963）は、人の攻撃性は遠い昔から人類の遺伝子に組み込まれている「生得的攻撃機構」だと考える。そのために食物、配偶者、なわばりや順位をめぐる闘争が行われる。また、動物が相手を攻撃するかどうかは、個体の内部から生じる攻撃の衝動と、周りに攻撃を誘発する刺激があるか、あるいは抑制する刺激があるかということの、衝動と刺激の両方で決まる。たとえば、熱帯魚のシクリッドのオスに、ほほに縞模様のある魚の模型を近づけると口でつついて激しく攻撃する。しかし、側面にオレンジ色の斑点がある場合には攻撃は抑制される。多くの場合、オスの攻撃行動を引き出す刺激は同じオスの特徴で、攻撃を抑えるのはメスや子どもの特徴である。

　動物には攻撃を抑制するしくみもある。にらみ合って、相手を威嚇し合い、攻撃する前に、負けそうなほうが逃げる。これは、暴力を使わないですむ、儀式化された攻撃である。あるいは、弱点を相手に差し出すような降伏のサインは、相手の攻撃をストップさせる（図7-2）。

　人はハイテク兵器を手に入れたために、相手の顔も降伏のサインも見ない

左から、犬の威嚇、肢を硬直させ、尾をピンと立て、首筋と肩の毛を逆立てる。カモメの降伏、体の弱い部分を差し出す。ギリシャ戦士の降伏、ホメロースの英雄たちはオオカミほどやさしくはなかった。

図 7-2　動物の行動（ローレンツ、1973）

で、戦争のような激しい攻撃をしてしまう。今、テロリストは自分が傷つける人がだれかということを知らずに爆弾をしかける。アメリカはパキスタンでの対テロ攻撃を遠く離れたアメリカ本土からゲームのように操縦する無人機を使って行っている。動物たちの持つ攻撃抑制のメカニズムは人には当てはまらなくなってきている。

　動物にとって配偶者を得て子孫を残すことは、自分の生存以上に重要なことで、だからこそ攻撃が行われるのだが、動物の適応戦略には柔軟なところもある。たとえば、サケのオスはメスの卵に精子をかけるために他のオスを攻撃して追い払うが、それは体の大きなオスの戦略で、弱いオスは子孫を残せない。そこで、体の小さなオスは岩陰に潜んで大きなオスの目を盗み、タイミングを見計らって精子を振りまき繁殖する戦略をとってまんまと成功する。動物の内的衝動が常に攻撃に向かうわけではないのである。人にもこのような柔軟性があるはずなのだが。

3 死 の 本 能

　精神分析の創始者フロイト（S. Freud, 1940）によれば、人には人を愛したり、自分が成長する原動力になる生の本能（エロス）と、自己破壊的衝動である死の本能（タナトス）という 2 つの本能がある。死の本能が内に向かうと自殺などのように自分を破壊し、外に向かうと攻撃行動が行われる。

危険な攻撃衝動を無害な形で発散する仕組みがカタルシス（catharsis）で、暴力的な映画やテレビを見ていると主人公とともに自分も攻撃したような気になって攻撃衝動が発散されるというものである。

Ⅲ　攻撃と感情

1 欲求不満と攻撃

犯罪は暑くて不快な夏に多いといわれ、経済不況や高い失業率は暴動や犯罪の温床である。ダラード（J. Dollard, 1939）らは、人の攻撃行動の原動力は、自分の欲求が満足されない欲求不満（frustration）だと考えた。

たとえば行列しているとき、前に割り込まれると、怒って割り込んだ人を攻撃したくなる。並んでいる順番が12番目の時より、直前の2番目の時のほうが強く怒る。欲求不満が大きいと攻撃の動因も大きいのである。

しかし、割り込んだ相手が暴力団風の相手だったら、いくら攻撃動因が強くても攻撃行動は抑えられる。このような時、攻撃の動因は何か他に向けられる。たとえば少数者差別や児童虐待やDVなど、弱い相手に向けられることが多い。

欲求不満による怒りに限らず、不快な情動、たとえば環境からのストレス、自尊心への脅威、挑発などが攻撃行動の原因となる。たとえば、家庭内不和、職場のストレス、失業、物価の上昇、過密などである。

2 責任の帰属と攻撃

友人とのツアーを楽しみにしていたのに、友人のせいでツアーに行けなくなった。これは欲求不満状況である。この時人はすぐに友人を攻撃するのではなく、なぜ友人はそんなことをしたのかと原因を考えてみるだろう。大淵憲一（1993）は欲求不満の原因をつくった人の責任を、意図的か、動機は正当か、それを制御できたかの3点から分類して、攻撃反応の強さとの関係を

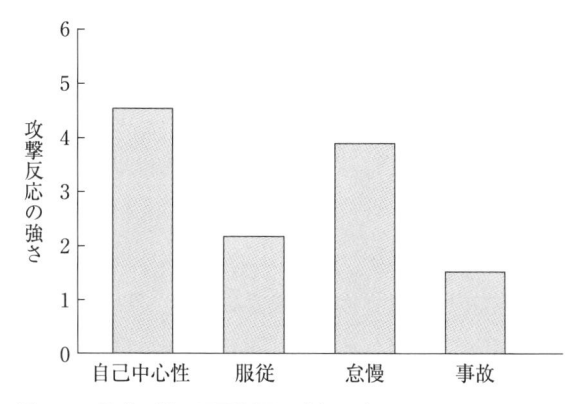

図7-3 欲求不満の原因帰属と攻撃反応（大淵、1993より引用）

調べた。友人の責任は4種類である。①友人が勝手に行き先を変更したという自己中心性（不当な意図的危害）、②両親に反対されて服従（正当な意図的危害）、③友人が寝過ごして間に合わない怠慢（制御可能な非意図的危害）、④電車の事故で間に合わない事故（制御不能な非意図的危害）。攻撃反応は、自己中心性、怠慢の順で強く、服従や事故では弱い（図7-3）。欲求不満がすぐに攻撃を誘発するのではなく、その原因は何かという、責任の帰属（Chapter 3）が攻撃行動を左右するのである。

3 攻撃の利益とコスト

アーチャー（2010）は大学生に「同世代の男性があなたを怒らせるようなことをしてあなたが相手を殴ったと想像して、それによって何が起こると思いますか」と質問して結果を選ばせた。結果の中には「人から嫌われる」「トラブルになる」「相手の友人が仕返し」「相手が傷つく」など攻撃の【コスト】と、「相手にいい薬」「自分に誇り」「自分に満足」などの【利益】があった。この結果と高校生の恋人に対するデートDVについて調べると、男女ともコストを高く見積もっている場合にはDVを減少させ、利益を高く見積もる場合には人はDVを増加させるとのことであった。このような意思決定システムが攻撃を決定する、と同時に自己制御力が弱い人ではコストや利

益にかかわらず攻撃をしてしまう傾向がある（大渕、2011 より引用）。

4 社会的状況と攻撃

　テロや戦争のような人類の悪夢である攻撃は、個人の問題ではなく、集団や社会的状況の問題とも捉えられる。ミルグラム（S. Milgram, 1963）は、一般市民に協力してもらい学習実験を行った。学習者が失敗すると、電気ショックを与える役を一般市民に行わせる実験であった。多くの専門家が普通の市民は他者に強い電気ショックなど与えたりしないといった。しかし、結果は多くの人がきわめて危険なショックを与えた。普通の市民が、命令に服従して他人を攻撃するのである（Chapter 11）。

　ジンバルド（P. G. Zimbardo, 1970）は、女子学生に、条件づけの実験のために、別の学生に電気ショックを与えるようにいった。「匿名」条件のグループは、だぶだぶのコートと顔をおおうフードを着、暗い部屋で、名前を呼ばれることはなかった（図7-4）。「個人」条件のグループは、明るい部屋で、名札をつけ、たびたび名前を呼ばれ、グループの他の人の顔を見ていた。「匿名」条件の女子学生は「個人」条件の女子学生より、2倍のショックを与えた。相手が「偏見を持つ嫌な人」といわれた時はもちろん、「あたたかいよい人」の時にも、強いショックを与えた。自分のことを知られない没個

図7-4　匿名の被験者は約2倍のショックを与えた（ジンバルドー、1983をもとに作成）

図7-5　看守は囚人役の学生に袋をかぶせたり、腕立て伏せをさせたりした

性化の状況では、人は容易に他人を攻撃する。

　ジンバルドは、大学の地下に模擬監獄をつくり、学生をコイントスで看守と囚人に分けた。無作為に役割を振り分けられたのにもかかわらず、学生たちは看守と囚人になりきってしまった（図7-5）。ある看守は囚人を動物のように取り扱い、残忍さを楽しんだ。囚人は隷属的な非人間的ロボットになってしまった。危険な状況になったため、この実験は予定より早く、6日で中止しなければならなかった。人間は社会的状況から強い影響を受ける。そして、人を攻撃するのは攻撃的な人とは限らず、普通の人がサディストや殺戮者のように振るまう。

IV　攻撃の学習

1 モデリング

　子どもが他の子のおもちゃを無理やり奪って遊んだが、親はそれを黙認した。息子が暴力的であることを父親は男らしいといってほめた。友達をいじめた時、クラスの皆はそれを許容し面白がった。このような経験を通して人は攻撃行動を学習する。

バンデュラら（A. Bandura et al, 1963）は、幼稚園児に、空気で膨らませたボボ人形を大人が殴ったりけったりするのを見せた。ほかに、それを映画で見る、ネコが暴力をふるうアニメを見る、攻撃的でない映画を見る、何も見ないというグループもつくった。その後、子どもたちが遊んでいる時、おもちゃを取り上げて怒らせてから、子どもをボボ人形のいる部屋へ入れた。結果は、なまで、映画で、アニメで暴力を見た子どもたちは、ボボ人形を殴る

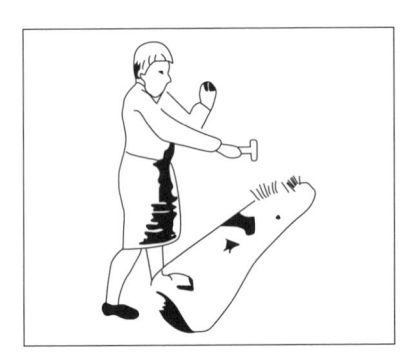

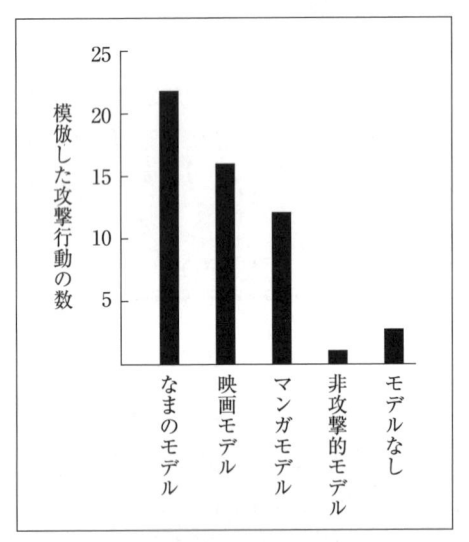

大人のモデル（上左）を見た子ども（上右）はまねをする。
図 7-6　攻撃的モデルを観察した効果（Bandura et al., 1963 より作成）

けるなどの暴力を振るった（図7-6）。さらに、見ていない種類の暴力行為もした。人は、直接教わらなくとも他人の攻撃行動を見るだけで、モデリング（modeling）という学習をする。この実験ではほかに、女の子より男の子の方が攻撃的であること、異性のモデルより同性のモデルの影響を受けやすいこともわかった。そして、フロイトのいうカタルシスによる暴力の減少ではなく、実際のモデルだけなく、映画や、アニメーションでも暴力を経験することは暴力性を増すというショッキングな研究であった。

2 マスメディアと攻撃

　バーコヴィツ（L. Berkowitz, 1965）は、暴力的な映画を見ることの影響について実験した。被験者は1人の学生を紹介される。「ボクサー」か、「スピーチ専攻の学生」である。被験者は紹介された学生から電気ショックを与えられて怒る。その後、ある被験者は、有名な俳優のカーク・ダグラスが出演している「チャンピオン」という、ボクシングの映画の暴力的場面を見る。別の被験者は非暴力的な映画を見る。そして、さっきの学生に電気ショックを与えるチャンスが与えられる。この時、ボクシングの映画を見た被験者のほうが、相手に強いショックを与えた。そして、「ボクサー」のほうにより強いショックを与えた。また、「ボブ・アンダーソン」と紹介された学生より、「カーク・アンダーソン」と紹介された学生に、強いショックを与えた。「ボクサー」や「カーク」という手がかりに反応して攻撃したのである。

　他人の攻撃行動を見ると、人は攻撃的になるという研究が多くある。暴力的映画はもちろん、フットボールのようなスポーツでも、自分の応援するチームが勝った場合でも、観客の攻撃性は増す。激しいスポーツを自分でしても同じである。アメリカの調査では、小3の時テレビの暴力番組を好んで見ていた子どもが19歳になった時、攻撃的傾向が強かった。暴力を経験することはカタルシスを生むのではなく、暴力は暴力を生むのである。

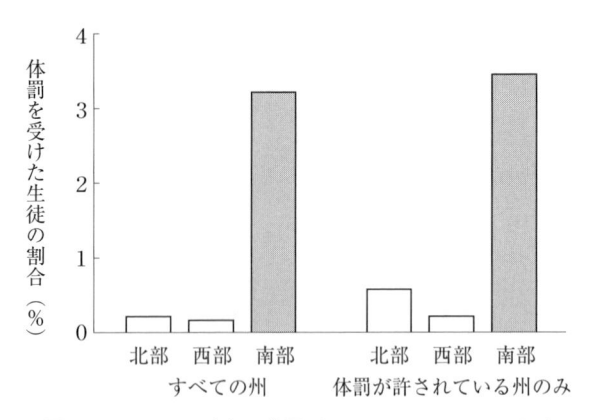

図 7-7　アメリカ南部の体罰（ニスベット、2009 より引用）

注）1989 年から 1990 年の学期中に、各地域において、体罰を受けた生徒の割合
（出典：U.S. Department of Education, 1992）

3 攻撃の文化

　2012 年、大阪府で 17 歳の少年が集団リンチを受けた。殺人未遂容疑で逮捕された男子生徒（17）は、「殺すつもりはなかったが、メンチを切られたりしたのでぼこぼこにした」といっている。「メンチを切る」とは主に関西で睨みつけることを指し「ガンを飛ばす」などともいうが、相手に「なめられた」ということが傷害や殺人に値すると感じる人々がいる。

　このようなことは大阪の高校生の独自の特徴ではなく、アメリカ南部の男たちにも当てはまる。ニスベットは『名誉の文化』（R. E. Nisbett & D. Cohen 邦題『名誉と暴力』2009）の中で、ジャーナリストのカーター氏が南部のルイジアナで陪審員を務めた時の話を紹介している。「あるガソリンスタンドの隣に住んでいた男の事件で、男はそのスタンドで取り巻きたちからからかわれ続けていた。ある日彼はショットガンの引鉄を引き、男たちのうち 2 人に怪我を負わせ、無関係な第三者を殺した」。裁判でカーター氏が有罪の提案をすると他の 11 人は反対した。理由は「彼は有罪ではない。もしそいつらを撃たなかったとしたら、彼は男じゃない」であった。

ニスベットによれば、アメリカ南部は他の地域に比べて子どもに対する体罰、銃の所持や使用に寛容で、南部人は侮辱されたら暴力に訴えるべきだと考える。実際に侮辱を体験する実験でも、ストレスの指標となるコルチゾールというホルモンや、攻撃と関係の深いテストステロンというホルモンの濃度が、他の地域の人々より南部人は高まった。ニスベットは、南部ではアメリカ開拓時代の無法で自己責任で、なめられたら馬泥棒に盗まれるからなめられないようにするべきという文化が、馬泥棒がいなくなった今も攻撃行動に影響していると述べている。

【研究の展開】

I　現代の様々な攻撃

　人間の攻撃性は犯罪に結びつくことが多い。ギグリエリ（M. P. Ghiglieri, 2002）によれば、アメリカでは毎年およそ1万5000人に1人が殺されており、これは、平均寿命を75歳とすると200人に1人が殺される計算になる。さらに、FBIの推定では、アメリカで1分に1人の女性がレイプされているという。日本はアメリカと比べると、この種の犯罪は少ないほうで、殺人は人口当たり10分の1程度である。しかし、日常にこれまでにはあまりなかった様々な攻撃が見られる。

　いじめは森田洋司（2010）によれば1980年代くらいから社会的に認知され、いじめによる自殺事件が報道されるたびに世間の注目を集めてきた。いじめは日本だけのことではない。ネットいじめは近年になってからの問題で日本でも多く、文科省（2008）によると、ネット上のいわゆる学校裏サイトでは「キモイ」「うざい」等の誹謗・中傷、わいせつな語、「死ね」「消えろ」「殺す」等暴力を誘発する語が多く流布されている。

> カナダのラティア・パーソンズさん（17）は性的被害の写真や中傷メールがネットに溢れて、やめてほしいと懇願しても、3回転校してもネットいじめはやまず、ついに2013年4月自ら命を絶った。首相は「これは犯罪だ」と述べた（NHK海外ネットワーク2013年11月17日より）。

　いじめの中には明確な犯罪行為といえるものもあるが、多くはグレーゾーンである。「持ち物隠し」や「友だちをからかう」ことを「悪い」と思いつつ「面白い」とも思う。こうした行為を「面白い」と思う傾向はいじめている「加害者」と面白がって見ている「観衆」層で強い（森田、1984）。自分の行為が悪いことなのか面白い遊びなのか境界が明確でない時には、相手の苦痛を推し量ることで考えるような共感性が必要である。また、森田によるといじめは、加害者、被害者と面白がって見ている観衆のほかに、われ関せずという「傍観者」がいる四層構造である。そして、傍観者も加害者であって、彼らが何もしないといじめを助長する。森田（1985、1990）によると、いじめの被害は、いじめる子や観衆の数よりも傍観者の数と高い相関がある。

　ストーカー殺人のような事件も近年注目されている。この攻撃の原因は社会的な欲求不満といえ、集団や他者からの拒絶は攻撃行動につながりやすい。そして、責任の帰属の項で述べたように、欲求不満の理由が事故や正当な理由である時よりも、別れの理由が不当であるとか相手の怠慢にあると思い込んだ時に攻撃は強くなる。ストーカー事件の犯人の多くは「相手が悪い」「自分の行為は正しい」という歪んだ認知をし、悪いことをした相手は罰せられるべきだと考えており、このような報復・制裁という攻撃は激しいものになる。

　このような自分が正しいという認知の歪みによる攻撃の中に、小売店やサービス業などに不当な要求をする「クレーマー」や、学校に「担任を代えろ」というような要求する「モンスター」がある。むろん正当な要求である場合も少なくないが、攻撃は正しいという思い込みによって行われることが多い。

「心のブレーキ」の強さ＝
　　　［情緒的ブレーキ（思いやり意識＋他人恥）］
　　　×
　　　［認知的ブレーキ（道徳意識＋努力志向的価値観）］

図7-8　「心のブレーキ」（中里・松井、2007）

II　攻撃の抑止力

　攻撃行動の抑止のためには外的、内的な要因が考えられる。外的な要因であるグローバルな問題に関しては、攻撃の原因となる貧困や格差や差別の解消や、イスラム教徒＝原理主義者というようなステレオタイプから脱して相互交流と相互理解を通じて互いの共通性を認識することが望ましい。また、身近ではネットによる攻撃という、これまでなかった問題の規制などがまず考えられる。そして、いじめの項で述べたように、いじめや犯罪・非行、そして攻撃を黙認する傍観者の増加が問題行動を野放しにする。周りの人々は無関係の人ではなく自分の仲間であり、仲間たちはこの社会ではそのような行為は受け入れないと互いに考える社会が抑止力を発揮する。
　問題行動の内的な抑止力について中里至正・松井　洋（2007）は図7-8のような情緒と認知のブレーキモデルを提案している。情緒的ブレーキの1つは「思いやり」の気持ちで、たとえばいじめの問題でも遊びか攻撃かを判断するためには、相手の立場に立ち共感する気持ちが大切である。「他人恥」とは他者を意識して恥ずかしいと思うことで、自分の行為が良いか悪いかの基準として周りの人々の目が機能する。今日の日本の問題は、若者が大人の他人の目をあまり気にせず自分の周りの友人にだけ気を使う、「仲間恥」に偏るためブレーキ力が弱いのではないかということである。認知的ブレーキのうち「道徳意識」は、親のいうことを聞かない、人に嘘をつく、といったごく日常的なことを「悪い」と思うということである。価値観のうち他者志向と努力志向が問題行動のブレーキとなる。ここでは特にコツコツ努力するこ

とが大切だという価値観がブレーキとなる。中里によれば、これらの要因は単独ではなく重なって機能する時に問題行動のブレーキとなるといい、これは攻撃行動にも当てはまるだろう。

Ⅲ 攻撃性を測る

攻撃性の個人差を測定する尺度にバスとペリー（Buss & Perry, 1992）の攻撃性質問紙（Buss-Perry Aggression Questionnaire：BAQ）がある。これは短気、敵意、身体的攻撃、言語的攻撃の４つの下位尺度から攻撃性を多元的に測定するものである。安藤ら（1999）はこの日本語版を制作した。安藤らの日本の大学生の結果では「短気」を除くすべての得点で女子より男子のほうが高かった。

表7-1で自分の４つの側面の攻撃性と全体の攻撃性の傾向を考えてみよう。

表7-1 バス-ペリー攻撃性質問紙（安藤ら、1999を参考に作成）

```
　以下の質問が自分にどのくらいあてはまるか、"まったくあてはまらない"（1点）、
"あまりあてはまらない"（2点）、"どちらともいえない"（3点）、"だいたいあてはま
る"（4点）、"非常によくあてはまる"（5点）で採点してみよう。

   1) なぐられたら、なぐり返すと思う
   2) 挑発されたら、相手をなぐりたくなるかもしれない
   3) 権利を守るためには暴力もやむをえないと思う
   4) 人をなぐりたいという気持ちになることがある
 * 5) どんな場合でも、暴力に正当な理由があるとは思えない
 * 6) 相手が先に手を出したとしても、やり返さない

   7) かっとなることを抑えるのが難しい時がある
   8) ばかにされると、すぐ頭に血がのぼる
   9) いらいらしていると、すぐ顔に出る
  10) たいした理由もなくかっとなることがある
  11) ちょっとした言い合いでも、声が大きくなる

  12) 友人の中には、私のこと陰であれこれ言っている人がいるかもしれない
  13) 私を嫌っている人は結構いると思う
```

14) 陰で人から笑われているように思うことがある
15) 嫌いな人に出会うことが多い
＊16) 私を苦しめようと思っている人はいない
＊17) 人からばかにされたり、意地悪されたと感じたことはほとんどない

18) 友達の意見に賛成できないときには、はっきり言う
19) 自分の権利は遠慮しないで主張する
20) 意見が対立したときは、議論しないと気がすまない
21) 誰かに不愉快なことをされたら、不愉快だとはっきり言う
＊22) でしゃばる人がいても、たしなめることができない

診断法
　それぞれの項目を1点から5点までで採点する。＊のついている項目は逆転項目なので、5→1、4→2、3→3、2→4、1→5点に置き換える。1) から6) までの合計を計算して「短気」得点、7) から11) を合計して「敵意」得点、12) から17) を合計して「身体的攻撃」、18) から22) を合計して「言語的攻撃」得点を出し、これらすべてを合計して「全攻撃性」得点を算出する。

表7-2　攻撃性質問紙の平均（安藤ら、1999を参考に作成）

（上段：点、下段：標準偏差）

	短 気	敵 意	身体的攻撃	言語的攻撃	全攻撃性
男　子	14.79 (4.01)	18.12 (3.93)	18.48 (4.95)	15.99 (3.28)	67.38 (11.10)
女　子	14.87 (3.72)	17.45 (3.65)	16.24 (4.27)	15.28 (3.29)	63.83 (9.67)
全　体	14.83 (3.86)	17.76 (3.80)	17.27 (4.73)	15.61 (3.30)	65.46 (10.50)

参考・引用文献

安藤明人・曽我祥子・山崎勝之・鳥井哲志・嶋田洋徳・宇津木成介・大芦 治・坂井明子（1999）「日本版 Buss-Perry 攻撃性質問紙（BQR）の作成と妥当性・信頼背の検討」心理学研究、70、384-392
大淵憲一（1993）『セレクション社会心理学9　人を傷つける心―攻撃性の社会心理学』サイエンス社
大淵憲一（2011）『新版　セレクション社会心理学9　人を傷つける心―攻撃性の社会心理学』サイエンス社
Bandura, A., Ross, D., & Ross, S. A.（1963）Imitation of film mediated aggressive

models. *Journal of Abnormal and Social Psychology*, 66, 3-11.
M. P. ギグリエリ（松浦俊輔訳）（2002）『男はなぜ暴力をふるうのか——進化から見たレイプ・殺人・戦争』朝日新聞社
森田洋司（2010）『いじめとは何か』中公新書
中里至正・松井 洋編著（2007）『「心のブレーキ」としての恥意識——問題の多い日本の若者たち』ブレーン出版
R. E. ニスベット& D. コーエン（石井敬子・結城雅樹編訳）（2009）『名誉と暴力——アメリカ南部の文化と心理』北大路書房
K. ローレンツ（日高敏隆訳）（1973）『動物行動学入門——ソロモンの指輪』早川書房
P. G. ジンバルドー（古畑和孝・平井 久訳）（1983）『現代心理学Ⅲ』サイエンス社
F. ヴァール（西田利貞・藤井留美訳）（1998）『利己的なサル、他人を思いやるサル——モラルはなぜ生まれたのか』草思社

Chapter 8

人を助ける

【基礎知識】

攻撃のように他の人や社会の害になる行動を反社会的行動というが、その反対に人のためになるような行動一般を「向社会的行動」(prosocial behavior) という。また、そのうち特に困っている他者を助ける行動を「援助行動」(helping behavior)、相手からの見返りを期待せずに自己犠牲を伴うようなことを「愛他行動」とか「利他行動」(altruistic behavior) といい、他者に対する気持ちから「思いやり行動」ともいう。これらの用語の違いは明確ではないが、この章では人のポジティブな側面について見ていく。

I 人を助ける心は生まれつきか

1 自己犠牲

人は他人を傷つける悪魔のような側面があるが、自分を犠牲にして他人を助ける天使のような人たちがいる。

1982年1月13日16時、ワシントン・ナショナル空港を激しい吹雪の中、離陸したエア・フロリダ機が、離陸直後に氷結したポトマック川に墜落、割れた氷に6名の生存者がしがみ付いていた。事故から20分後に救助ヘリコプターが駆けつけ、最初に男性の乗客アーランド・ウィリアムス（46）に渡したが、彼は近くにいた女性に命綱を譲った。2度目の時も彼はそばの女性に譲った。

図8-1

　3度目にヘリコプターが戻った時、彼の姿はもうなかった。

　2001年1月26日午後7時20分、JR新大久保駅で、酒に酔った男がホームから転落した。助けようとして線路に飛び降りた、韓国人留学生の李秀賢さん（26）とカメラマンの関根史郎さん（47）が電車にはねられて死亡した。

　2013年10月1日午前11時半、横浜市のJRの踏切で横たわっている74歳の男性を見つけた会社員、村田奈津恵さん（40）は車から飛び出して走り、必死に男性を移動させているところに電車が来て巻き込まれた。男性はケガを負うも無事だった。

2 進化が向社会性をつくる

　チンパンジーのオスは、順位をめぐって仲間内で争い、時には仲間が団結して別の群れと戦うなど攻撃的だが、和解の方法も持っている。けんかの後の和解のため、チンパンジーはキスをし、キンシコウは手を握り合い、ボノボは疑似的性的行為をする。動物の攻撃性は、攻撃的な動物がたくさんの子孫を残すので攻撃的遺伝子が子孫に伝えられるという、ダーウィン（C. Darwin）のいう自然淘汰で説明しやすい。しかし、動物が自己犠牲をするということは自然淘汰では説明しにくい。そこでハミルトン（W. D. Hamilton, 1964）は血縁淘汰という説明をした。たとえば、兵隊アリは一生見返りもなく働き、時には自分の命を犠牲にして敵を倒し、仲間を守る。これにより、

メスがオスにキスをしているが、愛の表現ではなく仲直りのためで、毛づくろいも仲直りや協力や順位を確かめる社会的行動である。ボノボはセックスで平和をつくるがこれは異性同士だけでなく同性同士でも行われる。

順位争いに負けて落ち込んでいる大人を子どもが慰める。

チンパンジーが食べ物を分け合うが、分けるかどうかは過去に彼女からどのくらいもらったか、毛づくろいをしてくれたかという互恵的な関係に影響される。

図 8-2　チンパンジーの仲直り（F. ヴァール、1998）

彼女の母である女王アリを含む仲間が助かり繁栄する。そして自分が子どもを産むのと同じように遺伝子が子孫に伝わるのである。人類も血縁集団生活の中で利他性を進化させたと考えられる。

　血縁関係にない他人に対する利他性について、トリヴァース（R. Trivers, 1971）は、いま、自己犠牲をして他者につくせば、後で他者が自己犠牲をして見返りをくれるという、互恵的利他性が進化したと説明する。持ちつ持たれつの互恵的利他性は、人間の社会の分配や税金、社会保障などの制度の基礎となっている。また、互恵性を損なう人、インチキやケチをチェックする正義感のような心やそういう友達とは付き合わないというような好き嫌いの感情を生み出すことになる。

II 援助と個人的要因

　ある人が実際に援助行動をするまでには、自分の内面の個人的要因と、周りの状況の要因が関わってくる。個人的要因には、援助すべきかどうかということの向社会的判断と、相手の苦痛などの気持ちを理解する役割取得（role taking）、自分もその気持ちを感じる共感性（empathy）がある。人に影響する周りの状況の要因のうち社会化変数は、家庭などでどんなしつけや影響を受けて育ったかということであり、状況的変数は、周りに人がいるかいないかなどである。援助を求めている他人の特徴は、その人が知り合いか、なぜ困っているのか、魅力的かなどである。文化的変数は、利己的な文化か、人助けを大切にする文化かということである。

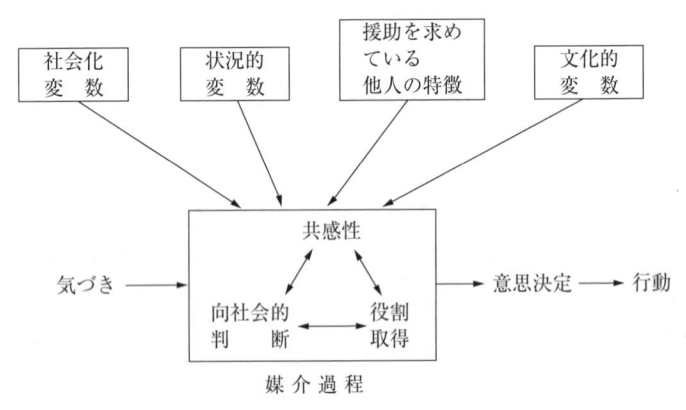

図8-3　援助行動が行われるまで（菊池、1988）

1 向社会的判断

　人を助けるかどうかは「この状況ではこうすべきだ」という個人の判断過程によって決まる。アイゼンバーグ（N. Eisenberg, 1986）はコールバーグ（L. Kohlberg）の道徳判断の発達水準に基づいて、向社会的判断の発達水準の5

段階を示した。コールバーグの道徳判断の発達理論は、良いか悪いかの判断基準は自分になく大人にあるので、「怒られるからしない」という"前慣習的水準"から始まり、周りの人や規則をもとに考える"慣習的水準"を経て、自分の哲学や価値観で判断する"後慣習的水準"に進むというものである。

アイゼンバーグの発達段階はこれにならって、向社会性について自分の中に基準がない段階から、周りの人のことを考え、周りの人からの評価を気にするようになり、相手の気持ちを考える段階を経て、自己の内面的な価値観が形成されていくというものである。

> レベル1：快楽主義的・自己焦点的指向（小学校入学前から低学年で多い）。
> 　自分の損得、好き嫌い。──ごほうびがもらえるなら手伝う──
> レベル2．他人の要求指向（入学前から小学生に多い）。
> 　他人の要求に目を向ける。──手伝ってくれといっている──
> レベル3．「良い子」指向（小学生の一部と中・高校生で多い）。
> 　良いこと、悪いことの紋切り型のイメージ。──助けるのは良いこと、良いといわれる──
> レベル4a：共感指向（小学校高学年の少数と中・高校生でかなり多い）。
> 　相手の気持ちへの配慮や罪悪感。──その人がかわいそう──
> レベル4b：内面化された価値、義務、規範、責任が現れる（中・高校生の少数とそれ以上の年齢）。
> 　明確ではないが、社会の規範や他者の権利、尊厳に言及。──しなければならない──
> レベル5．強く内面化された段階（中・高生の少数とそれ以上、小学生にはない）。
> 　価値、責任、義務、信念、自尊心を守る。──人間としての義務──
> （アイゼンバーグ、1991、1995；菊池、1988を参考に作成）。

2 役割取得

他人の感情や意図を理解する役割取得は、人を助ける行動の先行条件といえる。ピアジェ（J. Piaget）は、幼児は自分自身の観点からしか考えられず、児童期になってやっと他者の観点を考えられるとした。小さな子どもでも泣

いている子におもちゃをあげたりするように、役割取得の起源は早くからあるが、年齢とともに増大し、向社会性の媒介となる。たとえば能見ら（1989）は、小学生に愛他行動の観察学習をさせる時に、助ける人、助けられる人などのモデルの気持ちに注意を向けさせるという視点操作をすることが愛他行動を効果的に学習させる、と述べている。

3 共 感 性

　共感性は他者が悲しいなら自分も悲しいというように他者と同じ感情を持つことであり、共感性は向社会性を動機づけると考えられる。共感は赤ん坊と母親が同時に苦痛を感じ、その時に母親の苦痛を知覚するという条件づけ、つまり、パヴロフのイヌがベルの音と唾液が出ることが結びつくように、母の苦痛の表れと自分の苦痛が結びつくことで学習される。共感は早い時期から母親と子どもの密接な愛着関係の中で形成される。

　たとえば、幼児に子どもがころんでケガをする場面を見せ、その時の表情や動きから共感を測定する。ケガをした子どもと遊んであげるなどの援助行動をするかどうか観察すると、こうして測定した共感が強い子ほどよく援助した。

　また、交通事故のニュースを、「事実を客観的に聞く」ようにいわれた学生より「被害者の立場になって聞く」学生のほうが、共感が高まり、援助する傾向がある。

Chapter 8 人を助ける

III 社会的状況と援助

1964年3月13日午前3時、ニューヨーク。仕事を終えて自分のアパート近くまで来たキティ・ジェノヴィーズさん（28）は、変な男につけられナイフで刺された。彼女の「助けて！」という悲鳴に気づいた人は38人いて、部屋の灯をつけたり窓から顔を出したりした。しかし、誰一人として助けに出ては来ないし、警察に通報もしなかった。キティは、這ってアパートの入り口まで来たが、犯人がまた現れて、彼女にとどめを刺した。

図8-4 キティ・ジェノヴィーズ事件

ラタネ（B. Latané）とダーリー（J. Darley）は『冷淡な傍観者』（1970）の中で、助ける助けないという問題は個人ではなく状況の問題だと考えた。実験の1つでは、被験者たちは個室に入れられ、マイクとヘッドフォンを使って匿名で討論させられる。一通り話をした頃、1人の被験者が大声でわけのわからないことをいい始める。

「僕は……ううう……ちょっと誰か……ここから出して……あああ……発作なんだ……誰か……ここから……死ぬ……助け……（苦しそうな息、沈黙……）」。

被験者は、自分と病人だけがいる2人の条件、自分・病人ともう1人いる3人の条件、自分・病人と知らない人が4人いる6人の条件に分けられた。何人が助けに行ったのだろうか。図8-5のように、他にいる人数が多いほど人を助けないのである。これを傍観者効果（bystander effect）という。

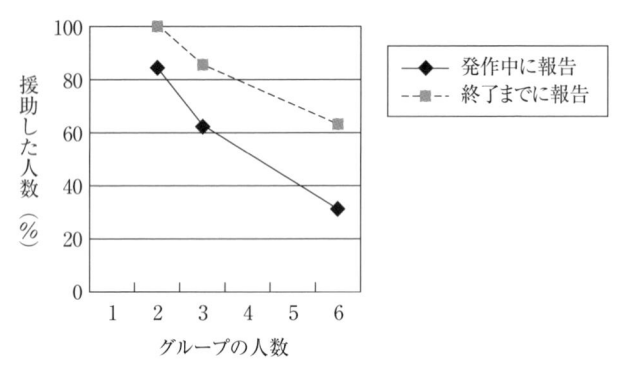

図 8-5　グループの人数と援助行動（ラタネ&ダーリー、1997 より作成）

援助行動には次のような社会的状況が影響する。
＊他に人がいると責任感が希薄になる、責任の分散（Chapter 11）。
＊他の人が自分を見ていると人目が気になってしまう聴衆抑制。
＊援助のための努力、危険や非援助の非難などのコストと、社会的賞賛などの援助の報酬。
＊援助の必要性が低かったり、援助の方法があいまいだと援助の決定がしにくい。
＊倒れている人が、酔っ払いで自分が悪いか、病人かなどの原因の帰属。
＊被援助者の特徴：男性より女性、人種、意見などが似ている、若者より年寄りや子ども、外見的魅力が高い人、知っている人は助けられやすい。

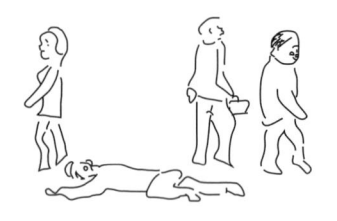

都会人は冷たいというよりは、人が多くて責任が分散しやすく、知らない他人ばかりだから援助が弱い。

図 8-6　なぜ見て見ぬふりをするのだろうか

Ⅳ 向社会性をつくる

1 社 会 化

中里至正は小学生にゲームをさせた。小学生は、自分の得点をゼロにして相手に自分の得点すべてを与える「自己犠牲型」の選択、自分も得点を得るが同じ得点を相手にも与える「相互受益型」の選択、相手に得点を与えずすべての得点を自分がとる「利己的行動」の選択ができる。結果は図8-7のように、年齢とともに自己犠牲型の選択が増えている。幼児でも人に物を分けたりするが、年齢とともに援助行動は質的に高度なものに発達する。それは、役割取得や向社会的判断が発達するからである。

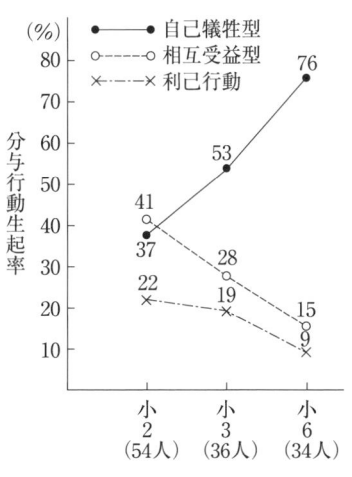

図8-7 分与行動の発達 (中里、1985)

2 学 習

人は生まれつき人を助けたり道徳的になれる潜在性を持っている。しかしそれはあくまで潜在性であって、そのような特徴が発揮されるかどうかは生後の環境や学習による。

たとえば、ゲームに参加してもらった賞品を貧しい子どもにあげるという大人の行為を観察した子どもは、自分も寄付をするようになる。このようにモデリングは向社会的行動の学習の主要な方法だが、単純な援助のモデリングだけでなく、助けないモデルを観察したり、被援助者の困窮状態や感情に注意を向けさせたりすることが、援助の学習をより効果的にする（能見ら、

1988、1989、1990)。

3 親子関係

　子どもの社会化で重要なのは親であり、向社会性の学習の基本は前に見たような共感性の学習が親子の間で行われるということである。親子関係が良好であることは重要である。松井 洋 (2003) は、親子の心理的距離が近いと、子どもは援助的で、非行的でなく、望ましい価値観を持つことを国際比較調査で示した。心理的距離が近いとは、子どもが親を尊敬し、親子の間に愛情の結びつきがあることで、このような関係があると、子どもは親のしつけを受け入れ、親を自分のモデルにしようとするのである。また、相手の気持ちに注意を向けさせるような、説明と誘導による親からのしつけが子どもの共感性や役割取得を育てる。

　第2次世界大戦中にヨーロッパで危険を冒してナチスからユダヤ人を助けた人、アメリカで迫害にめげずに人種差別撤廃運動をした人たちを分析した研究では、両親自身が援助のモデルとなっており、家族関係が緊密で尊敬できる親であることが多かった。

4 文化と向社会性

　ターンブル (C. Turnbull, 1974) によれば、アリゾナのインディアンのホピ族は、他者を気遣い、同情し、尊敬し、協力し、争いを避けるが、狩猟の場を奪われ、厳しい貧困と飢えに見舞われたウガンダのイク族は、自分が生き残ることだけに関心があり、嘘、盗み、殺人が横行し、家族ですら助けない。同じ人間でも状況は向社会性文化を育んだり失わせたりする。

　マドセン (M. Madsen, 1969) はボールペンに結びつけた紐を、4人が四方から引っ張って目標を結んでいく「協力ゲーム盤」をつくった。子どもたちは、賞品を分け合うといわれると協力するが、自分の目標を通った子だけが賞品をもらえるといわれると、競争して、誰も勝てない結果に陥りやすい。しかし、オーストリアのアボリジニや、ニュージーランドのマオリ族など、同じ

国でも伝統的な田舎の社会の子どもは都市の子どもに比べて協力的で争いを避ける傾向がある。

　ホワイティング夫妻（J. Whiting & B. Whiting, 1978）の観察によれば、ケニア、メキシコ、フィリピンの子どもは、沖縄、アメリカ、インドの子どもより利他的であった。向社会性が発達する社会は、周りの人が利他的な行為を重視する、血縁関係の濃い伝統的な社会、女性が重要な役割を担う、拡大家族で、子どもに早い時期から仕事や責任が課されお手伝いや人のために何かをする経験をする文化である（N. アイゼンバーグ＆ P. マッセン、1991）。

5 日本の中・高校生の愛他意識

　松井は愛他意識について、中・高校生の国際比較調査をしている（図8-8）。トルコの中高生は寄付（交通事故で経済的に困っている友達に募金する）や援助（年寄りに席を譲る）という場面で「援助する」という答えが多く、その他の場面でも愛他意識が高い。

　アメリカの中高生は緊急援助（急に倒れた人を助ける）場面で特に愛他意識が高い。

　日本の中高生は知人への援助や分与（山で残り少ない水を分ける）では平均的だが、それ以外、特に知らない人に対する愛他意識や奉仕（水泳指導のボランティア）の場面で愛他意識が低い。

　前述のようにアイゼンバーグは向社会的行動をする理由が、自分の中に基準がない段階から、相手の気持ちを考える段階を経て、自己の内面的な価値観が形成されていくという方向を考えた。しかし、松井（1991、1997）の国際比較研究では、愛他行動をする理由が日本の中高生では、「義務や責任」という理性的理由ではなく、「かわいそう」というような情緒的な理由が多い（図8-9）。これは、アイゼンバーグの理論とは違い、日本の文化的特徴だと考えられる。「かわいそうだから助ける」という日本人の態度は未熟なのではなく文化的な特徴といえ、向社会性の動機は文化に根差した問題といえるだろう。

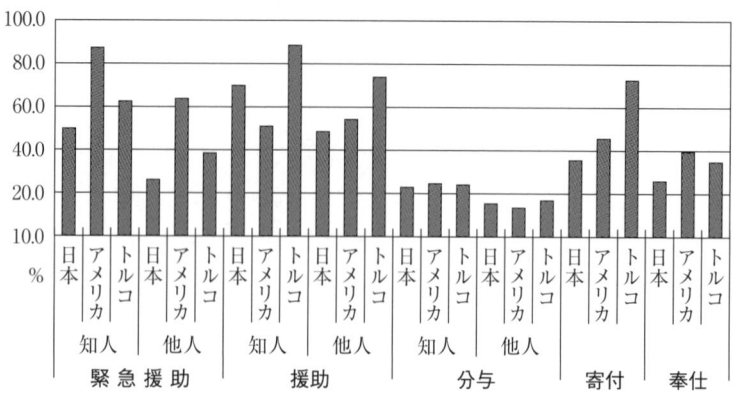

図 8-8　愛他意識の国際比較

注）緊急援助は「急に倒れた人を自分で助ける」、援助は「バスの中でお年寄りに席を譲る」、分与は「水を分けてあげる」、寄付は「できるだけお金をあげる」、奉仕は「小学生に水泳を教えてあげる」という割合。

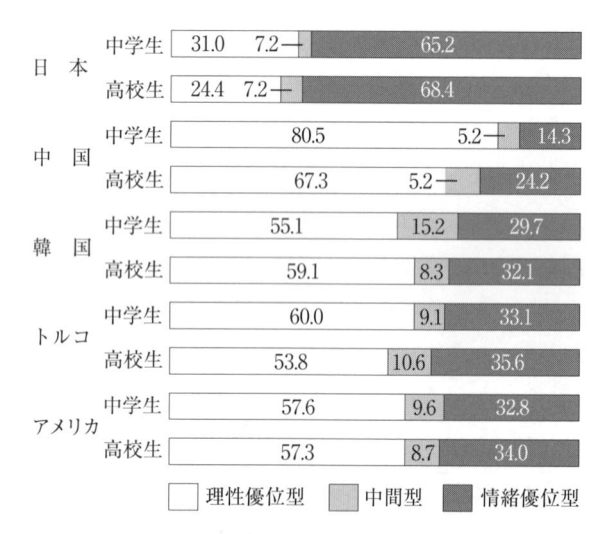

		理性優位型	中間型	情緒優位型
日本	中学生	31.0	7.2	65.2
	高校生	24.4	7.2	68.4
中国	中学生	80.5	5.2	14.3
	高校生	67.3	5.2	24.2
韓国	中学生	55.1	15.2	29.7
	高校生	59.1	8.3	32.1
トルコ	中学生	60.0	9.1	33.1
	高校生	53.8	10.6	35.6
アメリカ	中学生	57.6	9.6	32.8
	高校生	57.3	8.7	34.0

図 8-9　愛他行動の理由の理性優位型と情緒優位型の国際比較（松井、1997）

Chapter 8　人を助ける

【研究の展開】

1 向社会性の自己診断

菊池章夫（1988）の向社会的行動尺度を使って自己診断をする。

表8-1　向社会的行動尺度（大学生版）（菊池、1988をもとに作成）

「したことがない」1点、「1回やった」2点、「数回やった」3点、「しばしばやった」4点、「もっとやった」5点

1）列に並んでいて、急ぐ人のために順番をゆずる。	
2）お店で、渡されたおつりが多かったとき、注意してあげる。	
3）ころんだ子どもを起こしてやる。	
4）あまり親しくない友人にもノートを貸す。	
5）気持ちのわるくなった友人を、保健室などにつれていく。	
6）友人のレポート作成や宿題を手伝う。	
7）列車などで相席になったお年寄の話し相手になる。	
8）気持ちの落ち込んだ友人にデンワしたり、手紙を出したりする。	
9）何か探している人には、こちらから声をかける。	
10）バスや列車で、立っている人に席をゆずる。	
11）酒に酔った友人などの世話をする。	
12）雨降りのとき、あまり親しくない友人でもカサに入れてやる。	
13）授業を休んだ友人のために、プリントなどをもらう。	
14）家族の誕生日や母の日などに、家にデンワしたりプレゼントしたりする。	
15）見知らぬ人がハンカチなどを落としたとき、教えてあげる。	
16）知らない人に頼まれて、カメラのシャッター押しをしてやる。	
17）バスや列車で、荷物を網棚にのせてあげる。	
18）知らない人が落として散らばった荷物を、いっしょに集めてあげる。	
19）ケガ人や急病人が出たとき、介抱したり救急車を呼んだりする。	
20）自動販売機や切符売機などの使い方を教えてあげる。	
合計	

採　点	向社会的でない	あまり向社会的でない	普通	かなり向社会的	向社会的
男子（M53.1SD11.5）	〜35	36〜47	48〜58	59〜70	71〜
女子（M56.9SD11.0）	〜40	41〜51	52〜62	63〜73	74〜

2 共感性の自己診断

共感性の質問紙法の１つにメーラビアンとエプスタイン（1972）がある。加藤ら（1980）はこれを日本人用に作成した。彼らの結果では、共感性は１つの特徴ではなく３つの因子から成り立つ。都市と農村では顕著な地域差はない（表 8-2、8-3 は首都圏のもの）。中学・高校・大学と進むにつれ、「感情的被影響性」が高くなる。性差があり、女子は男子より感情的に暖かく、冷淡さは少なく、「感情的被影響性」は高い。

表 8-2 を使って自分の共感性を測ってみよう。

表 8-2　情動的共感性質問紙（加藤ら、1980 を参考に作成）

以下の質問が自分にどのくらいあてはまるか、"まったくそうだと思う"（7点）、"かなりそうだと思う"（6点）、"どちらかといえばそうだと思う"（5点）、"どちらともいえない"（4点）、"どちらかといえば違うと思う"（2点）、"まったく違う"（1点）で採点してみよう。
1) 私は映画を見る時、つい熱中してしまう。
2) 歌を歌ったり、聞いたりすると、私は楽しくなる。
3) 私は愛の歌や詩に深く感動しやすい。
4) 私は動物が苦しんでいるのを見ると、とてもかわいそうになる。
5) 私は身寄りのない老人を見ると、かわいそうになる。
6) 私は人が冷遇されているのを見ると、非常に腹が立つ。
7) 私は大勢の中で一人ぼっちでいる人を見ると、かわいそうになる。
8) 私は贈り物をした相手の人が喜ぶ様子を見るのが好きだ。
9) 私は会計事務所に勤務するよりも、社会福祉の仕事をするほうがよい。
10) 小さい子どもはよく泣くが、かわいい。

11) 私は人が嬉しくて泣くのを見ると、しらけた気持ちになる。
12) 私は他人の涙を見ると、同情的になるよりも、いらだってくる。
13) 私は不幸な人が同情を求めるのを見ると、嫌な気分になる。
14) 私は友人が悩みごとを話し始めると、話をそらしたくなる。
15) 私はまわりの人が悩んでいても平気でいられる。
16) 私は人がどうしてそんなに動揺することがあるのか理解できない。
17) 私は他人が何かのことで笑っていても、それに興味をそそられない。
18) 人前もはばからずに愛情が表現されるのを見ると、私は不愉快になる。
19) 私はまわりが興奮していても、平静でいられる。

20）私は映画を見ていて、周りの人の泣き声やすすりあげる声を聞くと、おかしくなることがある。

21）私は感情的にまわりの人からの影響を受けやすい。
*22）私は友人が動揺していても、自分まで動揺してしまうことはない。
*23）私は他人の感情に左右されずに決断することができる。
24）まわりの人が神経質になると、私も神経質になる。
25）私は悪い知らせを人に告げに行く時には、心が動揺してしまう。

診断法
　それぞれの項目を1点から5点までで採点する。*のついている22）と23）の項目は逆転項目なので、7→1、6→2、5→3、4→4、3→5、2→6、1→7点に置き換える。1）から10）までの合計を計算して「感情的暖かさ」得点、11）から20）を合計して「感情的冷たさ」得点、21）から25）を合計して「感情的被影響性」得点を算出する。

表8-3　情動的共感性の得点（加藤ら、1980を参考に作成）

尺度		男子			女子		
		中学	高校	大学	中学	高校	大学
感情的暖かさ	平均	47.17	48.64	49.62	52.91	54.69	52.33
	標準偏差	9.40	7.95	7.07	7.32	7.27	6.03
感情的冷淡さ	平均	33.07	31.64	31.49	27.6	28.38	29.92
	標準偏差	8.88	8.29	7.52	6.69	8.59	6.70
感情的被影響性	平均	19.31	20.67	21.78	21.53	23.01	23.32
	標準偏差	4.30	4.51	4.48	3.84	4.21	4.01

引用・参考文献

N. アイゼンバーグ & P. マッセン（菊池章夫・二宮克美訳）（1991）『思いやり行動の発達心理』金子書房

N. アイゼンバーグ（二宮克美・首藤敏元、宗方比佐子訳）（1995）『思いやりのある子どもたち―向社会的行動の発達心理』北大路書房

長谷川寿一・長谷川眞理子（2000）『進化と人間行動』東京大学出版会

菊池章夫（1988）『思いやりを科学する―向社会行動の心理とモラル』川島書店

中村陽吉・高木 修編（1987）『「他者を助ける行動」の心理学』光生館

B. ラタネ & J. M. ダーリー（竹村研一・杉崎和子訳）（1997）『冷淡な傍観者―思いやり

の社会心理学―』ブレーン出版
F. ヴァール（西田利貞・藤井留美訳）（1998）『利己的なサル、他人を思いやるサル―モラルはなぜ生まれたのか』草思社
中里至正・松井洋（1997）『異質な日本の若者たち―世界の中高生の思いやり意識』ブレーン出版
中里至正・松井 洋（1999）『日本の若者の弱点』毎日新聞社
中里至正・松井 洋（2003）『日本の親の弱点』毎日新聞社
高木 修（1998）『セレクション社会心理学7 人を助ける心―援助行動の社会心理学』サイエンス社
松井 豊・浦 光博編（1998）『対人行動学研究シリーズ7 人を支える心の科学』誠信書房
加藤隆勝・高木秀明（1980）「青年期における情動的共感性の特質」筑波大学心理学研究、2、pp. 33-42

Chapter 9

人との関わり方

【基礎知識】

　人と人が関わるには、コミュニケーション（communication）が不可欠である。つまり、人は自分の意志や考えを何らかの方法で伝えることによって、人と関わり深い人間関係を形成することも可能となる。その形態は様々であるが、唐沢 穣（2010）によればコミュニケーションは共同作業である。自分の考えを言葉にするだけでそれが伝達できるわけではない。送り手は、持っている知識などを考慮に入れて受け手の理解の過程を予測し、受け手も送り手の意図を読み返すということが相互に行われているのである。

　【基礎知識】では、コミュニケーションを通して人との関わりを紐解いていくために知っておくべき知識として、様々な種類のコミュニケーションおよびその機能を見ていくことにする。

Ⅰ　コミュニケーションの種類と機能

1 コミュニケーションの種類

　一口にコミュニケーションといっても、様々な視点からその種類を分けることが可能である。ここでは、言語か非言語かによる分類、コミュニケーションの意図・目的による分類、チャネルの特性による分類を見ていく。

1) **言語か非言語かによる分類**

コミュニケーションは言葉を使ったものとそうでないものに大別できる。言語を用いたものを言語的コミュニケーション（verbal communication）というが、これは音声を用いたものと文字を用いたものにさらに分けることができる。

言語以外のものを用いる場合を非言語的コミュニケーション（nonverbal communication）というが、これは多岐にわたり動作、表情、姿勢、対人距離などを指し、服装や装飾品あるいは香水といったものも時に自己のこだわりなどを他者に伝えるという意味で非言語的コミュニケーションに含めることも可能だ。また、音声の大きさや速度といった話し方や、文字の大きさや形といった言語に付随する非言語的側面はパラ言語といわれ、非言語的コミュニケーションの1つに数えられる。

2) **コミュニケーションの意図・目的による分類**

何らかの目的達成のために行うコミュニケーションを道具的コミュニケーション（instrumental communication）という。たとえば、ファミリーレストランでステーキを食べたい時に音声言語を用いて注文するような場合である。

これに対して、話すこと自体が楽しいとか、あるいは喜びや悲しみといった感情の表出など、コミュニケーションを行うこと自体が目的となる場合、これを自己完結的コミュニケーション（consumatory communication）という。

3) **チャネルの特徴による類型**

最後にコミュニケーションに関する文献に比較的よく引用されている、竹内郁郎（1973）によるチャネルの特徴によるコミュニケーションの分類を紹介する。

竹内は、表9-1に示すように、チャネルがパーソナルか媒介的か、公的か私的か、直流的か交流的かを組み合わせてコミュニケーションを8つに分類している。パーソナルとは人間の肉体そのものが言葉や記号の搬送体となる場合であり、媒介的とは遠隔地に言葉や記号を到達させるために搬送媒体を必要とする場合をいう。公的とは制度的なものと一般的に認められている場

表9-1 チャネルの特徴によるコミュニケーションの分類 (竹内、1973)

チャネルの特徴	コミュニケーションの事例
パーソナル・公的・直流的	上司による部下への指示・命令の口頭伝達
パーソナル・公的・交流的	委員会における討議
パーソナル・私的・直流的	流言の伝播、旅行体験談、高齢者のむかし話
パーソナル・私的・交流的	サークル企画の相談、共通体験の想い出話
媒介的・公的・直流的	マス・コミュニケーション、指示・命令の文書伝達
媒介的・公的・交流的	外交文書、取引契約書
媒介的・私的・直流的	諜報活動報告書
媒介的・私的・交流的	電話による打ち合わせ、ミニ・コミ、同人誌

合を、私的とは制度的なものとは認められていない場合を意味する。そして、直流的とは一方が独占的にメッセージの伝達機会を持つ場合であり、交流的とは比較的均等にメッセージの交換が行われる場合である。

2 コミュニケーションの機能

　基本的にコミュニケーションの機能とは、情報のやりとりである。この情報のやりとりが、いろいろな影響を生むことになる。深田博己 (1999) は、コミュニケーションがもたらす効果を3つに分類している。それは「コミュニケーションによる人間形成」、「コミュニケーションによる社会的影響」、「コミュニケーションによる適応改善」である。

　コミュニケーションは、乳児における愛着や言語の発達を促進し、また幼児における仲間との関わりを促し、また学習への動機づけを高める機能を持つのである (「コミュニケーションによる人間形成」)。また、本著でも述べられている説得、自己開示や自己呈示といったコミュニケーションは、対人的に大きな影響力を発揮する (「コミュニケーションによる社会的影響」)。さらに、ソーシャルサポートや心理療法の場面におけるコミュニケーションが、ストレスなどを緩和するという機能を持つのである (「コミュニケーションによる適応改善」)。

このように、コミュニケーションが持つ効果は広範囲にわたるものであり、人間の社会活動の最も基本をなすものといえる。

II 非言語的コミュニケーション

「I」のコミュニケーションの種類でも触れた非言語的コミュニケーションについてもう少し詳しく取り上げてみよう。

和田 実（1990）は、非言語的コミュニケーションを対人距離、身体の動き、表情、視線、接触、パラ言語、嗅覚作用、人工物（服装など）の8つに分けている。

ここでは、視線、接触、パラ言語を俎上に載せてみよう。

1 視　　線

相手と自分の視線が合うことをアイコンタクトというが、われわれが視線を合わせたり反らしたりすることにはどのような機能があるのだろうか。アーガイルとディーン（M. Argyle & J. Dean, 1965）は視線の機能を次のようにまとめている。

1つ目は、認知機能である。相手の目を見ることで、関心があることを示すことができる。また、アイコンタクトの際にいかなる目つきをするかによって、相手に対して受容の姿勢を示したり拒否の姿勢を示すことができる。2つ目は、情報探索機能であり、相手が自分の考えに対してどのような受け止め方をしているのかを把握するために相手の目を手がかりにすることである。3つ目は、感情表現機能である。われわれは内なる感情を目を通して表現する。4つ目は、会話調節機能である。相手に発言を促す時には相手を見つめたり、発言を遮られたくない時には目を反らすなどが知られている。

一般的に、相手に視線を送ることは好意の表れを意味し、相手からの好意を引き出すことができる。しかし、見つめれば見つめるほどよいというわけではなく、適度な視線であることが必要である。たとえば、自分が話す時よ

り相手が話す時に視線を送ることがよい印象を与える。また、視線は相手との関係性の調整にも用いられる。アーガイルとディーンは、親密性が変わっていないなら、対人距離がいままでより狭まった時には視線を減らすことで相手との親密性を維持することを実験的に検証している。さらに、上記のように目つきという単に視線だけではなく、表情も相まって好意に影響を与えるのである。

2 接　　触

　触れることは、親密さの表現である。たとえば、握手や抱擁がこれに当たる。しかしながら、身体の中で触れてもかまわないところもあれば、触れてはいけないところもある。また、触れてもよいからだの場所は文化により異なる。たとえば、タイランドでは子どもの頭をなでることはタブーである。接触量についても文化の影響が見られる。身体接触の日米比較では、明らかにアメリカの方が対人接触が多い。

3 パラ言語

　「Ⅰ」で紹介したパラ言語のうち、ここでは音声言語に関わるパラ言語についてもう少し詳しく述べる。パラ言語には、音声の大きさや速度に加えて声の調子、しゃべる長さや、沈黙も含まれ、話の意味内容を補完するなどの機能を持つ。

　パラ言語が重要である理由は次のような例から理解されるであろう。たとえば、声の調子について述べれば、「ごめんなさい」という言葉をかん高い調子でいわれても、相手を許す気持ちにはならないだろう。その相手も、そのような調子で謝ることで、本当は謝る気などないことをあなたに伝えているのかもしれない。

　パラ言語の重要性は、印象形成の研究などでも検証されてきたことである。

4 ノンバーバル・スキル

われわれは、非言語的コミュニケーションによって人に自己の意志を伝えなければならないこともあれば（ノンバーバル表出性）、非言語的なコミュニケーションから考えていることを他者に読まれないようにしなければならいこともある（ノンバーバル統制）。また、相手の非言語的コミュニケーションから相手が伝えたいことを読み解く必要がある（ノンバーバル感受性）。

これらの能力を測定するものが、表9-2に示した和田（1992）が開発した

表9-2　ノンバーバル・スキル尺度（和田、1992）

以下に10の質問がありますが、それぞれの問に対して、自分にもっともあてはまると思うところに○印をつけて下さい。

1. 私ほど敏感に人の何気ない行動の意味を理解できる人は誰もいない
2. たとえ隠そうとしても、私の本当の感情（気持ち）はいつも人に読まれてしまう
3. 私が悲しんでいるのか、喜んでいるのかは、私の表情から誰でも容易に分かる
4. 他人同士の会話のやりとりを見て、その人たちの性格をいつも間違えることなく話すことができる
5. 私は、嘘をつく時、必ず表情やからだの動きがぎこちなくなってしまう
6. 私は、自分の感情（気持ち）を表情やしぐさにそのまま素直に表すことができない
7. 誰でも私に本当の気持ちを隠すことは、ほとんど不可能である（私はいつも分かる）
8. やろうと思えば、私は幸せなふりも、悲しいふりも簡単にできる
9. たいてい私はあいまいな、どっちつかずの表情をしている
10. 初めて会った時でさえ、私はその人の性格特徴を正しく判断することができる

あてはまる＝5、ややあてはまる＝4、どちらともいえない＝3、ややあてはまらない＝2、あてはまらない＝1

番号2、5、6、9は逆転項目で、あてはまる＝1、ややあてはまる＝2、どちらともいえない＝3、ややあてはまらない＝4、あてはまらない＝5

ノンバーバル感受性を測定する項目：1、4、7、10
ノンバーバル統制を測定する項目：2、5、8
ノンバーバル表出性を測定する項目：3、6、9

注）教示文は植村勝彦（2000）から引用。

ノンバーバル・スキル尺度である。各下位尺度の1項目当たりの平均値（標準偏差）は、次の通りである。ノンバーバル感受性に関しては大学生男子では2.69（0.82）、大学生女子では2.74（0.74）、ノンバーバル統制に関しては大学生男子では3.10（0.95）で大学生女子では2.87（0.85）、ノンバーバル表出性に関しては大学生男子では3.12（0.89）で大学生女子では3.41（0.90）である。

【研究の展開】

【研究の展開】では、人との関わりを維持するためのコミュニケーション技術であるソーシャルスキルと、人との関わりの中で人に対して要請を行い承諾を得るためのコミュニケーションの方法について示す。

I　対人関係の維持とソーシャルスキル

われわれは、様々な場面で人と出会い関係を形成するが、その関係性を維持するためには、それなりの技術が必要だ。人付き合いのために必要なコミュニケーションの技術をソーシャルスキルという。このソーシャルスキルに対しても様々な研究者がそれぞれ概念的な定義を行っている。相川　充（2000）はそれらを整理し直して、ソーシャルスキルを「対人場面において、個人が相手の反応を解読し、それに応じて対人目標と対人反応を決定し、感情を統制した上で対人反応を実行するまでの循環的な過程」とし、人の話を聴くスキル、自分を主張するスキル、対人葛藤に対処するスキルに分けて論じている。ここから、ソーシャルスキルが、1つの技術ではなく、話を聴くこと、感情の統制や自己主張をするなど、様々な技術を指していることが理解できる。

ここでは、それほどトレーニングが必要でなく、心がけることで実践可能

な人の話を聴くスキルについて、相川に従って簡略にまとめてみる。続けてソーシャルスキルの測定尺度と、社会的スキルの類似概念ともいえるセルフモニタリング尺度の紹介を行う。

1 人の話を聴くスキル

　この技術が必要なのは、聴くことが情報収集につながるからである。相手が何を考え、どうして欲しいのかを理解するためには、聴くことが必要である。また、適切な態度で聴くという行為は、相手に報酬すなわち心地よさを与えることにもなる。聴くということは、相手の存在を認め、注目していることを示し、相手の心の中に安心や自尊心をもたらす。それでは、人の話を聴くスキルとはいかなるものであろうか。以下に３つに分けて記す。

1) 受容的な態度

　まず、必要なのは相手の話を聴く態度として、非受容的な構えを持たないで聴くことである。相手が自分に対して攻撃的なのではないか、相手を論破してやろうなどと考えると、話しの内容の意図を否定的な方向に歪曲して判断してしまう。

　そして、相手の話を聴いている時には次のことを守るとよい。①相手が話しているのにそれを途中で遮らない。たとえ、あなたがすでに知っている情報と思えても何か新しい情報が飛び出すかもしれない。②一区切りつくまでは話題を変えない。話題を変えられる、あるいは同じ内容の話題でも相手が話し終わっていないのに、聴き手側が自分の話にもっていってしまうことは相手によい印象を与えないであろう。③時間の圧力をかけない。相手をせかしてしまうなら、後で時間をつくって聴くべきである。

2) 開いた質問

　人の話を遮ることなく最後まで聴くことは大切なことだが、だからといってそれはずっと黙っていなければならないことを意味しない。話の合間に何ら言葉を発しなければ会話は成立しない。

　開いた質問とは、相手に話してもらうきっかけになる質問をしたり、話題

と関連のある質問をする時に、「何を」「なぜ」「どのように」などで始める質問である。相手側がいかようにも答えることが可能な質問で、これに対して閉じた質問とはイエスあるいはノーでしか答えようがないものをいう。

開いた質問は、相手の話に興味があり、あなたの思うように話して欲しいという意思表明となる。このような話題に関連した質問は、相手の話を遮らないように注意しながら用いる必要がある。

3) 非言語的コミュニケーションと相づち、反射の使用

「へー」「そうなんやー」などの相づちを打ったり、相手から送られたメッセージを話し手に返す行為である反射を用いることによっても、真剣に話を聴いていることを相手に伝えることができる。反射の例としては、「昨日、あのことで先生に怒られたよ」に対して「怒られたのかぁ」と返すことだが、もう少し高度な用い方としては「注意されちゃったかぁ」と少し言葉を変えたり、相手が話した内容を要約して反射する方法がある。

これらの相づちや反射を用いる時には、非言語的コミュニケーションを合わせて用いることが効果的である。うなずく時には、首を動かしたり、話の内容に合わせて表情をつくることも大事である。

2 ソーシャルスキルの測定

ソーシャルスキルを測定する尺度として、表9-3に菊池章夫（1988）のKiss-18（Kikuchi's Social Skill Scale・18項目版）を紹介する。この尺度は、考えていることをうまく相手に伝えたり、対人葛藤をうまく処理したり、間接的な表現となっているが話を聴く技術など、包括的にソーシャルスキルを測定できる尺度である。Kiss-18の合計得点の平均値（標準編差）は、大学生男子で56.40（9.64）、大学生女子では58.35（9.02）である（菊池、1988）。

3 セルフ・モニタリング

ソーシャルスキルに類似した概念、あるいはソーシャルスキルの一部ともいえる概念としてシュナイダー（M. Snyder, 1974）が提唱したセルフ・モニ

表9-3　Kiss-18（Kikuchi's Social Skill Scale・18項目版）（菊池、1988）

以下の文章を読んで、自分にどれだけ当てはまるか答えて下さい。

1．他人と話していて、あまり会話が途切れないほうですか
2．他人にやってもらいたいことを、うまく指示することができますか
3．他人を助けることを、上手にやれますか
4．相手が怒っている時に、うまくなだめることができますか
5．知らない人とでも、すぐに会話が始められますか
6．まわりの人たちとの間でトラブルが起きてもそれを上手に処理できますか
7．こわさや恐ろしさを感じたときに、それをうまく処理できますか
8．気まずいことがあった相手と、上手に和解できますか
9．仕事をするときに、何をどうやったらよいか決められますか
10．他人が話しているところに、気楽に参加できますか
11．相手から非難されたときにも、それをうまく片付けることができますか
12．仕事の上で、どこに問題があるかすぐに見つけることができますか
13．自分の感情や気持ちを、素直に表現できますか
14．あちこちから矛盾した話が伝わってきても、うまく処理できますか
15．初対面の人に、自己紹介が上手にできますか
16．何か失敗したときに、すぐに謝ることができますか
17．まわりの人たちが自分とは違った考えを持っていても、うまくやっていけますか
18．仕事の目標を立てるのに、あまり困難を感じないほうですか

いつもそうだ＝5、たいていそうだ＝4、どちらともいえない＝3、たいていそうでない＝2、いつもそうでない＝1

注）教示文は今野裕之（2001）から引用。

タリング（self monitoring）という概念がある。セルフ・モニタリングは、自己の行動がその状況において適切なのかを自己観察し、自己の行動を修正し統制しようとする意図、あるいはその能力と定義することができる。セルフ・モニタリング傾向の高い人は、対人関係において適切な行動を行うことができると考えられている。

表9-4には、セルフ・モニタリング傾向を測定するシュナイダーのセルフ・モニタリング尺度の日本語版である岩淵千明ら（1982）による尺度を紹介する。桑原尚史ら（2002）によれば、大学生におけるセルフ・モニタリング尺度の合計得点の平均値は、76.75であり、標準編差は11.00である。

表9-4　セルフ・モニタリング尺度（岩淵ら、1982）

以下にいくつかの質問がありますが、自分に最もあてはまると思うところに○印をつけて下さい。

1. 人の行動をまねるのは苦手だ
2. 自分の気持ちや、考え・信じていることを、行動にそのまま表す
3. パーティや集まりで、他の人が気に入るようなことを、言ったりしたりしようとはしない
4. 確信をもっていることしか主張できない
5. あまり詳しく知らないトピックスでも、即興のスピーチができる
6. 自分を印象付けたり、他の人を楽しませようとして、演技することがある
7. いろんな場面でどう振るまっていいかわからないとき、他の人の行動を見てヒントにする
8. たぶん、よい役者になれるだろうと思う
9. 映画や本・音楽などを選ぶとき、友人のアドバイスをめったに必要としない
10. 実際以上に感動しているかのように振るまうことがある
11. 喜劇を見ているとき、1人より皆と一緒の方がよく笑う
12. グループの中で、めったに注目の的にならない
13. 状況や相手が異なれば、自分も違うように振るまうことがよくある
14. 他の人に、自分に好意を持たせるのが、特別上手なほうではない
15. 本当は楽しくなくても、楽しそうに振るまうことがよくある
16. 私は、常に見かけのままの人間というわけではない
17. 人を喜ばせたり、人に気に入ってもらおうとして、自分の意見や振るまい方を変えたりしない
18. 自分は、エンターティナーであると思ったことがある
19. 仲良くやっていったり、好かれたりするために、他の人が自分に望んでいることをするほうだ
20. これまでに、ジェスチャーや即興の芝居のようなゲームで、うまくできたためしがない
21. いろいろな人や状況に合わせて、自分の行動を変えていくのは苦手だ
22. パーティでは、冗談をいったり、話したりするのは、他の人に任せて、自分は黙っている方だ
23. 人前ではきまりが悪くて思うように自分を出せない
24. よかれと思えば、相手の目を見て、真面目な顔をしながら、うそをつくことができる
25. 本当はきらいな相手でも表面的にはうまく付き合っていける

非常にそう思う＝5から、全くそう思わない＝1まで

番号1、2、3、4、9、12、14、17、20、21、22、23は逆転項目で、非常にそう思う＝1から、全くそう思わない＝5まで

注）教示文は菅原健介（2001）から引用。

II　要請技法

　承諾を得るために用いられるコミュニケーションのうち、本当は望んでいない要請を行った後に本来承諾してもらいたい要請を行うことによって、承諾確率を高めようとする4種類の要請技法を紹介する。

　要請技法は、技法として意識していなくても用いていることもあり、これを用いること自体を狡猾であるとは必ずしもいえないだろう。しかし、たとえば悪質商法の業者がこれを用い、その効果によって消費者が商品を購入し、後にしまったと考えるようなら憂慮すべき問題だろう。

　また、悪質業者とはいえなくても、セールスマンが心得ていることも一般的であり、セールスマンに悪いとかお礼をしなければと思うことがあれば、それは相手の思うつぼかもしれない。さらに、このような技法はセールスの場面に限ったものではないので、それらの効果性を認識していないと、相手のいうがままになりかねず、相手にいいようにされてしまうかもしれない。

　以下に紹介する要請技法については、これまでも川名好裕（1989）によって、効果が生じる原因やビジネス的要請と公益的要請との違いについての詳細な検討が行われている。その後も、深田博己（1998）や今井芳昭（2006）らによって詳細に研究がまとめられてきた。ここでは、4つの要請技法とその効果が生じる原因として議論されてきたもののいくつかを述べることとする。

1 Door in the face technique（譲歩要請法）

　これは、断られることを承知で目的の要請より承諾しにくい要請をし、要請の受け手が拒絶したら次に本来の目的とする要請を行うという技法である。たとえば、100万円の化粧品セットを買いませんかと持ちかけ、それが断られたら、それなら10万円のものならどうでしょうかと売り込むような場合である。

　Door in the face とは、slam the door in the face という慣用句からきてい

る。直訳すれば、「顔の前でドアをピシャリとしめる」となり、日本語の慣用句で「門前払い」を意味する。

　日本語では譲歩要請法などといわれることが多いが、この要請法が効果を持つ理由の有力な説に由来する。それは、譲歩する相手には譲歩しないといけないという規範をわれわれが有しているというものだ。これを譲歩の返報性という。このような規範は、直接あるいは間接的に学習したものと思われる。たとえばこのような規範をあなたの母親が有しているのは、彼女が学生時代に何か頼み事を友人から受けたがそれを断り、それに対してその友人は、これだけはお願いと譲歩した要請を行った。彼女はそれも拒絶したところ、その友人との関係がぎくしゃくしたものとなったのかもしれない。あるいは、そのような状況を2人の友人の関係から見て取ったのかもしれない。もう1つの説は、引き受けにくい要請であってもそれを断ったことによる罪悪感を、より引き受けやすい目的の要請を承諾することによって解消しようとしたというものである。

　これらの説から考えて、初めに無茶な要請をしすぎると相手は完全に拒絶モードになってしまい、そうなれば罪悪感も生じないだろうし、規範も何の意味も持たないかもしれない。

2 Foot in the door technique（段階要請法）

　これは、要請者が承諾してほしい目的とする要請より承諾しやすい要請をし、それに対する承諾を得たら次に本来目的としている要請を行うものである。あるいは、この要請法を用いる時は2段階ではなく、徐々に引き受けにくい要請に向かって何段階にも分けて本来の目的の要請に近づけていくことも多い。たとえば、家の塀に「川を美しく」と書かれた大きな看板を付けてもらうという要請を何とか承諾してもらいたい場合を考えてみよう。その場合、まず同じく「川を美しく」と書かれた小さなポスターを貼らせてほしいと頼んでみるといい。他の例として、恐喝事件に巻き込まれたような場合も陥りがちな状況だが、恐喝犯がまずは差し出しやすい金額を提示し、それを

せしめたらさらに高額の金額を要求してくるのをドラマなどで見たことがあるだろう。

Foot in the door は、セールスマンが、「片足を玄関のドアに差し入れることができればしめたもの」が由来である。お金を出すという要請に対して、ドアを開けて話を聞くだけであれば、コストは少ないと考えるかもしれないが、それだけでお引き取り願えることは少ないかもしれない。

段階要請法は、ここで取り上げた4つの要請技法の中で、最も歴史が古くフリードマンとフレイザー（J. L. Freedman & S. C. Fraser, 1966）によって見出された技法である。その後も多くの研究者によって、効果が見出されやすい条件や効果が生じる原因の究明が行われてきた。効果の原因の説明として有力なものの1つは、自己知覚理論からの説明である。この理論を簡潔に説明するならば、「特定の対象に対する態度は、その対象に対して表に出した自分の行動（とその時の状況）を手がかりにして推論する」となる。われわれは、第三者として他者の行動について観察したものを手がかりにその人の心を推論するのと同じように、自分自身の心についても、自分自身の行動をあたかも第三者のように観察して推察するのである。承諾しやすい要請を承諾する自分を観察して、自分はそのような要請には応える優しい人間なんだ、上の例では自分は川を美しくすることに積極的な人間なんだと思うようになると説明するのである。

このような説明以外にも、人間は「認知と認知との間の矛盾を嫌う」、「過去の行動との一貫性を維持したい」ということからも説明される。引き受けやすい要請を承諾したことと、それの延長線上にある承諾しにくい要請を拒絶することとは、矛盾がある、一貫性がないと考える人もいるかもしれない。矛盾を生じさせないためには、その引き受けにくい要請を受け入れなければならない。

3 Low ball technique（承諾先取り要請法）

この要請技法は、好条件を伴う要請をしておいて、受け手がその要請を承

諾したら、何らかの理由をつけてその好条件を取り去ってしまうという方法である。嘘でも好条件をとにかく多く設定し、先に承諾を取ってしまえば、好条件を取り去ってもいったん行った承諾を引くことをしない人が多いことからこの技法が成立する。たとえば、これを買ってくれれば、これもあれもサービスでつけましょうなどといわれて購入を承諾すると、上役ともう一度確認してみますといって席を外し、戻ってきてこれはつけられるがあれは私の勘違いでつけることができないといわれる場合である。

　Low ball、つまり低いボールであり、高すぎるボールを投げられると取ることはできないが、低いボールならキャッチしやすい。なお、段階要請法との違いは、要請に付随する条件を操作していることだ。たとえば、ボートを売りたい時、承諾先取り要請法では、第一要請でも第二要請でも特定のボートを買ってほしいとの要請は変わらず、その時の条件が異なるだけである。それに対して段階要請法の場合は、10万円の商品を売り、次に100万円の商品を売ろうとする時のその商品は別物であり、上で例示したポスターと看板もあくまでも別物であり、条件の変化ではなく要請内容の変化として捉えることができる。

　承諾先取り要請法の効果の説明原理は、1度目と2度目の要請者が代わると効果が非常に小さくなることから、いったん喜ばせた要請者への義務感からと理解されている。

　ところで、この技法をさらに巧妙にした例としては、本当はオプションでつけ足さなければならないものが多いのにそれについては触れず、とにかく安い金額を提示して好条件だと思わせて買うという承諾を得たところで、このオプションはいらないのですかと持ちかけるのである。その商品についてあまり知識のない人には特に効果的となってしまうので、それが高価なものである場合は特に注意が必要であり、知識の豊富な人の助言を得ることが必要であろう。もちろん最初の好条件が最初から嘘なら、倫理的な問題も含んでいる。

4 That's not all technique（特典付加要請法）

　これは、好条件を伴わない要請をまずして、それが完全に拒絶されてしまわないうちに、好条件をつけ加えて再び要請するという方法である。もっと好条件にできなくもないが、わざと最初の要請ではそうしないのである。たとえば、この商品をこの金額でと提示して相手に「この商品ならこれくらいの金額でも別段安いわけではない」と思わせるが、そっぽを向かれて立ち去られてしまう前に、それじゃあこれも付けましょうといろいろな商品をつけ加えて好条件を伴う要請に見せるのである。

　That's not all、つまり、「これがすべてではありませんよ」といっていろいろつけ足していくのである。あるいは、値引きをしましょうと持ちかけることも、好条件のつけ加えといえる。

　なお、譲歩要請法との違いは、ここでも要請に付随する条件を操作していることである。たとえば、キュウリを売りたい時、第一要請でも第二要請でもキュウリを買ってほしいとの要請は変わらず、その時の条件が異なるだけである（たとえば、トマトも1個つける。値引きをする）。それに対して、譲歩要請法の場合は、100万円の商品と10万円の商品はあくまで別物であり、条件の変化ではなく、要請内容の変化として捉えることができる。

　この技法が効果を持つ理由としては、当初よりいろいろつけ加えられるので単純に「得だ」と思うことができることだ。また、好条件の設定に対するお礼として承諾するということも考えられる（返報性の原理）。特に対面的なコミュニケーションの場面であり、私だけに特別にしてくれたことだと考えてしまう状況ではこの説明も有力なものとなる。

参考・引用文献

Argyle, M. & Dean, J. (1965) Eye contact, distance and affiliation. *Sociometry*, 28, pp. 287-304.
相川 充（2000）『人づきあいの技術―社会的スキルの心理学―』サイエンス社
Freedman, J. L. & Fraser, S. C. (1966) Compliance without pressure:The foot-in-the-

door technique. *Journal of Personality and Social Psychology*, 4, pp. 195-202.

深田博己（1999）「コミュニケーション心理学の構築に向けて」深田博己編『コミュニケーション心理学』北大路書房、pp. 2-17

深田博己（1998）『インターパーソナルコミュニケーション』北大路書房

今井芳昭（2006）『依頼と説得の心理学―人は他者にどう影響を与えるか―』サイエンス社

岩淵千明・田中國夫・中里浩明（1982）「セルフ・モニタリング尺度に関する研究」心理学研究、53、pp. 54-57.

唐沢 穣（2010）「コミュニケーション」池田謙一・唐沢 穣・工藤恵理子・村本由紀子著『社会心理学』有斐閣、pp. 223-241.

今野裕之（2001）「KiSS-18」堀 洋道監修『心理測定尺度集Ⅱ』サイエンス社、pp. 170-174.

川名好裕（1989）「要請技法と承諾反応」大坊郁夫・安藤清志・池田謙一編『社会心理学パースペクティブ1―個人から他者へ―』誠信書房

菊池章夫（1988）『思いやりを科学する』川島書店

桑原尚史・西迫成一郎・森上幸夫（2002）「自己意識、セルフモニタリング、共感性、統制感、公正感が適切さの基準および問題解決空間に及ぼす効果」関西大学総合情報学部紀要情報研究、16、pp. 1-25.

Snyder, M.（1974）Self-monitoring of expressive behavior. *Journal of Personality and Social Psychology*, 30, pp. 526-537.

菅原健介（2001）「自己開示・自己提示」堀 洋道監修『心理測定尺度集Ⅰ』サイエンス社、pp. 255-279.

竹内郁郎（1973）「社会過程とコミュニケーション」内川芳美・岡部慶三・竹内郁郎・辻村 明編『講座現代の社会とコミュニケーション1 基礎理論』東京大学出版会、pp. 105-138.

植村勝彦（2000）「言葉によらないコミュニケーション」植村勝彦・松本青也・藤井正志著『コミュニケーション学入門―心理・言語・ビジネス―』ナカニシヤ出版

和田 実（1990）「ノンバーバルコミュニケーション」原岡一馬編『人間とコミュニケーション』ナカニシヤ出版、pp. 57-67.

和田 実（1992）「ノンバーバルスキルおよびソーシャルスキル尺度の改訂」東京学芸大学紀要（第1部門）、43、pp. 123-136.

Chapter 10

集団とリーダーシップ

【基礎知識】

I 集　　団

1 集団とは

　われわれは、一生のうちに様々な集団に所属することになる。最も身近な集団は、家族という集団であろう。学校に通えば学級集団やクラブに所属し、アルバイトや就職をすることで職場という集団に所属することとなる。ボランティア団体や趣味のサークルといった集団に所属することもあろう。

　われわれが集団を形成するのは多くのメリットがあると考えるからである。たとえば、個人では不可能なことを達成し多くの報酬を得ることができること、共同や分業によってより効率的に課題を達成できること、個人でいることによる不安を低減し、親和欲求を充足させることができることなどが挙げられる。

　それでは、集団とはいったいどのようなものであろうか。当たり前ではあるが、集団というからには2人以上の集まりであることが最低条件である。それでは、通勤や通学のためにある時間ある駅のホームに集まった人々を集団と捉えるであろうか。一般的にいって、このような人々を集団とは呼ばない。なぜなら、この人々は別々に違うことを考え、別々のことをしているからである。このことから集団には、共通の目標と目標達成に向けた共同作業

が必要であることがわかる。人々はこの共通の目標によって束ねられており、その目標を持たない人々との心理的な境界をつくり、その境界の内側で「われわれ意識」を共有するようになる。また、目標達成に向けた共同作業を通じて、自分にとっての正の報酬（心理的であったり、経済的であったりする）を受け、その集団に所属し続けることとなる。集団としてのまとまりや結束力のことを「集団凝集性（group cohesiveness）」というが、この「われわれ意識」の高さ、目標の共有度合いの高さ、心理的な正の報酬の多さが、集団凝集性の高さとなる。

また、集団が成立して時間が経つことにより、集団活動についての価値基準のようなものが自然と出来上がる。これを「集団規範（group norm）」という。集団規範は集団内の人々に対する強制力となり、その考えや行動を統制する。たとえば、集団内の多くの人が同じような服装や言葉遣いをするなど、集団規範は、多くのことに強く影響する。集団規範は、規則のように文章になっているわけではないが、集団内の人々が暗黙のうちに従うものであり、これに外れた行動をとる人は、「浮いている人」などと呼ばれ、集団内で違和感を持って見られる存在となる。

集団を捉える時の観点として、集団凝集性と集団規範は特に重要な点である。集団凝集性はその高さがどの程度なのかが重要である。集団規範はその内容が、特に集団活動に大きな影響を及ぼしている規範は何かが重要になってくる。

2 集団活動の効果性

われわれが集団を形成する理由の１つに、個人よりも集団で物事を行ったほうが効率や結果がよいであろうという期待がある。たとえば、次の４つの約束、①特定の観点・立場にこだわらず自由なアイディアを出す、②できるだけ多くのアイディアを出す、③提出されたアイディアの組み合わせと改善を試みる、④提出されたアイディアの批判や評価をしない、を守りながらなされる「ブレーン・ストーミング（brain storming）」は、同数の個人が行うよ

りも多くのアイディアが生み出されるとされている。

しかし、個人のほうが集団よりも優れており、集団活動への参加は創造的思考を抑制してしまうという研究報告もある。

ダネット（M. E. Dunnette）は以下のような実験を行った。

被験者は、米国の大手電子製造会社に勤務する48名の研究者と、48名の広告担当スタッフであった。この2つの職種が選択されたのは、集団活動は研究者には抑制的であるが、広告スタッフには促進的であろうという仮説を検証するためであった。被験者は4名のグループに分けられた。その際、1つのグループ内には、意図的にお互い仕事仲間で気心の知れた同地位の人同士で構成され、集団活動の円滑化が図られた。

実験の課題には以下の4種の問題が用意された。

① 親指問題：小指の外側に親指がもう1本生えてきたとする。都合のよい点と悪い点を考える。
② 教育問題：統計によると今後、学校教育で教師が大幅に不足してくる。それへの効果的な対応策を考える。
③ 人間問題：栄養学の研究知見では、将来子どもの身長、体重の伸びは顕著であろうと予測する。しかし実際にはこの5年間の身長の伸びは止まっている。このギャップにどう対処すればよいか。
④ 旅行問題：欧州人旅行者をできるだけ多く米国に呼び寄せるためにどのような案を提言するか。

予備実験の結果、被験者の反応（アイディア）数は親指問題と人間問題ではほぼ等しく（10.7と10.1）、また教育問題と旅行者問題もほぼ等しかった（9.6と9.8）。そこで前者をセット1、後者をセット2と呼ぶことにした。

実験条件は次の通りである。すべての被験者が、個人によるブレーン・ストーミング（15分間）と集団によるブレーン・ストーミング（15分間）を行った。セット1とセット2いずれについても考えた。したがって、実験条件としては各職種ごとに4条件できることになる。

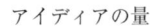

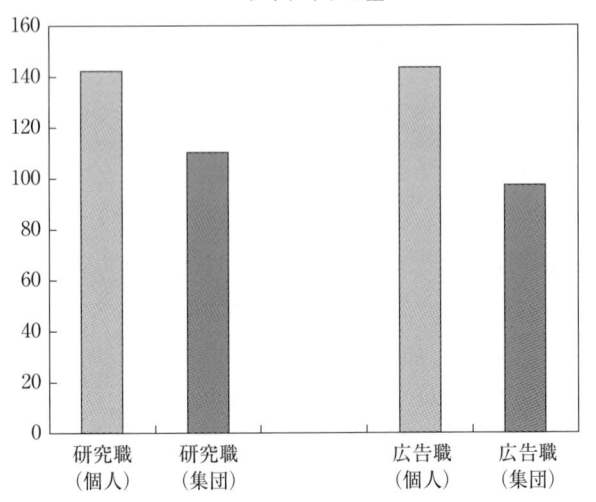

アイディアの量

アイディアの質評定

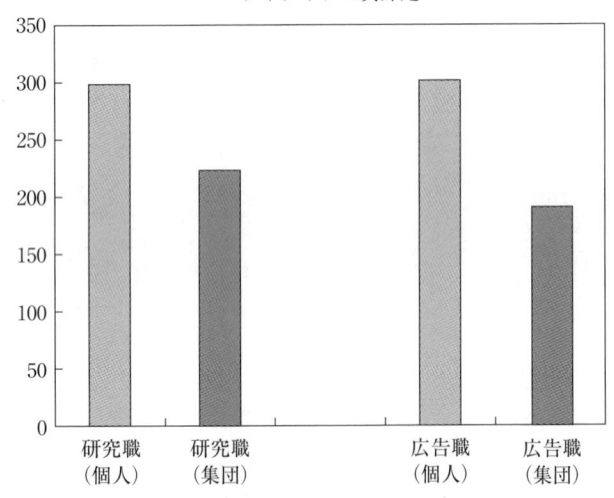

図 10-1　個人と集団の生み出したアイディアの量と質 (齊藤、1987)

①前半に、個人でセット1、後半に、集団でセット2
②前半に、個人でセット2、後半に、集団でセット1
③前半に、集団でセット1、後半に、個人でセット2
④前半に、集団でセット2、後半に、個人でセット1

なお、前述したブレーン・ストーミングの4つの約束はぜひ守るように教示された。

集団活動で交わされた会話の録音テープをもとに、被験者それぞれが出したアイディアを1つずつ1枚のカードに転記し、各実験条件ごとに内容分析が行われた。

アイディアの量の分析では、4人がそれぞれ単独で行ったブレーン・ストーミングによって生み出されたアイディアの合計数と4人集団のブレーン・ストーミングで出てきたアイディア数との比較が、職種ごとに行われた。結果は、研究職と広告スタッフいずれについても一人ひとりが単独で考え、これを合計した場合の方が、集団で議論した場合よりも多くなった。また、アイディアの質も個人単位のほうが優れていた。

この結果は集団によるよりも個人によるブレーン・ストーミングのほうが、質と量いずれの面でも優れていることを示している。アイディアの算出にとって、集団が抑制的に作用することがありうるということである。

なぜこのような現象が生じるのであろうか。

1つの説明としては、ドイツのリンゲルマン（M. Ringelmann）という研究者が発見した社会的手抜き（Social Loafing）が発生したと考えることができるだろう。彼は、1人、2人、3人、あるいは8人で綱を引いてもらい、その力を測定し、1人当たりの引っ張り力を算出した。その結果、1人で綱を引く力を100%とすると、2人集団の場合の1人当たりは1人の時の93%、3人集団の場合は85%、8人集団の場合は49%しか力を出していないことを見出した。

このような現象が発生するメカニズムをラタネ（1979）は「社会的インパクト理論（Social Impact Theory）」によって説明している。集団がある課題

を遂行する時、その集団に対して可能な限り努力するように求める社会的圧力が外部から加えられる。その圧力は集団のメンバー間で分散する性質があり、集団の規模が大きくなるほど個々のメンバーは努力することについてより小さな圧力しか感じないことになる。このため、メンバー各自の努力の度合いは減少してしまい、「手抜き」現象が発生するというものである。

つまり、個々のメンバーが集団の中に埋没してしまうと、手を抜くことがあるということになる。逆に、集団活動の効果性を発揮するためには、個々のメンバーの役割とそれに伴う責任を明確にすることが重要であることが示唆される。

3 集団の意志決定

前項ではアイディアの量や質といった観点から集団活動の効果性について議論したが、われわれが集団で話し合いをする場合、個々のメンバーの意見をまとめて1つの結論を出すということが多く行われる。この項では集団の意思決定に際し、個々のメンバーが持っている意見がどのように集団での決定に反映されていくのかについて検討する。

一般的には、集団での意思決定は、各メンバーの意見の中間的なところに落ち着くのではないかと考えられる。ところが、ストナー（A. F. Stoner, 1961）の実験では、個人よりも集団のほうがよりリスク（危険）を好む方向での意思決定をするという結果を得た。この現象をリスキーシフト（risky shift）現象という。この研究テーマは多くの関心を集め、その後、逆に安全性の高い決定がなされるコーシャスシフト（cautious shift）現象も見出された。

現在では、これらの現象は、集団の議論は個々人の意見をより極端化する働きを持つ集団極化（group polarization）現象として理解されている。

この集団極化現象が起こる原因としては2つ考えられる。1つは、メンバーが討議中に説得的な意見など他者の考えを聞くことにより、自分の意見をより妥当だと思えるものに変化させると考えるものである。もう1つは、他者との比較によるものである。人は自分を望ましいものであると知覚し提示

しようとする。討議中に他者の意見や判断に接して、自分の意見と比較すると自分の意見をより望ましいほうへ変化させようとする。これが集団全体で起こるのでより極端化された意見が集団の意見として決定されるという考えである。

また、集団の意志決定では、「集団思考（group think）」と呼ばれる現象が見られることがある。集団のメンバーが集団全体や他のメンバーからの支持を失うことや、排除されることをおそれると、仲間の間で事を荒立てず、現在の望ましい関係を維持することに関心が向くことになる。そのため集団の目標達成に必要な現実を検討する能力や道徳的判断、さらに知的能率が低下し、有効な問題解決が妨げられることがあるというものである。集団思考はジャニス（I. L. Janis, 1972）によって提唱された概念である。ジャニスは、キューバ侵攻や朝鮮戦争などアメリカ政府の外交政策の誤りを分析し、その原因を集団思考に求めている。

集団思考に陥りやすい集団とは、凝集性の高い集団で、なおかつ集団内のリーダーや有力者への同調をよしとする雰囲気が強くある集団である。集団である以上それなりに結束力や団結力はあったほうがよいのであるが、結束力の強さが悪い方向に作用することもありうることに注意したい。

集団思考を防ぐためにはどうしたらよいであろうか。ジャニスは以下のような指摘をしている。

①リーダーは批判的な評価者としての役割をとり、メンバーが反対意見や疑問点を出すように鼓舞しなければならない。
②リーダーは最初から自分の好みや希望を述べて、偏った立場にあることを明らかにしてはならない。
③複数の集団に同じ問題について議論させる。

これまで見てきたように集団の活動にはいくつか注意をすべき点がある。皆で考えたのだから何でもよしとするのではなく、いろいろな個性を持った人間が一緒に活動するのであるからこそ難しい点があると考えたほうがよいのかもしれない。だからといって集団活動なくしては社会は成り立つもので

はないし、また1人の人間だけでできる以上のことが集団によってできることも事実である。集団と個人、両者の利点と欠点を踏まえた上でうまく活用することが重要なことであろう。

II　リーダーとリーダーシップ

　集団がその目標を効率よく達成するために、集団内の人々はそれぞれ役割を担うことになる。これを分業という。集団の活動はこの分業と共同作業を適宜使い分けることによって効率的に行われる。分業と共同作業をうまく使い分けるには、調整したり、意思決定をしたりする人が必要になる。この人が集団のリーダー（leader）である。言い換えると、集団の目標達成のために、集団や集団内の人々に対して最も影響力のある人である。また、集団や集団内の人々に対して影響を及ぼすプロセスのことをリーダーシップ（leadership）という。

　初期のリーダーシップ研究では、このリーダーに焦点を当てて、リーダーになる人は他の人にはない優れた特徴を持っているのではないかと考えられた。たとえば、身長・体重、容姿、知能、性格、社会経済的地位などの個人的な属性とリーダーシップとの関連が研究された。しかし、そこには一貫した結果が認められなかった。そこで、リーダーという人に焦点を当てるのではなく、リーダーの行動様式（リーダーシップ・スタイル）に研究の焦点が移っていくこととなった。

1 リーダーシップ・スタイルの3タイプ

　リーダーシップ・スタイルの研究では、レヴィン（K. Lewin）とその指導の下に研究を行ったホワイトとリピット（R. White & R. Lippitt, 1960）による、リーダーシップ・スタイルの3タイプがよく知られている。

　レヴィンらは、リーダーの指導スタイルとして、「専制的リーダー」「民主的リーダー」「放任的リーダー」の3つを設定し、集団活動の様子とその作

業量および質の観察を行った。専制的リーダーとは、活動方針の決定をリーダー自ら行い、活動中にはリーダー自ら1つずつメンバーに対して指示していくタイプである。民主的リーダーとは、集団討議や集団決定を重んじ、メンバーを激励し、集団活動の全体の様子がメンバーにわかるようにするタイプである。放任的リーダーとは、メンバーの自由に任せ、仕事の進行に積極的に関与することがないタイプである。

そして、専制的リーダーの下では、作業量は多いが、メンバーの作業意欲が乏しい、民主的リーダーの下では、能率的で、メンバーの動機づけが強く集団の雰囲気もよい、放任的リーダーの下では、非能率的で、メンバーの意欲が低い、という結果を得た。つまり、集団活動に関して、メンバー全員が積極的に参画している状態をつくることが重要であることがわかった。

2 PM理論

リーダーシップの研究においては、三隅二不二（1978）のPM理論やブレイクとムートン（R. R. Blake & J. S. Mouton）のマネジリアル・グリットのような2次元によるリーダーシップ・スタイルの類型化が、大きな成果を上げてきた。ここでは、その研究が主としてわが国で行われてきた三隅のPM理論を取り上げる。

三隅のPM理論は、カートライト（D. Cartright）のいう集団の2つの機能である、「課題達成機能」と「集団維持機能」の考え方をリーダーシップの機能として考え、この2つの機能をリーダーがどの程度適切に果たしているかによってリーダーのタイプを類型化しようとしたものである。

このリーダーシップ・スタイルの類型化は、課題達成機能を遂行する行動（Performance；P行動）と集団維持機能を遂行する行動（Maintenance；M行動）を、どの程度のバランスでリーダーが行っているのかという点からなされる。測定方法は、自己評定法、部下評定法、上司評定法の比較研究（三隅、1984）の結果、部下評定法を採用している。評定は5段階評定で、各質問項目の回答値を合計して算出される。したがって、複数の部下が評定した結果の平均

表 10-1　P・M 測定項目（三隅、1978）

```
P 行動測定項目
  Q 01  勉強道具などの忘れ物をしたとき、注意する
  Q 02  忘れ物をしないように注意する
  Q 03  家庭学習（宿題）をきちんとするようにきびしくいう
  Q 04  名札・ハンカチなど細かいことを注意する
  Q 05  児童達の机の中の整理やかばんの整とん、ぼうしの置き方などを注意する
  Q 06  物を大切に使うようにいう
  Q 07  学級の皆が仲よくするようにいう
  Q 08  自分の考えをはっきりいうようにいう
  Q 09  きまりを守ることについてきびしくいう
  Q 10  わからないことを人にたずねたり、自分で調べたりするようにいう

M 行動測定項目
  Q 01  児童の気持ちがわかる
  Q 02  児童と同じ気持ちになって、一緒に考える
  Q 03  えこひいきしないで、児童を同じように扱う
  Q 04  児童が話したいことを聞く
  Q 05  勉強のしかたがよくわかるように教える
  Q 06  児童が間違ったことをしたとき、すぐにしからないでなぜしたかを聞く
  Q 07  何か困ったことがあるとき、相談にのる
  Q 08  勉強がよくわかるように説明する
  Q 09  児童と遊ぶ
  Q 10  学習中、机の間をまわって1人ひとりに教える
```

値がそのリーダーのリーダーシップ得点となる。

　三隅は、一般企業の事務・技術系監督者をはじめ、中間管理職、部長、看護婦長、学校教師など11種類の尺度を開発している。ここでは、学校教師のリーダーシップ測定項目を表10-1に示す。

　このリーダーシップ得点により、図10-2のようにリーダーは4種類に類型化される。学校教師のP得点の平均値は37.70、M得点の平均値は34.08である。

　P行動、M行動ともに平均より高い教師（リーダー）をPM型、P行動は平均より高いがM行動は平均より低い教師はPm型、その逆にM行動は平均より高いがP行動は平均より低い教師はpM型、P行動およびM行動

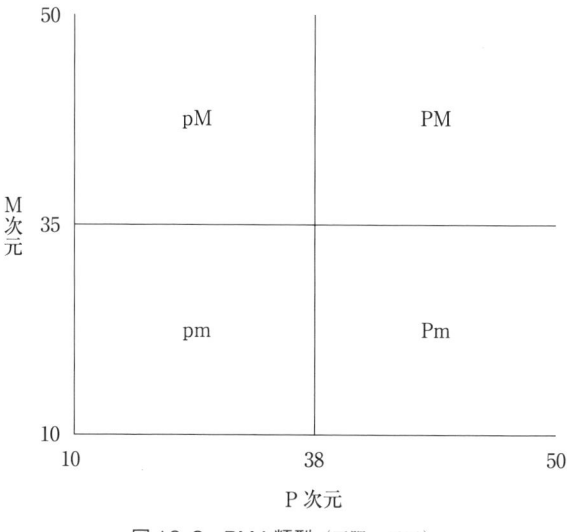

図10-2 PM4類型（三隅、1978）

ともに平均より低い教師はpm型に分類される。

　このPM類型と外的基準との関連を調査した結果によれば、どのような指標をとっても、PM型のリーダーの結果が1番よく、pm型のリーダーの結果が最も悪い。しかし、2番と3番は入れ替わることがある。業績や事故の発生などの生産性を指標にとった場合、短期的にはPm型が2番になるが、長期的にはpM型が2番になる。また、仕事に対する意欲や会社・給与に対する満足感など部下の認知を指標にとった場合、総じてM型がP型より効果が高い結果となっている。

　学校教師の研究の場合には、児童のモラールが外部基準として採用され、産業界など他のデータと同様の結果を得た。

3 コンティンジェンシー（条件適合）理論

　フィードラー（F. E. Fiedler）を代表とするコンティンジェンシー理論は、ある特定のリーダーシップ・スタイルの効果性、ないし有効性は、集団の状

況により変化するということを基本にしている。したがって、どんな状況に対しても常にベストであるリーダーシップ行動やスタイルは存在しないことになる。この点が、前述のPM理論におけるPM型が存在することとの大きな相違点である。それでは、どのような状況の時に、どのようなリーダーシップ・スタイルが有効なのかが問題となるが、このリーダーシップ・スタイルの取り方、集団状況の考え方、有効性の基準の取り方などで、いくつかの理論が存在する。ここでは、その代表であるフィードラーの理論を取り上げる。

フィードラーの理論では、リーダーシップ・スタイルの測定は、表10-2のように行う。

これらの質問より得られた得点が、被験者の「LPC (Least Preferred Coworker) 得点」となる。このLPC得点により、64点以上が高LPCパーソン、58〜63点が中LPCパーソン、57点以下が低LPCパーソンと分類される。フィードラーの考え方では、高LPCパーソンは、基本的には人間関係志向的であり、まずこの欲求を満足することに主要な関心がある。そのため、日本では関係動機型と呼ぶ場合もある。それに対して、低LPCパーソンは、基本的には課題志向的であり、課題解決もしくは目標達成を第一に考えるという。そのため、日本では課題動機型と呼ばれる場合がある。

次に集団状況であるが、フィードラーは、

①リーダーとメンバーの人間関係（人間関係が良いか悪いか）

②課題の構造化の程度（やるべきことがはっきりしていて、行う時の手続きが明確に定まっているかどうか）

③リーダーの地位勢力（リーダーの地位による強制力が強いか弱いか）

の3要因を考え、これらの要因の組み合わせにより、リーダー自身が置かれた状況に対してどの程度好意的かを測定した。この程度を状況好意性 (situational favorableness) と呼ぶ。

状況好意性は、下記の①〜③の場合に高いとする。

①メンバーの間でのリーダーに対する信用度が高く、成員とリーダーの間

Chapter 10 集団とリーダーシップ

表 10-2 LPC 尺度の測定方法

[指示] あなたがこれまでに一緒に働いたことのあるすべての人々の中から、一緒に仕事をすることが難しかったと思う相手を1人だけ頭に思い浮かべて下さい。以下の質問項目で、その人のイメージに近い方の数字に○をつけて下さい。

[質問項目]	←―― 左に近い				右に近い ――→				
楽しい	8	7	6	5	4	3	2	1	楽しくない
友好的	8	7	6	5	4	3	2	1	非友好的
拒否的	1	2	3	4	5	6	7	8	受容的
緊張	1	2	3	4	5	6	7	8	リラックス
疎遠	1	2	3	4	5	6	7	8	親密
冷たい	1	2	3	4	5	6	7	8	暖かい
支持的	8	7	6	5	4	3	2	1	敵対的
退屈	1	2	3	4	5	6	7	8	面白い
口論好き	1	2	3	4	5	6	7	8	協調的
陰気	1	2	3	4	5	6	7	8	陽気
開放的	8	7	6	5	4	3	2	1	警戒的
裏表がある	1	2	3	4	5	6	7	8	忠実な
信頼できない	1	2	3	4	5	6	7	8	信頼できる
思いやりがある	8	7	6	5	4	3	2	1	思いやりがない
卑劣（きたない）	1	2	3	4	5	6	7	8	立派（きれい）
感じがよい	8	7	6	5	4	3	2	1	感じがわるい
誠実ではない	1	2	3	4	5	6	7	8	誠実
親切	8	7	6	5	4	3	2	1	不親切

LPC 尺度の日本での調査による平均は 64.15、標準偏差は 19.74 である。

の信頼関係が良好である。

②目標が明確で、その目標に至る経路・方法の数が絞られており、意思決定状況での少数の解決案が論理的に提示できるという意味で、課題が構造化されている。

③メンバーを思う通りに動かすのに必要な公式の権限や、職位に基づく権力が強力である。

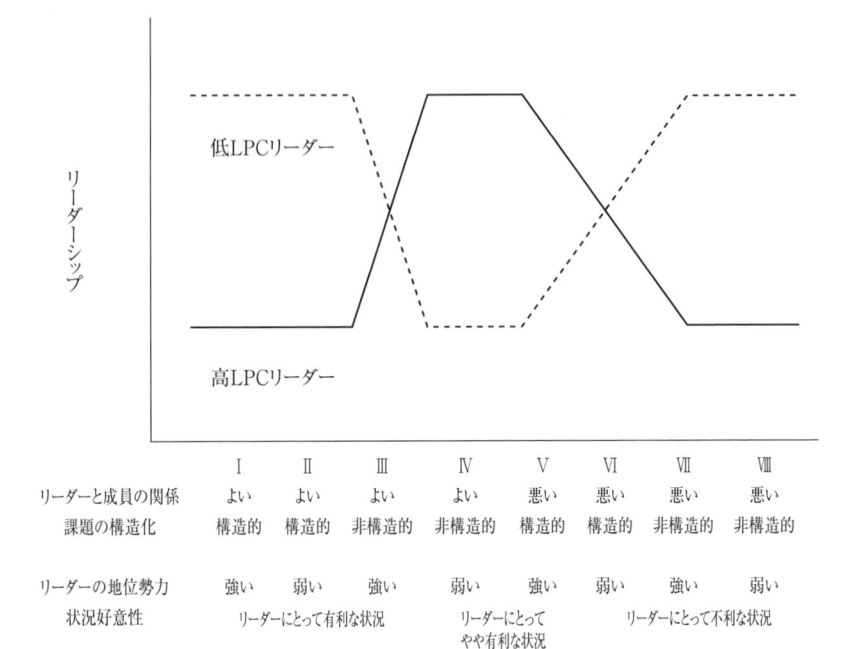

	Ⅰ	Ⅱ	Ⅲ	Ⅳ	Ⅴ	Ⅵ	Ⅶ	Ⅷ
リーダーと成員の関係	よい	よい	よい	よい	悪い	悪い	悪い	悪い
課題の構造化	構造的	構造的	非構造的	非構造的	構造的	構造的	非構造的	非構造的
リーダーの地位勢力	強い	弱い	強い	弱い	強い	弱い	強い	弱い
状況好意性	リーダーにとって有利な状況			リーダーにとってやや有利な状況			リーダーにとって不利な状況	

図10-3　フィードラーのコンティンジェンシー・モデルの概念図（白樫、1981）

　この状況好意性の3つ要因をそれぞれ2段階に分け、その組み合わせにより8の状況（オクタントⅠ〜オクタントⅧと呼ばれる）を設定し、それぞれでLPC得点と状況好意性との関連を説明しているのが、図10-3である。

　図10-3からわかるように、フィードラーの仮説は、「低LPCのリーダーは、集団状況が好ましいか（オクタントⅠ〜Ⅲ）、または逆に好ましくない状況（オクタントⅧ）において有効であり、高LPCのリーダーは、集団状況が中程度に好ましい状況（オクタントⅣ〜Ⅴ）において有効である」ということである。

　この条件適合理論は、フィードラーのモデルを修正したり、別の要因を加味したりしながら、現在でも多くの研究が続けられている。後述するパス・ゴール理論もその1つである。

Chapter 10　集団とリーダーシップ

【研究の展開】

　ここから、リーダーシップ研究の新しい流れについて見ていくことにする。従来のリーダーシップ研究では、リーダーの特性やリーダー行動と課題や環境との関連に焦点が当たっていた。この中では、リーダーは集団を維持する、まとめるといった機能や行動が求められていた。新しい研究では、リーダーは集団を変える存在であることが強調される。集団を変えるとは人を入れ替えるという意味ではなく、メンバーの認知や世界観を変えることで質的に新しい集団をつくり出し、いままでとは違う成果を創出するリーダーの研究である。以下では、その代表的なものとして「カリスマ的リーダーシップと変革的リーダーシップ」および「構造こわし」行動を取り上げている。

　もう1つの重要な観点は、メンバーの認知に焦点を当てたリーダーシップの研究が出てきていることである。リーダーシップはメンバーに受け入れられて初めて有効なものになるということが再認識され、この方面での研究が多くなってきた。以下ではこの代表的なものとして「パス・ゴール理論」を取り上げている。

I　カリスマ的リーダーシップと変革的リーダーシップ

　リーダーシップ・スタイルの研究としては、新しいものにカリスマ的、ないし変革的リーダーシップ論がある。これらの理論が注目されるようになった背景として、第1にコンティンジェンシー理論が期待されていたほどには理論的説明力がなかったこと、第2には米国の経済的な要因で、1980年代に入ると日本またはドイツという競争相手に対し、鉄工業、電子素材産業、自動車産業などが深刻な影響を被るようになったことが挙げられる。こうした危機の打開のために有能な経営者の出現が待望され、カリスマ的リーダーシップの研究が促進されることとなった。

カリスマ的リーダーシップの最初の提唱者はハウス（R. J. House, 1977）であり、変革的リーダーシップの最初の提唱者はバーンズ（J. M. Burns, 1978）であるが、この両者を統合し、実証的研究を指向したバス（B. M. Bass, 1985）の変革的リーダーシップの理論を取り上げる。

　バスのリーダーシップのタイプは、交換的リーダーシップと変革的リーダーシップに区別される。両者は、目標達成のために部下の努力を活性化させるプロセスが異なる。交換的リーダーシップは、目標到達の手段の明確化、目標達成に導く行動の強化、目標を達成した場合の報酬といったことが焦点となる。つまり、交換的といわれる所以は、この目標を達成したらこういう報酬があると部下に約束することで、部下の努力を引き出すところにある。変革的リーダーシップでは、部下に使命感、ビジョンを伝え、そのビジョンが内在化され、部下を長期にわたって動機づけ、部下のその努力に対して内発的な強化を与えるというものである。

　バスの理論的根拠となっている変革的リーダーシップを測定する尺度（Multifactor-Leadership-Questionnaire、以下 MLQ と略す）は表 10-3 に示す通りである。

　表 10-3 から明らかなように、バスは変革的リーダーシップをカリスマ的リーダーシップよりも広い概念と考え、カリスマ的リーダーシップは変革的リーダーシップの下位次元として扱われている。

　カリスマ的リーダーシップの問題として、日本の企業風土にカリスマ的リーダーシップがどのように適合するのかという点が挙げられる。米国の場合経営トップが高額の報酬によって他社に引き抜かれるケースがさほど珍しくもないが、日本では基本的には内部の人間が昇進して企業のトップとなることが多い。また、ややステレオタイプ的な見方になるが、意思決定に際して、米国の場合はトップダウンにより、日本の場合は合意によるボトムアップであるとすれば、わが国では、カリスマ的リーダーシップより、個人的配慮や知的刺激といった要因が入ってくる変革的リーダーシップのほうが適合しやすいのではないかと考えられる。つまり、バスの理論は、日本においてその

Chapter 10　集団とリーダーシップ

表 10-3　バスの MLQ の尺度（Bass, 1985；松原、1995）

変革的リーダーシップ

　カリスマ的リーダーシップ
　01　上司には彼のまわりにいると何となく快適な気分になるという雰囲気がある。
　12　上司はすべての人から尊敬を求める。
　17　上司は私の理想の人である。
　18　私の心の中では上司は成功と業績のシンボルである。
　22　私はいかなる障害をも克服する上司の能力と判断力を信じている。
　26　上司は私たちに霊感のような不思議な力を与えてくれる。
　27　上司が仕事仲間であることを私は誇りに思う。
　29　上司は私にとって考慮すべき重要なことは何なのかを見抜く特殊な能力を持っている。
　36　上司は自分（上司）への忠誠を求める。
　38　上司は将来への安心感を与えてくれる。
　40　上司は組織への忠誠を求める。
　41　私は上司に完全に忠誠を誓っている。
　42　上司は私たちが一緒に仕事をすればどんなものが出来るかについてのビジョンを示して私たちを興奮させる
　51　上司は私が最初に予想した以上のものをするように動機づける。
　60　上司は他のメンバーの観点を理解するように奨励する。
　62　上司は全体の目的の持つ意味を伝えてくれる。
　66　上司は使命感を持っており、それを私に伝達する。
　68　上司は自分のまわりのすべてに人を仕事に夢中にさせる。

　個人的配慮
　02　上司は私をあたかもリーダーのように感じさせ行動させる。
　03　上司は私が決められた基準に達する良い仕事をしたとき満足する。
　05　上司は私たちにもし必要ならば彼がいなくともその目標が達成できるように私を自覚させている。
　10　上司は私がして欲しいことを見つけ出し助けてくれる。
　11　上司は私がよい仕事をした時、その真価を認めてくれる。
　15　上司は皆から無視されているように見えるメンバーにも関心を払う。

　知的刺激
　19　上司は私がしばしば困惑している問題に新しい見方を提供してくれる。
　30　上司の考えは私が今までに問題にしなかった自分の考え方のいくつかを考え直させる力を持っている。
　32　上司は私に古い問題を新しい方法で考えさせる力を与えてくれる。

注）評定形式は下記の5段階である。得点は、Aが4点、Bが3点、Cが2点、Dが1点、Eが0点である。A：しばしば（Frequently, If not Always）、B：かなりよく（Fairly Often）、C：ときどき（Sometimes）、D：たまに（Once in a While）、E：少しも（Not At All）。

項目番号	平均	標準編差	項目番号	平均	標準編差	項目番号	平均	標準編差
01	2.58	1.16	38	2.24	1.19	02	2.66	1.12
12	2.75	1.10	40	2.62	1.14	03	3.41	0.92
17	2.25	1.20	41	2.61	1.16	05	2.87	1.10
18	2.43	1.18	42	2.18	1.15	10	2.14	1.14
22	2.59	1.14	51	2.13	1.17	11	2.73	1.12
26	2.24	1.20	60	2.39	1.15	15	1.98	1.06
27	2.55	1.18	62	2.48	1.16	19	2.03	1.07
29	2.17	1.14	66	2.90	1.09	30	2.09	1.05
36	2.00	1.07	68	2.17	1.15	32	2.12	1.03

考え方を適用しようとすれば、かなりの「修正」を必要とするものと考えられるのである。この日本的な「修正」を加味したバスの理論の適用については、金井壽宏（1991）の研究を挙げることができるであろう。

　金井の研究の特徴としては、戦略的・革新指向のリーダーとしての中間管理職の役割を強調している点にある。

　金井の研究は、従来のリーダーシップ論にはない行動次元を用いてリーダーシップ現象を分析し、11尺度を作成している。管理者の求められる役割が戦略的機能に重点が移ってきている状況では、これらの行動次元のうち特に戦略的課題の提示や対外的活動に見られる行動次元は有効であろうと考えられる。

II　構造こわし

　古川久敬（1988）は、リーダーシップ研究に集団年齢という新たな概念を導入し、集団の状態と効果的なリーダーシップ行動の関係を説明している。集団年齢とは、その集団が形成されてから経過した時間か、または、集団の成員がその集団に所属している平均年数を指標とし、青年期の集団、中年期の集団、老年期の集団という3段階に区分している。

　青年期の集団では、集団が形成されてから間もないため、集団規範や役割分担が不明瞭である。したがって、個々の成員は自分のアイデンティティを

確立し、他の成員との良好な人間関係をつくりたいと思っている。この集団を率いるリーダーは向かうべき目標を明確に提示し、成員間の相互交流の機会を促進するように働きかけることが重要である。

中年期の集団では、集団規範は明瞭になり、他の成員の考え方や行動は予測できるようになっている。また、成員相互の役割期待（お互いに何を分担するか）も明確になっている。したがって、個々の成員は能力発揮と仕事上のやりがいを求めることになる。この集団を率いるリーダーは、部下に能力発揮の機会を提供したり、部下に対する権限委譲を行うことが必要になる。

老年期の集団では、集団内の諸活動は固定化し、マニュアル化が進んでいる。成員の判断や行動も前例や慣例をよりどころとして行われる。集団を取り巻く環境がまったく変化しない場合には、老年期の集団は最も高い効率を発揮することになる。しかし、例外的なことや新しいことは限りなく抑制されてしまう。環境が変化した場合にこの集団は新しい環境に適応できない可能性がある。この集団を率いるリーダーは、集団内に存在する既存の規範や構造の見直しとつくり替えを行うことである。この集団の規範や構造の見直しとつくり替えを「構造こわし」行動という。

集団年齢という概念を導入することで、従来のリーダーシップ研究で取り上げられてきた「集団の構造をつくる」という機能とは全く反対の「構造をこわす」という機能の重要性が指摘された。この構造こわしというリーダー行動は、集団の変革を積極的に行うという新しいリーダーシップの観点といえる。

Ⅲ　パス・ゴール理論（Path-Goal Theory）

ハウスは、リーダーの最も重要な役割は、部下の仕事をしようとする動機づけ、仕事への満足感を高めることであるとした。したがって、リーダーの具体的な機能は、①部下によって遂行される課題を明確にすること（経路明確化機能）、②目標達成に障害となっているものを取り除くこと（経路円滑化機

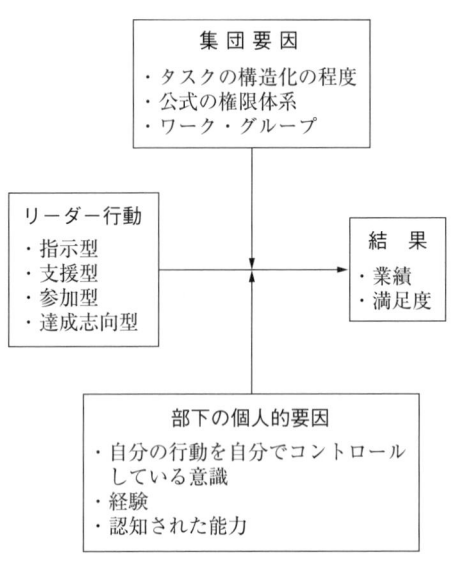

```
┌─────────────────────┐
│     集 団 要 因      │
│ ・タスクの構造化の程度 │
│ ・公式の権限体系      │
│ ・ワーク・グループ    │
└─────────────────────┘
```

```
┌─────────────┐                      ┌──────────┐
│ リーダー行動  │                      │  結  果   │
│ ・指示型     │  ──────────────→    │ ・業績    │
│ ・支援型     │                      │ ・満足度  │
│ ・参加型     │                      └──────────┘
│ ・達成志向型 │
└─────────────┘
```

```
┌──────────────────────────────┐
│        部下の個人的要因         │
│ ・自分の行動を自分でコントロール │
│   している意識                 │
│ ・経験                        │
│ ・認知された能力               │
└──────────────────────────────┘
```

図 10-4　パス・ゴール理論のモデル図（高木、1997 を一部修正）

能)、③部下が個人的な満足を得る機会を増すこと、などとしている。また、パス・ゴールという用語は、有能なリーダーは道筋（パス）を明確に示し、メンバーの目標（ゴール）達成を助け、障害物を取り除くことでその道筋を歩きやすくするという意味がこめられている。

　ハウスのパス・ゴール理論は、設定された4つのリーダー行動が、集団の要因や個人の要因をうまく補うように機能した場合、メンバーの業績や職務満足度が高まるという理論である。概念モデルを図 10-4 に示す。

　指示的リーダーは、メンバーに何を期待しているかを教え、スケジュールを設定し、目標達成の方法を具体的に指導する。支援的リーダーは親しみやすく、メンバーに気遣いをする。参加型リーダーは、意思決定の際にメンバーに相談し、彼らの提案を活用する。達成指向型リーダーは、困難な目標を設定し、メンバーに全力を尽くすように求める。

　フィードラーのコンティンジェンシー理論にもあったように、課題が構造化されている程度が高い、つまり目標が明確で、その目標に至る経路・方法

の数が絞られている状況では、あれこれと指示するリーダーは部下に歓迎されない。この場合は、PM理論にあるような集団を維持するリーダー行動（支援型リーダー）をとることによって、部下の職務満足が高まることが予想される。これに対して、課題の構造化の程度が低い状況では、リーダーは目標を明確にし、効果的に達成できるようなリーダー行動（指示型リーダー）をとることによって、部下の職務満足が高まることが予想される。

　フィードラーの理論と本質的に異なる点は、フィードラーのリーダー行動はリーダーになる人の特性として扱われていたのに対し、パス・ゴール理論では、状況に応じて有効なリーダー行動は異なるとしている点である。

　このように多様な展開をみせるリーダーシップ研究であるが、最近では、フォロワーに着目した研究が多い。たとえば、リーダーシップとフォロワーの自己概念の関係の総合的なモデル化の試みや、リーダーの報酬・懲罰的な行為がそれを観察している他のフォロワーの公平性の認知に及ぼす影響の研究などが挙げられる。リーダーシップはまだまだ発展し続けている研究分野といえる。

参考・引用文献

古川久敬（1988）『集団とリーダーシップ』大日本図書
古川久敬（1990）『構造こわし 組織変革の心理学』誠信書房
金井壽宏（1991）『変革型ミドルの探求』白桃書房
松原敏浩（1995）『リーダーシップ効果に及ぼす状況変数の影響について』風間書房
三隅二不二（1978）『リーダーシップ行動の科学』有斐閣
S. P. ロビンス（髙木晴夫監訳）（1997）『組織行動のマネジメント』ダイヤモンド社
齋藤 勇編（1987）『対人社会心理学重要研究集1 社会的勢力と集団組織の心理』誠信書房
佐々木土師二（1996）『産業心理学への招待』有斐閣
白樫三四郎（1985）『リーダーシップの心理学』有斐閣
白樫三四郎（1981）『リーダーシップのコンティンジェンシー理論』組織科学、15巻2号
田尾雅夫編（2001）『組織行動の社会心理学』北大路書房

坂田桐子・淵上克義（2008）『社会心理学におけるリーダーシップ研究のパースペクティヴI』ナカニシヤ出版

Chapter 11

他人への影響力

【基礎知識】

人間は社会的動物であるといわれるように、われわれは、他者と相互に関わり合いながら生きている。すなわち、人は他者に影響を与える存在であると同時に、他者から影響を受ける存在でもある。このように人が相互に影響し合うことを社会的影響（social influence）と呼ぶ。ここでは、他者の存在や他者からの働きかけによって、個人の知覚判断、課題や作業の遂行、対人行動がどのような影響を受けるのかについて、いくつかの実験例を挙げながら解説する。

I 同調と服従の心理

1 同調に及ぼす規範的影響と情報的影響

男子大学生が仲間同士で合コンの会場について打ち合わせをしている時に、1人はイタリア料理店がよいと考えていたとしても、他の全員が一致して大衆居酒屋にしようといえば、それに同意してしまうことがあるだろう。このように、複数の人が居合わせる場面において個人の意見、判断、行動などが多数派と異なっている時に、多数派に合うようにそれらを変えてしまうことを同調（conformity）と呼ぶ。

これを実験的に検証したのが、アッシュ（S. E. Asch, 1955）の研究である。

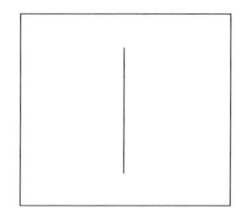

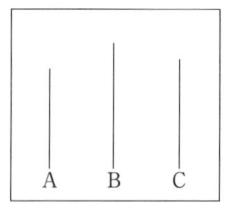

図 11-1　アッシュが用いた実験課題の例

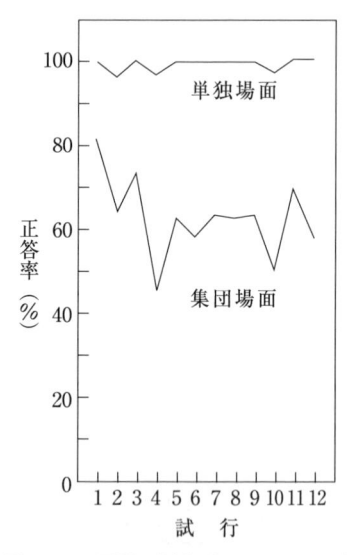

図 11-2　同調の測定　(S. E. Asch, 1955)

　図11-1に示すように、実験の課題は標準刺激と同じ長さの線分を比較刺激の3本の線分の中から選択させるという単純なものであり、通常の正答率は99％以上である。実験は、一室に集められた7～9人の男子大学生がこの課題に口頭で回答するというものである。ただし、本当の被験者はそのうちの1人であり、他のメンバーは全員が実験協力者である。被験者は最後から2人目の回答順であったが、あらかじめ打ち合わせていた通り被験者を除く全員が一致して誤った回答をすると、被験者の正答率は著しく減少した（図11-2）。この場合の判断はあくまでも個人に任されており、他者から意見の

変更を強要されているわけではなかった。つまり、他者の一致した意見はある種の社会的圧力となって個人の判断に影響を及ぼし、同調を導くのである。

このように、1人で回答すればほとんど間違わないような簡単な課題であっても同調が起こるということは、複雑な課題や社会的判断を求められた時に、われわれが他者の意見に大きく左右されてしまうことは想像に難くない。また、アッシュは一連の実験によって、同調の起こりやすさに及ぼす集団の規模、および同意者の存在の影響を調べた。その結果、同調は、メンバーが被験者の他に1人しかいない場合にはほとんど起こらないが、3人になると顕著になり、メンバーがそれ以上増えても同調はそれほど高まらないことが分かった。また、集団の中に1人でも同意者がいると、たとえ他のメンバー全員が一致した意見を持っていても、同調は減少した。つまり、同調は、比較的規模の小さな集団においても生じる一方、同意者の存在により多数派の圧力が緩和されれば、起こりにくくなる。

アッシュの実験では、誰もが誤ることのないような簡単な課題でさえ同調が起こることが示された。では、人によって見え方が異なるような知覚課題における他者の判断は個人にどのような影響を及ぼすのだろうか。シェリフ（M. Sherif, 1936）は、真っ暗な部屋の中で光点を凝視すると、物理的には静止しているにもかかわらず、光点が動いて見える自動運動現象（錯覚の一種）を用いてこれを検証した。実験課題は、光点の移動距離を判断するものであり、被験者は、まず1人で繰り返し判断を行った。その後、2人または3人1組となって同様の課題を互いの判断がわかる（聞こえる）状況下で繰り返した。その結果、単独で判断した光点の移動距離は試行を繰り返すうちに収束していくが、その収束値は被験者により異なっていた。また、単独での判断値が異なる2人または3人が一緒に知覚すると、最初のうちは判断が大きく異なったままであるが、試行が進むにつれて各人の判断が一定の値に収束していったのである。つまり、相互に移動距離を判断するうちに、各自が判断値を他者に合わせていったものと思われる。その結果、判断は一定の値に収束し、それがメンバーに共通する判断の準拠枠を形成したと考えられる。

ところで、ドイッチとジェラード（M. Deutsch & H. B. Gerard, 1955）によると、社会的影響は、同調に働く動機づけによって2つに大別されるという。規範的影響（normative social influence）は、他者との関係を維持したり、他者から賞賛や承認を得たり、他者からの非難や罰を避けたいがために起きる同調に対応している。情報的影響（informational social influence）は、自分の意見や判断に自信がない場合に、他者の意見や判断を参考にして正確な反応をしたいという動機による同調に対応する。アッシュが実証した線分の長さ判断における同調は規範的影響に基づいており、シェリフが自動運動現象を利用して実証した同調は情報的影響に基づくものであるが、現実場面における同調はこれら2つが影響を及ぼし合って生じていると思われる。

2 服従と社会的勢力

1) 権威への服従

同調は、従うことが強要されなくてもわれわれが他者の意見や判断を受け容れたり、自らの判断を他者のそれに近づけてしまうことであった。では、他者から意に反する意見、判断、行動などを強要されると、われわれはどのような影響を受けるのだろうか。

権威のある他者から受けた命令などの社会的圧力に従って、自らの意志とは異なる行動をとることを服従（obedience）と呼ぶ。ミルグラム（S. Milgram, 1963）は、教師が生徒に電気ショックを与えるという場面を用いて、人が権威に服従してしまうことを実験的に明らかにした。この実験は「罰が暗記学習課題の成績向上に及ぼす効果」という名目で実施され、被験者は2人1組で参加した。このうち真の被験者は1人で、残りの1人は実験協力者（サクラ）であり、同じサクラがすべての実験試行に被験者を装って参加した。まず、クジで教師役と生徒役を決めた（実際には、サクラが生徒役、被験者が教師役になるようにクジが細工されている）。そして、生徒役のサクラが暗記学習を行い、その解答を間違うたびに、教師役の被験者は送電装置から罰として電気ショックを送るように指示された。この送電装置には30個のボタンがつい

ており、15ボルト間隔で15ボルトから450ボルトまでの電流を送ることができるように見せかけてあった（実際には作りモノであり電気ショックを送ることはできない）。教師役の被験者は、生徒が間違うたびに罰として与える電気ショックの強度を上げることになっており、生徒役のサクラはその強度に応じて悲鳴を上げたり、壁をたたく、といった迫真に満ちた演技をして抗議の意志を示した。被験者が電気ショックを与えることをやめたいと申し出たら、実験者は強硬な姿勢で電流を送り続けることを求め、それでも被験者が拒絶した場合に実験を終了した。実験の真の目的は、被験者が実験者の指示に逆らって何ボルトのところで電気ショックを与えることを中止するかであった。このような事態では被験者の大半が実験を途中でやめてしまうだろう、というのがミルグラムの同僚や学生たちの一般的な見解であった。しかし、驚いたことに、40人中26人もの被験者が最も強度が高い450ボルトまで電流を与えたのである。これらの被験者たちは心理的にかなり強い葛藤状態を示しながらも、実験者の指示に最後まで従ったのである。人間は、権威からの命令に弱く、容易に服従してしまうのである。

2) 社会的勢力

ミルグラムの実験における実験者のように、他者に影響を与えて、その行動、態度、信念などを変化させることのできる能力および変化させる可能性を持つ状態のことを社会的勢力（social power）あるいは単に影響力と呼ぶ。フレンチとレイブン（J. R. P. French & B. H. Raven, 1959）、およびレイブン（B. H. Raven, 1965）を参考にして今井芳昭（1999）は社会的勢力を次の6種類に分類した。AがBを飲み屋に誘うという状況でこれらを説明しよう。

① 報賞勢力：AがBに対して「あなたが先週休んだ講義のノートを貸してあげるから飲み会に行こう」といって誘うケースのように、Bが望む報酬を与える代わりにAが自らの要求をBに求めることができる時、Aは報賞勢力（reward power）を有するという。

② 罰勢力（強制勢力）：「飲み会に来なかったら、あなたが風邪と偽ってゼミをズル休みしたことを教授にいうぞ」というように、AがBの望まないこと（罰）をちらつかせたり、それを除去することによってBの行動を自らの思う通りに従わせることができる場合、Aは罰勢力（punishment power）または強制勢力（coercive power）を持つという。

③ 正当勢力：会社の上司Aから「今晩あたり一杯飲みに行かないか」と誘われた部下Bが、「組織において部下は上司の指示や誘いに応じなくてはならない」という社会規範を内在化している場合、Bから見たAの影響力を正当勢力（legitimate power）と呼ぶ。BはAが上司であるという理由で誘いに応じることになるだろう。

④ 専門勢力：ソムリエのAが知人Bに対して「なかなか手に入らない美味しいワインを置いている店を知っているから飲みに行こう」といって誘えば、Bは「ワインの専門家であるAがいっているのだから、本当に極上のワインに違いない」と考えて誘いに応じるだろう。このように、素人が専門家の知識を重視してその勧めに応じる場合、その専門家は、専門勢力（expert power）を有するという。ただし、医師免許を持たずに開業した偽医者を盲信し、後でひどい目に遭ってしまう患者の例のように、この影響力は実際には専門家でなくても、被影響者が相手を専門家であると認めさえすれば生じるという危うい面を孕んでいる。

⑤ 参照（準拠）勢力：Bが敬愛し好意を寄せているAから「たまには飲みに行かないか」と誘われて依頼通りに行動するような場合に、AはBに対して参照（準拠）勢力（referent power）を有する。参照勢力は、「あの人のようになり

たい」という被影響者の影響者に対する同一視によって生じるものとされる。われわれは、同一視した他者の態度や行動を参照して、それを自らの行動指標にしたり態度を形成するものであり、そのような人物からの依頼はそのまま同意する可能性が高くなる。
⑥ 情報勢力：Aが様々な情報を提供することによってBを納得させた上で、意図した通りにBの行動を変えることができる能力を有する場合、AはBに対して情報勢力（informational power）を持つという。

　このように、①〜⑤は、影響者と被影響者の関係性や、被影響者によって認知された影響者の正当性、専門性によって成立するものであり、勢力と依頼内容とは直接関わらないという共通した特徴がある。これに対して、情報勢力は、被影響者が影響者の依頼内容をよく吟味して承諾の可否を決定するという点において特異なものである。
　ところで、権威とは正当勢力と専門勢力が融合したものであるという（今井、1999）。たとえば、法律や訴訟に関する高度な専門性を持つ者（専門勢力者）に、その専門性を世間一般に広く認めさせるために資格を与えた結果、弁護士という正当勢力をも有するようになるというものである。したがって、先に述べたミルグラムの実験結果は、被験者が「実験によって人間の課題遂行のしくみを解明する」という高度な専門性を持つ存在として実験者を認知したことと、「実験中は実験者の指示に従わなくてはならない」という実験者に対する正当勢力が融合して、ある種の権威を生み、不本意ながらも被験者がこれに服従してしまったと考えることもできるだろう。
　いずれにしても、同調と服従は、社会の中で他者と相互に影響し合いながら生きる人間の柔軟性を示すとともに、われわれの対人心理過程に潜む脆さをも示すものである。

Ⅱ 他者の存在と課題遂行

1 社会的促進と社会的抑制

　われわれは、自宅や自室では1人で仕事や勉強に打ち込むことが多い。しかし、学校や職場といった社会場面では、単独で行動するよりも、①教室でクラスメートと並行して試験に臨んだり、②教師や同僚の見ている前で課題や作業を行ったり、観客の前でスポーツの個人種目に挑戦したりすることが多い。そういった場面では、しばしば、単独で行った時に比べて仕事や作業の効率・成績が向上したり、逆に、低下することがある。

　このように、他者の存在によって個人の課題遂行が促進されることを社会的促進（social facilitation）、抑制されることを社会的抑制（social inhibition）と呼ぶ。社会的促進については、①のように同じ課題を同時に独立して行う他者が存在することによって促進される場合を共行動効果（co-action effect）、また、②のように単なる観察者の存在によって促進される場合を観察者効果または見物効果（audience effect）という。

　社会的促進と社会的抑制はどのような心理的働きによって生じるのだろうか。友だちが複数人集まった部屋でコンピュータ・ゲームに興じている様子を想像してみよう。このような事態では、ゲームに習熟している者が単独場面よりも成績を向上させる一方で、訓練不足でゲームに未習熟な者は1人で行った時よりも、かえって成績が低下してしまうことがある。こういった現象は実験的にも明らかにされている。たとえば、マーカス（H. Markus, 1978）は、男子大学生を対象にして衣服や靴の着脱に要する時間を単独で行う条件と観察者のもとで行う条件で比較した。それによると、被験者が自分の靴を着脱するのに要した時間は、単独場面よりも観察場面で短くなったのに対して、実験のために用意された白衣や靴の着脱時間は、単独場面より観察場面で遅くなった。この結果は、自分の靴や衣服の着脱は十分に学習され

た習熟反応であるが、他の衣服や靴の着脱は学習されていない未習熟反応であることに起因するという。

ザイアンス（R. B. Zajonc, 1965）はこのような社会的促進と社会的抑制が生じる過程を一括して説明する説を唱えている。それによると、観察者あるいは共行動者にかかわらず、他者の存在は個人の覚醒水準（脳の活動レベル）と動因水準を高め、これらの上昇がその時点で最も生じやすい反応（優勢反応）をいっそう生じやすくさせるという。つまり、よく訓練されて慣れ親しんだ課題や難易度が低い課題は正しい反応（課題を達成する反応）が優勢なので、他者の存在によって正しい反応がより導かれやすくなるのに対して、あまり学習されていない課題や難易度が高い課題は（課題を達成できない）誤反応が優勢なので、他者の存在によって誤りや失敗といった反応がより導かれやすくなると結論づけている。

社会的促進・抑制に関する理論はその後も諸説が提唱されているが、その多くはザイアンスの先駆的な理論の影響を強く受けたものである。

2 社会的手抜き

社会場面では、他者と協同で作業や制作に取り組んだり、団体スポーツの勝敗といった共通の目標達成に向けて複数の人が力を合わせることも多い。このような場面では、いうまでもなく一人ひとりが持てる力を出し合えば最大限の効果を導くことができる。ここで、あなたが運動会の綱引きや、体育の時間にサッカーやバスケットボールをした場面を思い出してみよう。持てる力を最大限発揮したこともあるだろうが、時には、力を加減したり全力でボールを追わなかったりした経験もあるのではないだろうか。このように集団事態では、単独で作業する時に比べて各個人の努力量が減少することがある。これを社会的手抜き、あるいは、社会的怠惰（social loafing）と呼ぶ。

ラタネら（B. Latané, K. Williams & S. Harkins, 1979）は、社会的手抜きを実験的に明らかにした。実験は、1人、2人または6人1組で大声を出すというものであった（集団によるパフォーマンスの効率低下を防ぐために、2人または6

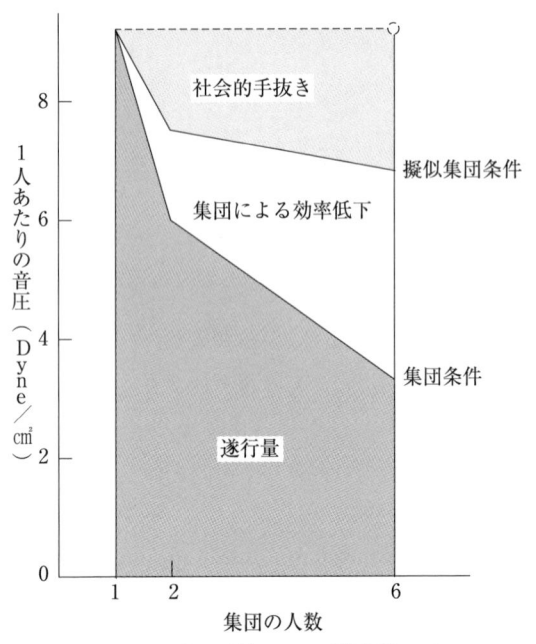

図11-3 集団の大きさと社会的手抜きおよび効率低下 (B. Latané ら, 1979)

人で参加しているつもりだが、実際には1人で試行する疑似集団条件も設定した)。その結果、1人あたりの音圧は一緒に叫んだ人数が多いほど（疑似集団条件を含む）、低下することが見出された。その原因は、後続する研究 (K. Williams, S. Harkins & B. Latané, 1981) によって明らかにされており、集団事態ではメンバー各個人のパフォーマンスや貢献度が評価されにくいために社会的手抜きが起きると結論づけている。これは、集団事態でも個人評価を的確に行い、それを本人にフィードバックすれば、メンバー各個のパフォーマンスを最大限に導くことができることを示唆している。運動会の綱引きや体育の団体競技で手抜きが起きやすいのは、皆の注意が目先の勝敗に向かってしまい、各個人の評価があいまいになってしまうからである（図11-3）。

Ⅲ　他者の存在と対人行動

　他者の存在は、われわれの対人行動にも影響を及ぼすことがある。ここでは、援助行動と没個性化を取り上げて、われわれの他者に対する行動が単独場面と第三者がいる場面で異なってしまうしくみについて論じる。

1 援助行動

　電車の中で女性が酔っぱらいにからまれている場面を目にすることがある。多くの場合、他の乗客は女性を助けないばかりか、その事態に無関心を装って関わり合わないようにしていることさえある。このように、多くの人が居合わせる状況であっても案外、人は困っている他者に手を差し伸べないものである。むしろ、大勢の人がいることが援助行動を起こりにくくしているという。これを実証したのがラタネとロディン（B. Latané & J. Rodin, 1969）による研究であり、一見矛盾する不思議な現象を2つの心理過程で説明した。1つ目は社会的影響である。人は、援助を求められるという異常な事態に直面した時に、居合わせた他者の動向を参考にして事態を解釈する傾向がある。2つ目が責任の分散である。事態を緊急であると解釈しても、自分以外に居合わせた誰かが援助要請者を助けてくれるのではないかと考えてしまう。これらが単独場面に比較して集団事態では援助が起こりにくかったり、援助するまでに時間を要してしまう原因であるとされる。ラタネの実験の詳細については「Chapter 8」を参照されたい。

2 没個性化

　コンサート会場でミュージシャンの演奏に合わせてたてのりで乱舞したり、野球やサッカーの観戦中に巻き起こったウェーブに思わず参加してしまう、というように、われわれは大勢の人が存在する状況下で普段は抑制されている行動をとってしまうことがある。これを没個性化（deindividuation）と呼ぶ。

没個性化によって引き起こされる行動は、例として挙げた比較的肯定的な行動の他にも、暴動や集団での暴走行為といった反社会的なものがある。ジンバルド（P. G. Zimbardo, 1970）は次のような実験を行い、その結果から没個性化を促す要因として、匿名性と責任の分散などを挙げている。実験は、条件づけの実験という名目で行われ、被験者の女子大学生が他の女子大学生（サクラ）が課題を間違うたびに電気ショックを与えるというものであった。その結果、頭からフードをかぶり、白衣を着て誰であるかがわからないようにされた被験者は、通常の服装に名札をつけただけの被験者に比べて、電気ショックを与える時間が長くなることが明らかになった。

この他にも、没個性化は、自己に注意が向かなくなることによって生じるという説がある。これについては「Chapter 5」を参照されたい。

【研究の展開】

【基礎知識】では、他者の存在や他者からの働きかけがわれわれの様々な社会的行動に影響することを述べた。ところで、社会の中で人々が相互に影響を及ぼし合いながら生きていると、生活の場が仲間同士で共有されたり、集団間で空間的な隔たりが生じたり、時には空間が個人に占有されてしまうといったことが起きる。ここでは、われわれが社会生活を営んでいく上で欠かすことができない空間の問題に着目し、それがわれわれの心理過程や対人行動とどのように関連するのかについて、なわばりとパーソナル・スペースを取り上げて解説する。なお、空間行動とは、「個体が一定の物理的空間内で示す、空間認知や空間利用などの行動」のことをいう（石井眞治, 1995）。

I　なわばり

なわばり（territoriality）は、もともとは動物の生態を説明するための用語である。動物には、同種の他の個体または個体群の侵入から自らの生態域を

守ろうとする性質があり、この場合の生態域をなわばりと呼ぶ。すなわち、動物はなわばりを持つことによって群れの個体数を調整し、生存していくために必要とされる空間や餌、配偶個体を確保する。

なわばりを持ちたいという欲求は人間にもあり、後述するような諸種のなわばりがあると考えられている。ただし、動物が個体の生存や種を維持するためになわばりを必要としているのと異なり、人間がなわばりを所有する理由は、生存に直接関わるものではなく、2次的（社会的）な欲求に基づいている。ここでは、人間にとってのなわばりを「特定の個人や集団が一時的、継続的、あるいは、半永続的に占有できる空間」と定義する。

1 なわばりの種類

人間のなわばりは、その特徴によって3種類あると考えられている。ここでは、本間道子（1997）がまとめたブラウン（B. B. Brown, 1987）の分類を参考にして、例を挙げながらそれぞれの特徴を述べる。

1次的なわばりは、自分の家や寝室のように、個人または集団が独占的に所有する空間のことである。それは個人の生活における中心的な位置にあってプライバシーが十分に確保された空間である。長期間にわたって所有されることが多く、占有する個人はこの空間に強い一体感を求めるという。所有者は、それが自分のなわばりであることを確認したり他者にアピールするために、自宅の周囲に塀をめぐらしたり、鍵つきのドアをつける。

2次的なわばりは、教室内でいつも座る席や行きつけの居酒屋の定席、スポーツクラブのロッカーなどのように、誰かに独占的に所有されているわけではないが、特定の個人や集団によって比較的に継続して使用されている空間のことである。それは、一定の条件を満たせば（たとえば、スポーツクラブに入会する）、誰でも使用することができる空間であるが、2次的なわばりの所有者は、そこに強い心理的つながりを求めており、ひとたび他者によって侵害されると、非常に不快に感じるという。所有者は、なわばりを確立するために、所持品を置いたり、目印をつけたりする。

電車やバスの座席、公園のベンチ、役所の待ち合いベンチなどのように、公共性の高い場所や施設において一時的に占有される空間のことを公的なわばりと呼ぶ。これは、誰でも一時的に所有者になることができる空間である。それゆえに、なわばりを維持することは難しい。しかし、2次的なわばりと異なって、別の機会に他者が占有していたとしても、不愉快な思いをすることはない。つまり、自分が占有していない時は、なわばりであるとは思わないのである。

2 なわばりの機能

なわばりを持つことにはどのような働きがあるのだろうか。ここでは、林春男 (1999) の分類を参考に、なわばりの主な機能を紹介する。

1) プライバシーの確保

なわばりは、プライバシーを確保することに貢献する。われわれは、個室など他人が侵入できない空間においてプライバシーを保つことができる。人はプライバシーを確保することで、日常生活に伴う緊張感を解きほぐしたり、内省や自己評価を行うことができる。いうまでもなく、これらは心理的安定の維持・回復にとって欠かせないものである。また、親密な対人関係が形成されるのもプライバシーの確保が前提となる。

2) アイデンティティの確立

われわれは、なわばりを持つことによって、自らの自我同一性（アイデンティティ）を確立することができる。なわばりは、自己と他者との間に明確な境界線が引かれることにほかならず、それはすなわち、自己とは何かというアイデンティティの核心を明らかにすることに貢献するものである。また、自分の部屋を自分好みに飾りつけたりするように、なわばりを自分らしく演出することで、アイデンティティを他に表明するという働きもある。

3) 安全性と地の利

人はなわばりを持ち、その中で生活することによって、自己の安全を保ったり、所有物を他人から守ることができる。また、「内弁慶外すばり」とい

われるように、人は他人のフィールドに比べて自らのなわばりの中では、心理的に安定した状態で快活に他者と相互作用を行うことができる。その原因は、自分のなわばりは日頃から慣れ親しんでおり、様々な状況を熟知しているためであるとされる。一方、他人のなわばりを訪問すると、勝手がわからずに戸惑ってしまったり、様々な面で行動に制約が加えられたりして、不安や緊張が生じてしまい、本来の対人相互作用が導かれにくい。

4) 社会的秩序の形成

家庭の食卓や、会社・組織のオフィスなどでは、通常、各メンバーの座席や配置が決められており、各人はいつも同じ席や位置（なわばり）を確保している。各人がなわばりを持つことによって、社会組織の安定化が図られる。たとえば、誰がどこに座るのかを毎朝決めていたのでは家庭生活や組織運営は滞ってしまい、各人の認知負荷も増大してしまうだろう。

II　パーソナル・スペース

1 パーソナル・スペースとは

あなたは、ガラガラに空いている電車やバスに乗った時、どの座席に腰掛けるだろうか。多くの場合、最も端の席が好まれるだろう。また、便器が3ヵ所あるトイレで男性が小用を足そうと思った時、1番手前の便器が使用中であったなら、残りの2つのうち、どちらを選ぶだろうか。真ん中を避けて奥の便器を使う人が多いだろう。このように、われわれはあまり意識することなく、他者との間に距離を置いたり、逆に、接近したりしている。これらは、日常生活の中でよく観察される現象であるが、誰もがそれを単に常識的なこと、あるいは、慣習として受け止めているのではないだろうか。ところが、後述するように、このような行動傾向はパーソナル・スペースに関する心理学的な知見によって説明することが可能である。

パーソナル・スペース（個人空間）とは、個人を取り巻く目に見えない泡

のようなものであり、他人に侵入されると不快感が生じる空間のことである。普段はあまり気にならないが、混雑した車内や雑踏などでその存在を認識することができる。また、なわばりが空間的に固定されていて境界が明確であるのに対して、パーソナル・スペースは個体とともに移動することが可能ないわば携帯空間である。加えて、状況に応じて伸縮するという特徴があり、見知らぬ相手や嫌いな相手との距離は遠くなりがちだが、親しい相手との距離は近くなることが多く、むしろそのことで喜びや心地よさが導かれる（図11-4参照）。電車やバスにおいて端の席が好まれるのは、端の席に腰掛ければ

図 11-4　ベンチにおける対人距離

少なくとも見知らぬ他者の侵入から片側のパーソナル・スペースを守ることができるからであると考えられる。

2 パーソナル・スペースの測定と、大きさ、形状、性差

　パーソナル・スペースは諸種の方法によって測定されるが、ここでは、その中でも代表的な渋谷昌三（1990）による接近実験と被接近実験を紹介しよう。接近実験とは、被験者が目標者に向かってまっすぐ歩いて行き、「それ以上近付きたくない」とか「不快と感じる」位置で立ち止まるというものである。立ち止まった位置をパーソナル・スペースの境界と見なして、目標者の体を中心にして各方向から同様の測定を繰り返す。また、被接近実験は、両者の立場を逆にしたものである。渋谷（1990）は、接近実験によって得られたパーソナル・スペースの一例を紹介している（図11-5）。これによると、男性が見知らぬ男性および女性に接近する時にはパーソナル・スペースを大きくとる傾向があり、女性の場合は知り合いの女性に接近するときにパーソナル・スペースを小さくする傾向があるといえる。

3 パーソナル・スペースの異常

　ところで、図11-5に示されている通り、一般に、パーソナル・スペースは身体の後方よりも前方に広くとられる。しかし、キンツェル（A. F. Kinzel, 1970）が暴力的囚人と非暴力的囚人のパーソナル・スペースを被接近実験によって測定したところ、平均面積は、暴力的囚人が2.6平方メートル、非暴力的囚人が0.6平方メートルであった。また、非暴力的な囚人のパーソナル・スペースは一般人と同様に前方の方が大きかったのに対して、暴力的な囚人では後方が大きかった（図11-6）。この結果から、キンツェルは、暴力的な人は、個人空間に他者が侵入すると、それを潜在的な攻撃であると感じやすいのではないかと考えている。したがって、彼らはあらかじめパーソナル・スペースを広くとることによって、他者の攻撃から身を守り、潜在的な不安を緩和しようとしているのではないかと思われる。人混みで肩が触れ合

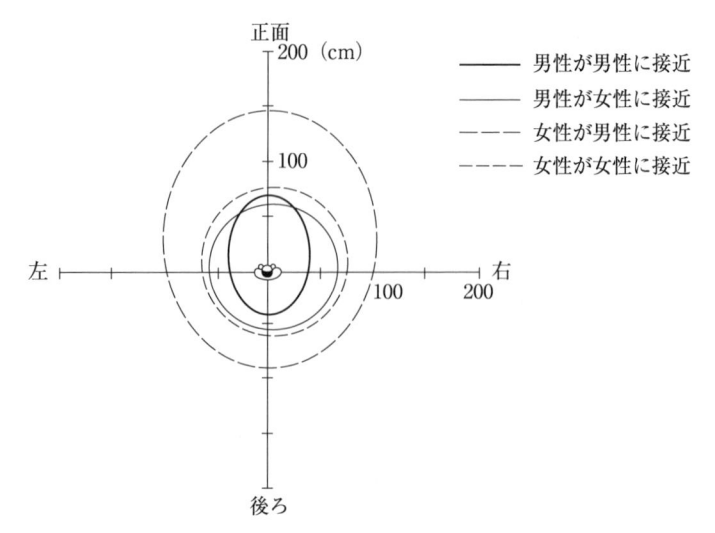

図 11-5a　接近実験によるパーソナル・スペース（接近者が知人の場合）

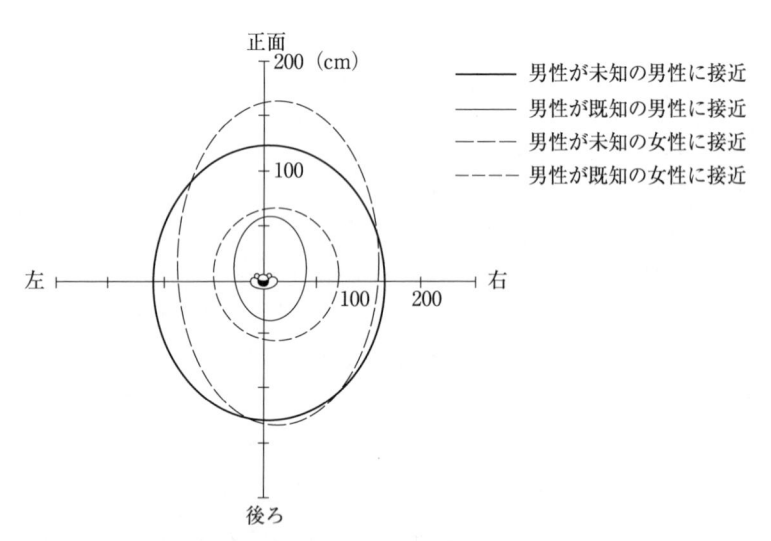

凡例:
- ——　男性が男性に接近
- ——　男性が女性に接近
- ----　女性が男性に接近
- ----　女性が女性に接近

図 11-5b　接近実験によるパーソナル・スペース（接近者が男性の場合）

凡例:
- ——　男性が未知の男性に接近
- ——　男性が既知の男性に接近
- ----　男性が未知の女性に接近
- ----　男性が既知の女性に接近

（図 11-5a、11-5b ともに渋谷、1984）

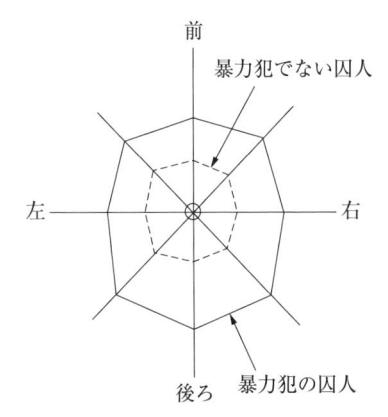

図 11-6 囚人のパーソナル・スペース（A. F. Kinzel, 1970）

ったことなどをきっかけに暴力的な人が一般人を脅したりするのは、広い個人空間を持つ彼らが、そこに他者が侵入したと感じやすいからである。

4 パーソナル・スペースの規定要因

　パーソナル・スペースは、どのような要因によって伸縮するのだろうか。現在のところ、パーソナリティ、相手との関係性、性別、視線の交差などの要因が挙げられている（渋谷、1990）。性差に関しては先に述べたので、ここでは、他の要因について紹介する（視線の交差については「Chapter 9」を参照）。パーソナリティについては、一般に、外向的な人は内向的な人よりもパーソナル・スペースが小さく、親和欲求の高い人は低い人よりも相手に接近する傾向がある。また、不安傾向の高い人ほど他人とのパーソナル・スペースを大きくとり、権威主義的傾向が強く自己評価の低い人ほどパーソナル・スペースは大きくなる傾向がある。さらに、成功や失敗の原因を自分自身の努力や才能に求める傾向の強い内的統制型の人は、パーソナル・スペースが小さい。

　相手との関係性によってもパーソナル・スペースの大きさが異なってくる。たとえば、恋人同士や夫婦間のように、お互いに好意を持つもの同士の距離

は短い。一方、好意を感じない相手や仕事上の、または、単なる社交上の交際相手と会話する時の距離はやや遠くなる。また、井村　修（1997）によると、カウンセラーとクライアントの面接時の距離は、何度か面接を繰り返して、お互いに信頼感や親しみが形成されるとともに、小さくなるという。つまり、好意が相手との距離を縮めるのである。相手に好意や親密さを伝えるために接近すると考えることもできる。冒頭のトイレの話題を思い出してみよう。手前の便器を使用していたのが親友であるなら、あなたは中央の便器を選択して彼と隣り合わせて用を足すかもしれない。

　われわれは、社会環境に適応し、快適な暮らしを営むために相手や場面に応じてパーソナル・スペースを伸縮させているのである。

参考・引用文献

Asch, S. E.（1955）Opinions and social pressure. *Scientific American*, 193, 31-35.
大坊郁夫・安藤清志編（1992）『社会の中の人間理解　社会心理学への招待』ナカニシヤ出版
本間道子（1997）「環境」白樫三四郎編『社会心理学への招待』ミネルヴァ書房
井村　修（1997）「空間的行動」棚原健次・中村　完・國吉和子編『社会心理学入門　自己・他者そして社会の理解のために』福村出版
Kinzel, A. F.（1970）Body-buffer zone in violent prisoners. *American Journal of Psychiatry*, 127, 59-64.
Latané, B. & Rodin, J.（1969）A lady in distress: Inhibiting effects of friends and strangers on bystander intervention. *Journal of Experimental Social psychology*, 5, 189-202.
Latané, B., Williams, K., & Harkins, S.（1979）Many hands make light the work: Causes and consequences of social loafing. *Journal of Personality and Social psychology*, 37, 822-832.
Milgram, S.（1963）Behavioral study of obedience. *Journal of Abnormal and Social psychology*, 64, 371-378.
岡本浩一（1986）『社会心理ショート・ショート―実験でとく心の謎―』新曜社
渋谷昌三（1990）『人と人との快適距離　パーソナル・スペースとは何か』NHKブックス605、日本放送出版協会
吉田俊和・松原敏浩編（1999）『社会心理学　個人と集団の理解』ナカニシヤ出版
Zajonc, R. B.（1965）Social facilitation. *Science*, 149, 269-274.

Chapter 12

不特定多数の人々の関わりあい ——集合行動のしくみ——

【基礎知識】

　複数参加者の相互刺激によって自然発生した未組織の集団行動を「集合行動（collective behavior）」と呼ぶ。集合行動は、居合わせる人たちの相互作用が一時的で、彼らに集団への所属意識がなく、将来の展開が予測できないという特徴を持つ。そして、組織的で共通の目標を有し、メンバーの役割分化が進んだ集団行動や、いわゆる制度的行動とは性質が異なる。【基礎知識】では、集合行動の特徴と種類を整理した上で、集合行動の中でもわれわれの生活に関わりの深い「群集」「流行現象」「世論」を解説する。また、【研究の展開】では、実際に生じた事例に基づいて「流言」「パニック」について論じる。

I　集合行動の特徴と種類

　社会心理学では、職場の仲間や野球のチームなどのように、メンバーの間で少なくとも、共通の目標が存在し、互いの交流があり、役割が分化し、規範が共有され、仲間（所属）意識が存在するといった要件の中のいくつかを備えた組織化された人々の集まりを「集団」と呼ぶ。これに対して、「集合」とは、バーゲンセールに集まる人々、コンサートや講演に参加する人々、同じ車両に乗り合わせた人々、同じ流行を採用している人々などのように、自然に発生し、組織化されず、全体の統制がとれていない不特定多数の人々の集まりを指す。彼らの示す行動が「集合行動」であり、群集、流行、流言、

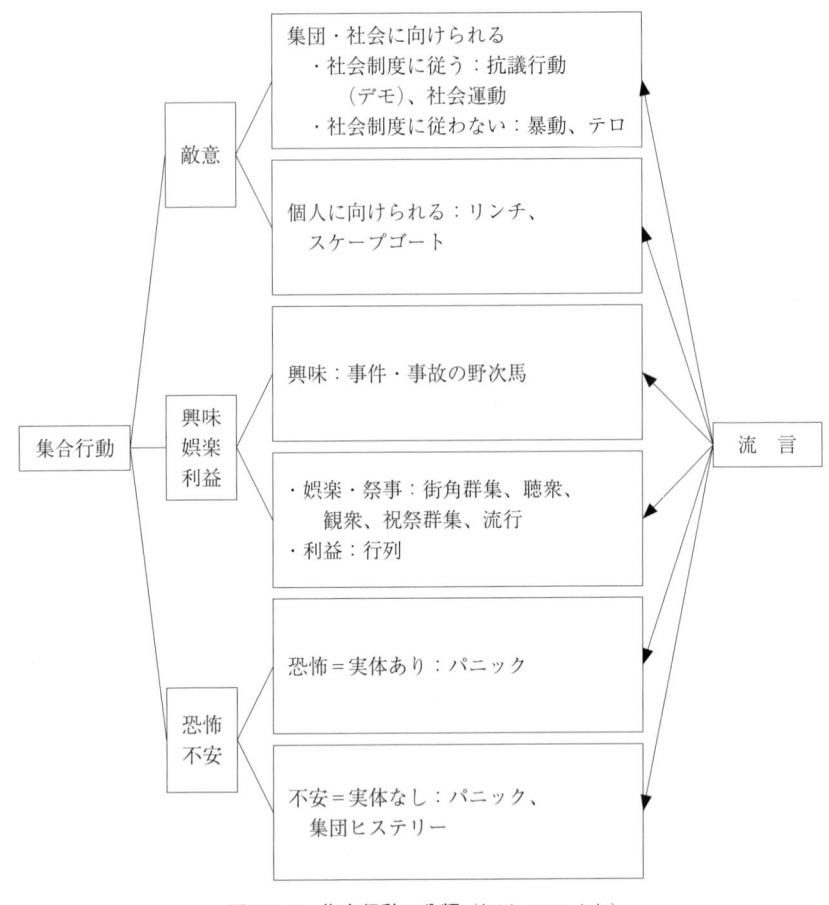

```
                    ┌─ 集団・社会に向けられる
                    │   ・社会制度に従う：抗議行動
              ┌ 敵意 ┤     (デモ)、社会運動
              │     │   ・社会制度に従わない：暴動、テロ
              │     └─ 個人に向けられる：リンチ、
              │        スケープゴート
              │
              │     ┌─ 興味：事件・事故の野次馬
  集合行動 ─┼ 興味  │
              │ 娯楽 ┤  ・娯楽・祭事：街角群集、聴衆、           流　言
              │ 利益 │     観衆、祝祭群集、流行
              │     └  ・利益：行列
              │
              │     ┌─ 恐怖＝実体あり：パニック
              └ 恐怖 ┤
                 不安 └─ 不安＝実体なし：パニック、
                        集団ヒステリー
```

図12-1　集合行動の分類（釘原、2011より）

世論などが含まれる。

　釘原直樹（2011）は、集合行動の背景には、「喜」「怒」「哀」「楽」「欲」「恐れ」などの情動があるとし、敵意（怒）、興味・娯楽・利益（喜、楽、欲）、恐怖・不安（恐れ）が向けられる対象によって、その分類を試みている。加えて、流言にはこのような集合行動を触発したり促進する働きがあると考えている（図12-1）。

II　群集行動

1　群集とは何か

　群集とは、不特定多数の人々が共通の動因、あるいは興味関心のもとに、偶然的・突発的に一定の局限された空間に集合している状態である（田中宏二、1995）。群集は、共通の動因に関連した類似行動を示すが、それは一時的なもので持続性はない。集合行動の中核的な現象ともいえる群集の分類を試みたブラウン（R. W. Brown, 1954）によると、群集は受動的か能動的かによって聴衆（audience）とモブ（mob）に大別されるという。

　聴衆は、街頭での選挙遊説などに偶然に遭遇して集まった人々と、ホールや会場での催しに意図して参加する人たちに分類される。さらに、意図的聴衆は演劇やコンサートなどの娯楽を目的とする観客と、情報収集を目的として講演などに参加する聴衆とに分けられる。

　モブは、お祭りで興奮した人々が狂喜乱舞するといった日常からの解放行動を意味する表出的モブ、バーゲンに殺到する人たちや不安に駆られて特定商品を買い占めたり、銀行の取り付け騒動を起こす人々を指す利得的モブ、地震や火災などの現場に居合わせて混乱した状態にある群集を意味す

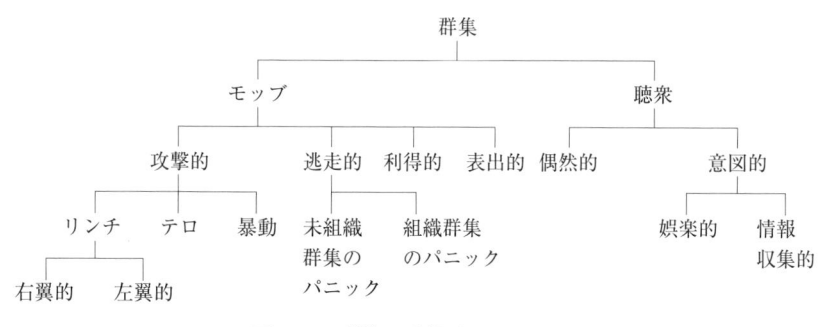

図 12-2　群集の分類（Brown, 1954）

る逃走的モッブ（パニック）、暴動、テロ、リンチなどの攻撃的モッブに分類される（図12-2）。後に【研究の展開】で解説する"流言にともなう信金の取り付け騒動"を起こした人々は利得的モッブに、そして、"明石歩道橋事故"の現場に居合わせた人たちは逃走的モッブに相当する。

2 群集の心理的特徴

これらの群集に共通する心理的な特徴は、①共通の関心、②一体感、③無責任性、④無名性・匿名性、⑤無批判性、⑥欲求・感情の解放、⑦被暗示性、⑧親近性などである（南 博、1967）。

つまり、群集は共通の関心を有する人たちによって形成され、当初は個々に独立して参加していても次第に自己を群集に一体化させることで孤独感を解消するようなる。群集への心理的な一体感は、個人を特定されにくくするとともに自己意識の低下をもたらし、罪悪感が薄れて無責任な行動が出現しやすくなる。そして、関心の対象をよく熟知していないことが多いので、想像や憶測に基づく無批判的な評価がなされやすい。また、普段抑制されている欲求や感情が解放されて、大声で叫んだり攻撃的な振る舞いや言動が生じる。さらには、理性的な判断や主体性が弱まって、被暗示性が高まり、群集参加者同士の親近感が高まるという。

Ⅲ　流　行　現　象

1 流行とは何か

街を歩いていると、しばしば、若者の間に蔓延している流行（fashion）に目を奪われることがある。グループで集う若い女性たちが似たようなヘアスタイルで、同じようなファッションに身を包んでいたり、若い男性たちがそろって顎髭（あごひげ）を伸ばしていたりするのは、そのほんの一例である。彼らの姿を見ていると、不思議なことに、次第に親しみや魅力を感じるよう

になったり、逆に、彼らのような行動をとらない者たちの姿を時代遅れとか、魅力に欠けるなどと低く評価してしまうことさえある。

　流行とは、ある社会において、特定の行動様式や思考様式がその社会を構成する特定の成員に受け入れられ、急速に普及し、やがては消滅していく社会現象である。鈴木裕久（1994）によると、流行は人の服飾や化粧、髪型などで顕著であるが、芸術、工芸、娯楽、言語、思想、科学など社会生活のあらゆる面で生じうるとしている。また、採用の可否が個人の自由意思に委ねられている点、および盛衰が急激である点において、制度的行動や慣習とは異なるとしている。

　鈴木（1977）は、流行の特徴的傾向として、①新奇性、②短命性、③効用からの独立、④瑣末性、⑤機能的選択肢の存在、⑥周期性を挙げている。つまり、流行現象は、何らかの意味において新しいもの、珍しいものが採り入れられ普及していく過程であり、通常は発生してから終息するまでの期間が比較的短いものである。時には、女性のスカートの丈の長さなどに見られるように、流行が反復することもある。また、流行は、必ずしも、それが本来持っている物理的・客観的な効用を目的として採用されるわけではなく、それらから独立したものである。効用があって定着することもあるが、それはもはや流行とはいえない。さらに、流行は目標達成のための唯一の手段ではなく、複数の選択肢の中の1つにすぎない。そして、人間生活の本質的な部分に関連することはほとんどなく、比較的瑣末で表面的な事柄に終始する。

　これらは、山道や悪路をドライブするような機会もなく、もっぱら市街地での乗用を目的とする人が、アウトドアブームに乗って四輪駆動車を購入してしまうケースや、普段は通話やメールくらいしか使用しないのに、インターネットなどの多機能を備えたスマートフォンを購入してしまう人が数多くいること、また、長髪が流行しているからといって短髪の人の生活が変わるわけではないことなどから容易に理解することができるだろう。

2 人が流行を採り入れる理由

　ジンメル（G. Simmel, 1904）は、人が流行を採用する心理として、異化と同化という2つの動機を挙げた。異化は新しいものを求め、他者と異なる自分を顕示したいという欲求を、また、同化は社会や他人から孤立したくないという適応と同調を求める欲求を示しており、人はこの相矛盾する欲求を満たすために流行を採り入れるという。現在では、これをさらに細分化し、新たなものを付加した次のような動機が考えられている。
　①新奇なものや変化を求める動機
　　　変化のないことに対する不満の解消を目的としており、刺激欲求と関連している。
　②個性化と自己実現の動機
　　　自己と他者の区別化をはかり、自分らしさを発揮しようとする欲求である。
　③集団や社会への適応動機
　　　他人と同じようにしたいという同調や斉一性の欲求であり、この傾向が強いほど、流行は行動の基準（モデル）と成りうる。
　④自己の価値を高く見せようとする動機
　　　他人よりも優れていたいという欲求であり、自己の価値を高めるために社会的地位が高い者の行動を真似る場合などに相当する（トリクルダウン現象）。
　⑤自我を防衛する動機
　　　流行を採用することによって抑圧されたものや葛藤を発散し解消しようとする自我の防衛機能であり、たとえば、社会の拘束や劣等感などが引き金になる。
　人が流行を採用するのは、これらの動機のいくつかが互いに影響を及ぼし合いながら働くためである。ただし、どの動機が優勢になるのかは、流行の種類や社会状況などにより異なる。

3 流行採用の個人差

　流行採用には、先に挙げた動機の有無や強弱が影響すると思われるが、われわれの周囲には、明らかに流行を採用しやすい人とそうでない人がいることも事実である。両者の違いは何に起因するのであろうか。一般に、流行に乗りやすいのは、男性より女性、老人より若者に多いといわれる。

　中村陽吉（1972）は、流行に追従しやすい人のパーソナリティ特性として、神経質、気分の変化の激しさ、虚栄心の強さ、自己防衛や自己顕示欲の強さを挙げ、好奇心や向学心の強い人も流行に敏感であると述べている。ローゼンフェルドとプラックス（L. B. Rosenfeld & T. G. Plax, 1977）は、男女大学生への調査結果から、流行に関心がある者ほど、協調性、共感性、衝動性、同調性が高い傾向にあると報告している。

　さらに、ピネール-リード（A. Pinaire-Reed, 1979）は、女子大学生の流行行動に関連するパーソナリティ特性として、独断主義（dogmatism）の低さとマキャベリアン的傾向（Machiavellism）を唱えた。彼女によると、自分の意見を容易に変えることがない独断主義者は流行への傾性が低い。また、マキャベリアンとは、他者を操作しようとする傾向を示すパーソナリティであり、その傾向が強い者ほど流行を採用しやすいという。衣服や装身具を身につけることによって自己に対する他者の印象を操作（印象管理）しようとする女性心理が背景にあると考えられる。

　また、ロジャース（E. M. Rogers, 1962, 1971）は、流行の普及過程に注目し、流行が伝播し始めてから消滅するまでのどの段階で流行を採用するのかによって、個人を5つのタイプに分類している（図12-3）。最も早く流行を採用する（A）は「革新的採用者」であり、せっかちで冒険的な性格である。（B）はオピニオンリーダーの役割を果たす「初期少数採用者」とし、（C）は社会に是認されてから流行を採用する「前期多数採用者」で、慎重なタイプであるとした。また、（D）は大多数の人が採用した後に流行を採り入れる「後期多数採用者」で、懐疑的で用心深い特性を持っている。（E）は「採用遅

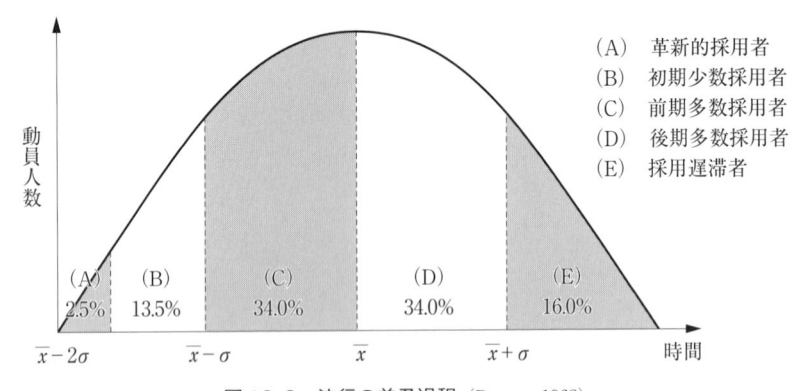

図 12-3 　流行の普及過程 （Rogers, 1962）

(A) 革新的採用者 2.5%
(B) 初期少数採用者 13.5%
(C) 前期多数採用者 34.0%
(D) 後期多数採用者 34.0%
(E) 採用遅滞者 16.0%

滞者」で、伝統志向が強いタイプであるとした。

4 流行の社会的機能

流行を集団や社会というマクロな視点から捉えた場合、それはどのような意味を持つのだろうか。その主な機能として以下の点が挙げられる。

①不安や欲求の解消

　　流行は、その時代の社会を如実に反映するものであり、そこで生きる人々の思想や欲求、不安を表すものである。人々は、流行に共鳴し、それを採用することによって、世に蔓延する不安を取り払い、欲求を解消するのである。ただし、これによって、社会に本質的な危害が及ぼされるわけではない。流行は、社会を分裂や崩壊から守り現状を維持する役割も担っているのである。

②社会的制御機能

　　流行がいったん伝播し始めると、それは一定の様式をなして人々のモデルとなり社会や集団に影響を及ぼす。流行は、安定した体制の範囲内において変動する社会に統一性をもたらす、いわば、社会規範であるともいえよう。

③社会的分化の促進

　流行を採用する人と、採用しない人々との間には境界ができる。これは、社会的分化と呼ばれ、流行を採り入れた人々からなる集団に何らかの価値が付与されることによって、その他の集団との区別化がはかられることにより生じる。これにより、流行採用者同士の結びつきが強くなったり、集団に対する所属意識が高まるという効果も現れる。

Ⅳ　世　　論

1　世論とは何か

　世論（public opinion）とは、国家から学校のクラスに至る大小さまざまな社会集団の中で興味や関心を集めている重要な事柄に対して、それを構成するメンバーの全員、もしくは、大多数が持つ意見のことである。あるいは、単に、世論調査によって測定される意見の構造を意味することもある。一般には、政治的問題に対する住民の賛否の態度を指すことが多い。岩淵千明（1994）は、世論をその性質や成り立ち方によって5つに分類している（表12-1）。

　世論は、実際にどのような場合に生じるのだろうか。人々の間に彼らの利害に絡む何らかの論争が起こり、それに対して意思決定を行わなければならない事態で生じる様々な出来事を世論現象という。また、それが発生してから消滅するまでに至る一連の経過を世論過程と呼ぶ。ある地域で空港建設計

表12-1　世論の種類（岩淵、1994）

上からの世論	支配者が一方的に自分に有利な情報を流す
下からの世論	大衆から上へという積み上げ方式
水平的世論	部分的な集団や階層内に広がる
顕在的世論	明確な言語や行動に表明される
潜在的世論	気分や感情・体制化されない思考や観念・圧力から公に表明できない

画が持ち上がった時に、しばしば、地域振興推進派（建設賛成派）と環境保全派（建設反対派）の間に論争が巻き起こることがある。これなどは、世論現象の典型例といえよう。

2 政治と世論

現代の政治は、世論によって動かされているといわれる。なぜならば、すべての人の政治的な意見が同様であるとは限らない場合に、世論が政治的な判断材料になりやすいからである。実際、特定の政治問題に対する賛成派と反対派の対立が世論を生み、その大勢が政治的決定に影響するような例も少なくない。たとえば、選挙に関する世論調査によってある候補者が優勢であると判明し、それが大きく報道されると、確かな意見を持っていない者までがこれに従ってしまうことがある。これをバンドワゴン効果（bandwagon effect）という（岡田守弘、1987）。これとは逆に、アンダードッグ効果（underdog effect）は、劣勢であると報道された候補者に対して一種の判官びいきが働き、予測された以上に票が集まる場合を指す。

いずれにしても、政治家は市民生活に大きく関わるような政治的決断を迫られている場合や選挙の際には世論の動向から目を離すことができないのである。

3 マスコミと世論

われわれは、日々、膨大な情報に触れながら生きている。なかでも、新聞、テレビ、ラジオ、雑誌、書籍などのマスメディア（mass media）を介して発せられる様々な情報は、不特定多数の人々に同時に伝達されることによって、個人や社会に多大な影響を与える。このような情報の伝達様式をマス・コミュニケーション（mass communication）と呼ぶ。最近ではインターネットの普及にともなって情報の送り手であるマスメディアと受け手である個人との間で交わされる双方向のコミュニケーションが見られるようになってきたが、マス・コミュニケーションは、原則として、個人と個人が相互に情報を伝え

合う対人的コミュニケーションとは異なり、情報の送り手と受け手が直接的に接触することはなく、いわば、一方的に伝達されることに大きな特徴がある。日本では、略してマスコミと呼ぶことも多い。

そして、このマスコミこそが世論の形成に最も大きな影響を及ぼす源である。われわれは、社会情勢の把握をマスコミから得る情報に依存しており、それによって社会的争点となっている事柄はもちろんのこと、それに関する一般大衆の意見をも認識することができる。しかし、マスコミの世論への影響は、単純なものではない。たとえば、カッツとラザースフェルド（E. Katz & P. F. Lazarsfeld, 1955）は、コミュニケーションの2段階流れ仮説を提唱し、マスコミの報道は一般大衆に直接及ぶ場合よりも、オピニオンリーダーを介して彼らに伝達されるほうが、その効果は大きくなると報告している。人はもともと持っている政治的立場に合致する情報には耳を傾けるが、そうでない情報を避ける傾向がある。政治的イデオロギーや政治への構えといったある種の"垣根"を持つ個人の態度を変容させるには、マスコミの直接伝達よりも個人的コミュニケーションのほうが有効なのである。

【研究の展開】——事例でみる集合行動

I　流言とその伝播

1　流言とは何か

流言とは、ある社会集団の中で、情報の真偽が確かめられることなく人から人へと伝えられていく連鎖的な伝達過程のことである。流言は伝達途上で簡約化・平易化され（平均化）、特定の情報にだけ注意が向き、誇張され（強調化）、内容が伝達者の論理的枠組みに沿って再構成される（同化）という特徴を有する。ただし、ある目的のために、ありもしないことを故意に言いふ

らして扇動するデマとは異なり、流言は発生動機に悪意をともなわない。とはいえ、流言はいくつかの条件がそろえば発生する可能性が高いうえに、後に説明する"豊川信用金庫取り付け騒ぎ"のように、とんでもない騒動を招いてしまうこともあるので注意が必要である。

2 流言の発生条件

　流言の発生には、「事態の重要性（興味・関心）」「情報の曖昧さ」「不安・緊張」という要因が関わるという。オールポートとポストマンは、"流言の大きさ＝事態の重要性×情報の曖昧さ"という式でこれらの関係を示した（G. W. Allport, & L. Postman, 1947）。流言はその事態が人々にとって重要であるほど、そして、情報が曖昧であるほど大きくなるという関係にある。また、不安・緊張は、流言発生の素地（土台）として影響すると考えられる。

3 事例でみる流言

　次に、実際に生じた事例を通して、流言とそれがもたらした騒動を考えてみよう。ここで紹介するのは、1973年に愛知県豊川市周辺で発生した豊川信用金庫小坂井支店の取り付け騒動である。その概要は次の通りである（流言発生の詳細な経過は図12-4を参照）。

> 　1973年12月13日（木）、豊川信金小坂井支店で多数の客が預金解約・払い戻しを求める。騒ぎは豊川信金の8つの本支店に拡大し、翌14日には大多数の顧客が各店舗に詰めかけ大混乱となった。12月17日（月）、日銀、大蔵省、警察などが事態の収拾に努め、マスメディアも"日本の銀行・信金は法律保護下にあり倒産しないこと（当時）"を報じて、事態は沈静化した。

　流言発生のきっかけは、豊川信金に就職が内定していた女子高生とその友人の会話を偶然に漏れ聞いた人の誤解であった。友人が内定した女子高生を冷やかすつもりで「信金なんて危ないわよ」と言ったことに尾ひれがつき、さらに、それが何人もの人を介して誤解者に伝わるなど、いくつかの偶然が

流言発生の経過

【1973年12月8日】‥豊川信金に就職内定した者を含む女子高生3人が通学時に、内定者を冷やかすつもりで別の1人が「信金なんて危ないわよ」と言った。内定者は気にもとめなかったが、帰宅後、下宿先のおばに友人に言われたことを伝えた。当日夜、おばは豊川市に住む義姉に問い合わせた。義姉は「そんなことは聞いたことがない」と答えて安心させる。
【同 12月9日】‥義姉は近所の美容院で店主に昨日の話を伝えた。
【同 12月10日】‥美容院店主が親類女性に同じ話を伝えたところ、たまたま遊びに来ていて居合わせた小坂井町のクリーニング店主も会話を聞いた。クリーニング店主は、帰宅後、妻に同じ話をしたが、その時点では夫婦そろって信用していなかった。
【同 12月13日】‥午前11:30頃「電話を貸してほしい」と言ってクリーニング店に駆け込んできた男性が家族に通話している内容(「すぐに豊信に行って120万円下ろせ」)を聞いた店主の妻は「やっぱりあの話は本当なんだ」と早合点し、大急ぎで外出中の夫に連絡し、2人で豊信小坂井支店に行き、預金180万円を払い戻した。

その後、クリーニング店主夫妻は、手分けして友人、知人、得意先など20数人に直接または電話で「豊信が危ない」と伝えた。その中にはアマチュア無線家がいて、彼は無線仲間20数人にこの話を伝えた。クリーニング店主夫妻から話を聞いた人の多くが豊川信金の本支店で預金の解約を求めた。

この日、小坂井支店で59人が5000万円下ろした。
【同 12月14日】‥騒ぎは拡大の一途をたどり、小坂井支店は夜10時までに1650件(4億9000万円)の払い戻しに応じた。流言から金融パニックへ。

図12-4 豊川信用金庫取り付け騒ぎに至る流言のプロセス
(伊藤・小川・榊、1974a；伊藤・小川・榊、1974bより)

重なって騒動に発展したという。

伊藤陽一・小川浩一・榊 博文 (1974a、1974b) によると、「豊川信金倒産」の流言が発生した背景には、社会不安と地域社会の特性があるという。当時の日本社会は、第1次オイルショックや高度経済成長の終焉にともなうインフレ・物価高騰・買占めなどが発生し、人々の間に不安が蔓延していた。また、当時の愛知県豊川市は、人口1万8000人ほどの小さな町であり、相互に知り合いが多く共同体意識や連帯意識が強い土地柄であった。加えて、住民の貯蓄意識が高い割には金融機関が少なく(町には豊川信金しかなかった)、流言発生の7年前に町の金融業者(高利貸し)が倒産していた。これらは、先に紹介した流言発生の素地である「不安・緊張」の高さを示すものと考えられる。そして、多くの人たちが興味関心を持つ金融機関の倒産という重大

事が曖昧な情報となって伝えられた結果、大騒動に発展してしまったのだといえよう。

II　パニック

1 パニックとは何か

　地震やビル火災などの危機場面で不安や恐怖などの共通動因によって逃走に駆り立てられた群集を逃走的モッブと呼ぶ。パニックとは、逃走的モッブの成員が示す不適応反応、過剰防衛反応のことである（田中、1995）。また、三上俊治（1994）は、パニックを「生命や財産の脅威を認知した多数の人々による集合的な逃走行動と、それにともなう社会的混乱」と定義している。

2 パニックの発生条件

　パニックはどのようにして生じるのだろうか。パニックの主な発生要因として考えられているものは、①危険の認知、②不安・恐怖・ストレス、③時間的切迫感、④危機回避の方法があるという認知、⑤競争事態（脱出路が狭い等の空間的制約）、⑥リーダーの不在、⑦予測不可能性、⑧群集成員間のコミュニケーション・連帯性の欠如、⑨群集のサイズ、⑩閉鎖空間での過密状況、⑪危機的な社会情勢、などである。

　パニックは、突然生じた危険が間近に迫り、そこに居合わせる成員が危機を現実に認知し、それが不安や恐怖を煽るもので、しかも、危険を回避するためには他人との競争に勝たなければならない事態で生じる。また、適切な指示を与えるリーダーが不在であったり、事態の展開が予測不可能で群集成員の間に協力関係が存在しない場合、さらには、危機場面に遭遇した群集の人数が多い場合や閉鎖空間での過密状況が、パニックの発生を促すと考えられている。

　そして、これらの発生条件のもとでパニック状態に陥った群集成員は、無

責任になり、没我的・没理性的、利己的で、被暗示性が強く、他人の行動に敏感で反射的に同調行動をとりがちになるという。このような心理的・行動的特徴がパニックの規模を拡大し深刻な被害をもたらすと考えられる。

3 事例でみるパニック

次に、パニックとそれがもたらす被害を実際に生じた事故を通して考えてみよう。その事故は、2001年7月に兵庫県明石市で催された花火大会の会場に隣接する歩道橋で起きた。以下は、広瀬弘忠（2004）に基づいてまとめた事故の概要である。

> 2001年7月21日（土）、花火大会の会場である明石海峡に面した大蔵海岸と最寄駅のJR朝霧駅の間に設置された歩道橋（長さ100m、幅6m）で、見物を終えて帰宅を急ぐ客と、花火終了後も夜店や海辺散策に向かおうとする人たちが激しい滞留現象を起こした。
> ※歩道橋は海岸に降りる部分で直角に折れ、階段の幅はわずか3mしかなかった。ここが群集の滞留を招くボトルネックになった（図12-5）。
> 同日午後8時45分頃、このボトルネック近辺で1平方mあたり13〜15人という超過密状態となり、その場に居合わせた人々の胸部には、幅1mあたり400kgの圧力がかかったと推定される（大人が失神するほどの圧力に相当）。超過密の中で両足が浮き上がった状態の群集が何かの拍子に群集ナダレを起こし、6〜7人が倒れ、次いで300〜400人が折り重なるようにして巻き込まれた。
> ※死者11人（0〜9歳が9人、70代の女性2人）、重軽傷者247人。このように、子どもと老人が犠牲となった。死者の大半が胸部圧迫による窒息死であった。

明石歩道橋事故は、逃走的モッブすなわちパニックの典型例である。広瀬（2004）は、それが生じた主な原因として次の3点を挙げている。

1点目が、警備計画の欠如である。当時、明石市と警備会社は15万人の人出を予想しながら、事前の準備を十分に行わず、無制限に歩道橋に群集を流入させた。その結果、閉鎖された狭い空間において群集の超過密化現象が

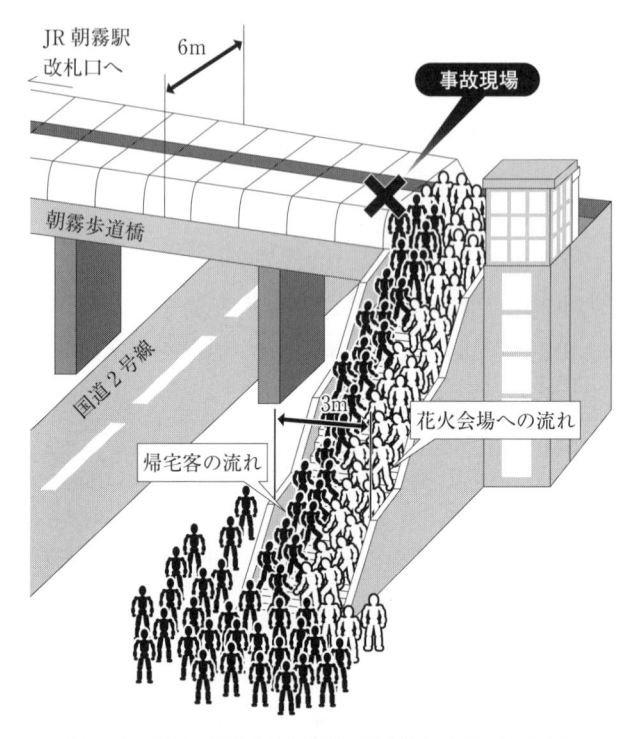

図12-5　明石歩道橋事故の現場見取り図（広瀬、2004より）

生じた。2点目は、歩道橋の構造である。歩道橋の幅が6mであるのに対して、海岸に降りる部分で直角に折れ、しかも階段の幅は3mしかなかった。3点目が、群集の流れる向きである。駅と花火会場の間を結ぶ歩道橋上で、駅方向に帰宅を急ぐ人々と夜店で賑わう海岸の方へ向かおうとする人々がぶつかり合った。加えて、歩道橋の階段近くに夜店があり、階段から降りようとする人の流れが遮られたという。この事故の原因は、警備計画の不備に伴う群集の超過密化に加えて、歩道橋の階段部分での狭隘化と、逆向きに進もうとする人々のぶつかり合いが群集の滞留を生起させたことにあると考えられている。

4 パニック事態を防ぐには

パニックの発生を防止するためには、先に述べた発生要因が生じないようにすることが肝要である。ここでは、それらを踏まえた上で、多数の人々が集う場において事故や災害が生じた際にパニックを防ぐために必要とされる点を挙げる。

①施設や公共の場における入退場路の確保
②入退場者数の把握と制御（時差入場・時差退場の導入）
③通路の一方通行化
④避難路や非常口の表示と、その周知
⑤防災訓練の適正な実施
⑥従業員（リーダー）の正確な情報開示と適切な避難誘導

多数の人々が集う学校や施設および店舗や会場においては、人々を迎え入れたり管理をする立場にある者が責任を持って以上の諸点を日頃から心掛けたり、実行または準備しておく必要がある。また、われわれ一人ひとりも事故や災害場面に遭遇する場合に備えて、避難訓練に積極的に参加したり、施設や店舗を利用する際には事前に避難路を確認しておくなどの心構えが求められているといえよう。

参考・引用文献

Allport, G. W. & Postman, L.（1947）*The psychology of rumor*. Rinehart & Winston.（南 博訳、〔1952〕『デマの心理学』岩波書店）
Brown, R. W.（1954）Mass phenomena. In G. Lindzey（Ed.）, *Handbook of sociology*, Vol. 2, Addison-Wesley.
広瀬弘忠（2004）『人はなぜ逃げ遅れるのか―災害の心理学』集英社新書
伊藤陽一・小川浩一・榊 博文（1974a）「あるデマの一生」文藝春秋、1974年4月号
伊藤陽一・小川浩一・榊 博文（1974b）「デマの研究―愛知県豊川信用金庫取り付け騒ぎの現地調査」総合ジャーナリズム研究、69号
岩淵千明（1994）「集合行動」藤原武弘・高橋 超編『チャートで知る社会心理学』福村出版

Katz, E. & Lazarsfeld, P. F.（1955）*Personal influence: The part played by people in the flow of mass communications*. Free Press.（竹内郁郎訳〔1965〕『パーソナル・インフルエンス―オピニオン・リーダーと人々の意思決定』培風館）
釘原直樹（2011）『グループ・ダイナミックス―集団と群集の心理学』有斐閣
三上俊治（1994）「パニック」古畑和孝編『社会心理学小辞典』有斐閣、p. 197
南 博（1967）『体系社会心理学（第10版）』光文社
中村陽吉（1972）『心理学的社会心理学』光生館
岡田守弘（1987）「世論の形成」加藤義明編『社会心理学』有斐閣、pp. 175-183
Pinaire-Reed, A.（1979）Personality correlates and predisposition to fashion: Dogmatism and Machiavellianism. *Psychological Reports*, 45(1), 269-270.
Rogers, E. M.（1962）*Diffusion of innovations*. Free Press.（藤井 暁訳〔1966〕『技術革新の普及過程』培風館）
Rogers, E. M.（1971）*Communication of innovations: A cross-cultural approach*, 2nd ed., Free Press.（宇野善康監訳〔1981〕『イノベーション普及学入門』産業能率大学出版部）
Rosenfeld, L. B. & Plax, T. G.（1977）Clothing as communication. *Journal of Communication*, 27, 24-31.
Simmel, G.（円子修平訳）（1976）『流行（ジンメル著作集7）』白水社
鈴木裕久（1977）「流行」池内 一編『集合現象 講座社会心理学3』東京大学出版会
鈴木裕久（1994）「ファッション」古畑和孝編『社会心理学小辞典』有斐閣、p. 207
田中宏二（1995）「モブ」小川一夫監修『改訂新版社会心理学用語辞典』北大路書房、p. 328.

Chapter 13

文化と人

【基礎知識】

Ⅰ 文化と人、人と文化

1 進化と文化

　牛は草を食べるが人間は食べない。それは、牛は草を消化できる4つの胃を持っているが人間は持っていないという進化の産物である。しかし、同じ人でもイスラム教徒が絶対にブタを食べないのは文化の力である。食は生物学的には生きるための手段だが、食のタブーやダイエット志向という文化が影響する。今田純雄（2005）によればミスコンやグラビアに登場する「美女」の体型は年々痩せている度合いが強まり、1980年代末には標準女性に比べて体重が80％台前半まで痩せてしまった。特にアメリカ人は食べ過ぎ、コレステロール、塩分を避けたがり、食を楽しむことより健康を気にするが、フランス人は正反対で健康やダイエットより食べることを楽しむ文化がある。

　人がつくり出した知識、信仰、習慣、制度などの有形無形のものを文化と呼ぶ。食べることをはじめ、人は進化と文化の両方の産物である。人は進化によって二足歩行、脳の巨大化が起き、集団生活の中の進化によって言語を持ち、他者に共感したり協力する「社会的動物」になった。他方、社会状況や教育によっては、共感や協力などの人の進化の産物は発揮されず人どうし

が憎しみ合ったり傷つけ合ったりすることも多い。進化と文化の両者が相まって、初めて人の特徴が現れるのである。

人ばかりでなく、鳥の鳴き声には方言という文化があり、また、宮崎県の幸島のニホンザルは海水でイモを洗うという文化を持ち、チンパンジーもあるグループは石をハンマーにしてナッツを割るという文化を持ち、またあるグループは葉をコップに使うという文化がある。しかし、人の文化は言語や文字を使い、メディアや教育を通して地球上に広く、世代を越えて長く伝えていくという他の動物にはない特徴がある。イギリスの進化生物学者ドーキンス（R. Dawkins, 1976）は人の生き方が遺伝子によって規定されていると同時に、文化的遺伝子（遺伝子ジーンに対してミームと呼ぶ）に強く規定され、ミームもまた次々に複製され、人から人へ伝播し、人の心をつくり、進化するという。人の心は文化によってつくられているが、一方で、文化は人によってつくられる人の心の投影でもある。文化の成立や人の発達はこの人と文化の間の双方向の関係の中で起こる。

2 文化研究のいろいろ

1) 文化人類学

イギリスのマリノウスキー（B. K. Malinowski, 1922）はパプアニューギニアのトロブリアンド諸島に長期滞在して生活をともにした。このような参与観察という方法は文化人類学における代表的な研究方法となる。心理学は欧米中心の考え方に偏っているところがあり、たとえばフロイトはエディプスコンプレックスという、少年が父親に愛情と同時に敵意や罰せられることの不安を抱くという愛憎矛盾した無意識の感情を「発明」した。しかし、トロブリアンド島では少年のしつけは父親ではなく母方の兄弟によって行われるので、父親は恐れたり敵意を持ったりする対象にはならない。文化人類学の研究は、フロイトの考えは19世紀のウィーンの文化の特有の問題で、他の文化に当てはまらないのではないかと、「心の普遍性」に疑問を投げかける。

世界には多様な文化があるが、われわれは自民族中心主義で見がちになる。

Chapter 13　文化と人

　1965年イギリスのデザイナーがミニスカートを発表し、モデルのツイッギー（小枝）が着用して世界的に大流行。1967年に来日して、ミニスカートブームが起きた。そして、それまで体型に無頓着でむしろ「豊満」志向だった日本女性に「痩せ」志向が広まったといわれている。
　イスラームでは女性はヒジャブ、ニカブ、ブルカ（左から）のような服装をすることが多い。女性は肌の露出をしないという教義なのだが、女性に対する抑制という意見もあり、フランスでは公共場面でのニカブ、ブルカの着用を禁止した。しかし「信教、表現の自由の侵害」「ミニスカートは女性解放なのか？」という意見もある。

図13-1　服装の文化

　たとえば、イギリスのタイラー（E. B. Tylor, 1871）は、宗教は物や自然現象に霊魂が宿るというアニミズムから、多神教、一神教へと文化が進化する道筋を説いた。これは自分たち文明人が野蛮人を見るという上から目線であり、一神教ではない日本人の宗教心は野蛮ということになる。同様に、オーストラリアのアボリジニが芋虫を好んで食べたり、イスラム教徒の女性が肌の露出を避けて髪をスカーフで覆うことや、ペットとしてかわいがることの多いイヌや、ユダヤ教では食べてはいけないクジラやイルカを食べる文化もある。文化を考える時に安易に優劣で考えるべきではない。
　アメリカのミード（M. Mead, 1928）は、太平洋のサモアには性の抑圧がないため思春期の問題がないことや、ニューギニアの部族では西洋など多くの文化と女らしさや男らしさの性役割が異なることを指摘して、フェミニズム運動の「性役割はつくられたものだ」とする主張の裏づけとされた。しかし、この研究には真偽の問題があると同時に、このような文化決定論は進化によ

る制約を無視した環境万能主義であること、そして、ある文化に特有の事象を普遍的現象と解釈することも誤りである。

2) エミックとエティック

文化を研究するアプローチの1つはエミック（emic）的アプローチ（アメリカの言語学者パイク〔K. L. Pike〕の造語）で、ある文化にできるだけ接近して内側からその文化特有の特徴や意味を研究しようというもので、文化人類学の研究にはこのような文化の差異の研究がよく見られる。文化の多様性を探求することは有意義だが、その文化を自分の属する文化の眼で見てしまうという、前に見たような誤りも起こりうる。エティック（etic）的アプローチは、ある文化の外側から客観的な概念や物差しで他の文化と比較しつつ研究するアプローチであり、比較心理学や文化心理学研究はこのようなアプローチが多い。しかし、「おはようのキス」をすることが夫婦の愛情の強さの物差しと考えることがおかしいように、自文化にのっとってつくられたにすぎない「客観的な」物差しで他文化を測るという恐れもある。

3) 日本人論・日本文化論

アメリカのベネディクト（R. Benedict）の『菊と刀』（1946）は、日本文化の特徴として恩、義理、忠、孝などを挙げ、アメリカの「罪の文化」に対して「恥の文化」、つまり内的な罪ではなく他者との関係に規制されているとした。中根千枝の『タテ社会の人間関係』（1967）は、日本では個人の社会的特性である「資格」ではなくムラや会社などの所属集団が大切であり、序列や親分子分という関係が重視されるという。精神医学の土居健郎は『甘えの構造』（1971）で、日本人には周りの人に好かれて依存したいという気持ちがあり、義理人情は甘えを期待し人々を依存的関係に縛るということであるとした。

哲学者の和辻哲郎は、『風土』（1935）が文化や人をつくると説明した。アラブの「砂漠型」風土では、過酷な風土が絶対的な神を説く一神教のユダヤ教やキリスト教やイスラム教を生み出す。ヨーロッパの「牧畜型」風土では、西欧の陰鬱な暗さは主観的思考に向かわせ、冬の寒さと植生の貧しさは自然を征服しようとする精神につながる。アジアの「モンスーン型」風土では、

Chapter 13　文化と人

自然の恵みと同時に台風のような人の力を超えた力と接することで人は受容的になり、農耕によって集団的になる。

Ⅱ　世界をどう見るのか

1 世界の知覚

　図13-2の左端は心理学では有名なミューラー・リアー錯視で、ほとんどの人は上の線のほうが下の線より長く見える。人が何かを見るということは、物理的世界をそのまま受け取るのではなく、選んだり、修正したり、解釈したりして自分なりの認識をつくる過程である。ミューラー・リアー錯視では、図の中央のように矢羽根が内を向いているなら自分に向かって出っ張っていて近いものだと解釈して眼に映った実際の長さより「本当は短い」と感じ、外に向いていると自分から遠いから「本当は長い」と感じる。人はこのように長さを補正して世界を立体的に解釈しているのである。

　世界の知覚とは、世界をそれぞれの人が解釈するということなので自らの所属する文化に影響される。たとえば、直線のない家に住むズールー族では錯視が起こりにくい（シーガルら、1966）。都会生活がこの錯視をつくるように、文化が人の認識に影響する。

2 言葉が違えば見方も違う

　人の特徴の1つは言葉を使いコミュニケーションを行うことだが、同時に

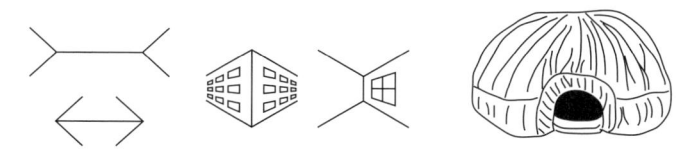

図13-2　ミューラー・リアー錯視とズールー族の家

言葉は認識に深く関わっている。たとえば、日本人には雄鶏は「コケコッコー」と鳴いていると聞こえるが、アメリカ人には cock-a-doodle-doo と聞こえるらしい。イヌイットでは雪を表す言葉が3語あるが英語では snow の1語で、ホピ語では流れる水と溜まっている水は違う語だが英語では water の1語である。イヌイット語の話者は雪について、ホピ語の話者は水についての理解が英語話者より豊かだとする考えで、このように言語が思考を決定するという考えを言語相対性仮説、またはサピア＝ウォーフの仮説（E. Sapir と B. Whorf）という。

　しかし、色の名前を mola（明るい色）と mili（暗い色）という2語しか持っていないニューギニアのダニ族に、色を区別する課題をさせるという実験をしたところ、アメリカ人と同じように色の区別ができた。つまり、思考＝言語という「強い仮説」は支持されないが、言語は思考や認知に影響するという「弱い仮説」が支持されている。

　英語では I love you. と、主語を明確にいうが、日本語では「私は〜」という人称代名詞を使わなくてもよい。「私はあなたを愛しています」とキチンというとむしろ何か特別な意味があるのではないかと捉えられかねない。"I" と明確にする言葉を使うことは、自他を区別して個人主義的な生き方と関係がある可能性がある。

　日本や中国、韓国では複雑な敬語を用いたり、相手が偉い人なら逆らわないよう気をつけてコミュニケーションを図る。物事の理解やコミュニケーションにおいて、アメリカ的思考では事物は関係や状況とは独立して分析されることなので客観的な表現になりがちなのに対して、われわれの東洋的文化では、内容そのもの以外に状況や相手との関係、相手がそれをどう思っているかなどを広く含んだ包括的な思考をしている。

Chapter 13 文化と人

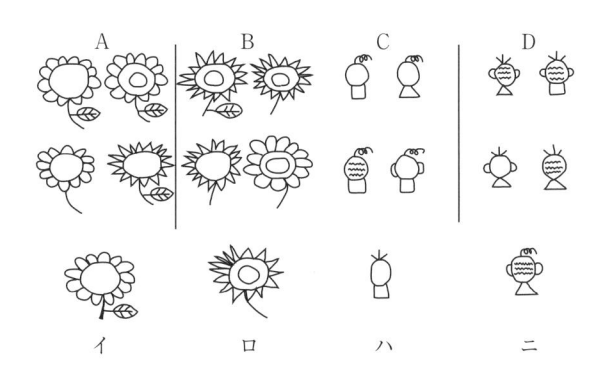

左の花の絵の下のイは上のA、Bどちらのグループの仲間だろうか？ ロはどちらの仲間だろうか？ ハやニはC、Dどちらの仲間だろうか？

図13-3　世界の分け方（ノーレンザヤン、2002より作成）

III　東洋と西洋

1 分析的思考と包括的思考

　たとえば、鶏 牛 草 の3つのうち2つを一緒の仲間に分類するとしたらどれとどれを選ぶだろうか。パンダ バナナ サル ならどれとどれが仲間だろうか。アメリカの子どもは、鶏 と 牛、パンダ と サル が仲間だとする子が多かった。「動物」という分類学上の用語をもとに仲間を選んだのである。しかし、中国の子どもは 牛 と 草 は「牛は草を食べるから」という関係があるという理由で、サル と バナナ を「サルはバナナを食べるから」という理由で、それぞれ同じグループに分ける傾向があった。

　図13-3を見て考えてみよう。多くのアジア系の人は、"全体として似ている"という理由で、イはAに、ロはB、ハはC、ニはDのグループの仲間だと分類した。しかし、ヨーロッパ系アメリカ人は、「まっすぐの茎」「曲がった茎」「3本」「くるくる」という"規則"によるカテゴリーによって、イ

表13-1 2つの思考法 (ニスベット、2004と増田貴彦・山岸俊男、2010をもとに改編して作成)

	西洋文化	東アジア文化
思考方法	分析的思考―木を見る―	包括的思考―森を見る―
背景	古代ギリシア文明 西洋哲学	古代中国文明 儒教、仏教、老荘思想
特徴	直線的思考 不変不動の世界 簡潔な因果関係を追及する 共通項による分類 ルールに基づいた判断 内的な要因が原因 中心的なことへ注目する 相互独立的な自己	素朴弁証法 世界は常に変化し矛盾に満ちている 複雑な因果関係 関係性による分類 類似性に基づいた判断 外的な要因が原因 周りの状況に注目する 相互協調的な自己

ニスベットは西洋と東洋の思考法を古代ギリシア、古代中国からの流れで捉えている。

はBなど反対のグループを選ぶ傾向があった。このように共通する特性はないがいろいろな類似性がゆるく重なっていることを家族的類似性という。西洋人は「規則に基づくカテゴリー」で、東洋人は関係や「家族的類似性」で世界を理解する傾向がある。

　アメリカのニスベットは『木を見る西洋人森を見る東洋人』(ニスベット、2004)で、西洋人の思考法は古代ギリシア以来の「分析的思考」で、対象を周囲の状況や文脈から切り離して単独で考え、属性に基づいてカテゴリーに分類し、それぞれの働きや要素間の作用や因果関係を理解するとした。世界は不変で単純に考えて単純な法則を求める。このような考え方は私たちが学校で学んだ「科学」につながっていく。

　またニスベットは、東洋人(ここでは中国、韓国、日本などの東アジア)の思考は、古代中国文明にルーツがあり「包括的思考」という。物事は周囲と切り離せず周りの状況や文脈など全体から理解すべきで、物事には矛盾があり真実は1つでない。「塞翁が馬」のように、世界の出来事は複雑に絡み合った因果関係の連鎖で一部分だけで理解することはできないという素朴弁証法(矛盾を解決する哲学者ヘーゲルの弁証法でなく、矛盾のある事柄も互いにつながって変

化していくというような世界観）という見方をする。

> 塞翁（さいおう）が馬
> 　昔、中国に塞翁という老人がいた。ある日飼っていた馬が逃げてしまい、近所の人が慰めると「これが福をもたらすかもしれない」といった。数ヵ月後逃げた馬は駿馬をひき連れて戻ってきた。人々がお祝いをいうと「これが禍をもたらすかもしれない」といった。家には良馬が増え、息子は乗馬を好むようになったが、落馬して腿の骨を折ってしまった。人々が慰めると「これが福をもたらすかもしれない」といった。1年後戦争が起き、若者たちの多くは戦争に行き亡くなったが、塞翁の息子は足が不自由なため戦争に行かず助かった。幸と不幸は複雑に絡み合って予測がつかないものだ。

2 周りに影響される

　周囲の状況に注意を向けるという東アジア文化の特徴は、図13-4のような「埋没図形テスト」にも表れる。周りの複雑な文脈から単純な図形を見出すのに時間がかかる人は、物を分けずに全体を見がちなので「場依存」という。早く見つけられる人は全体から要素を区別しているので「場独立」という。場依存性が強いのは他者との共同作業が必要な伝統的な農耕生活者であり、狩猟採集民のように他者との共同作業があまり必要のない民は低いという結果がある。

　「棒と枠課題」は、箱の中を覗くと奥に1本の棒とそれを囲む枠が見えるという実験である。参加者は傾いた棒を調節して垂直に立てる作業をするが、枠のほうが傾いていたりするのでその影響をどのくらい受けるかが調べられる。この課題では中国人のほうがアメリカ人より枠の傾きに影響されて場依存性が強かった。中国人は中心的テーマだけではなく周りの環境や出来事にも注意を向けるので周囲の出来事から影響されやすいと考えられる。

　「枠の中の線課題」は、見せられた枠の中の線を大きさの違う枠の中に見たままの長さを思い出して書く絶対判断と、違う大きさの枠に合わせて見た線と枠の比率を思い出して書く相対判断課題をする。日本人は、アメリカ人

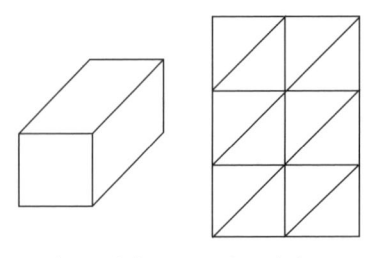

左の図を右の図から探し出す。
図 13-4　埋没図形テストの例（Witkin, 1950 を参考）

に比べて相対判断に優れ、絶対判断で劣っていた（北山ら、2003）。

　増田貴彦（2010）は、図 13-5 の左のような水中のアニメーションを見せた後、見た内容を説明させた。アメリカ人の学生は「3 尾の魚がいて……」「1 尾は泳いで……」などまず目につく中心的なものについて説明し、周りの状況には関心を払わなかった。日本人の学生は「藻が生えているところで……」など場面設定から述べ始めることが多かった。

　図 13-5 の右では真ん中の人は喜んでいるように見える。アメリカ人はそのまま「喜んでいる」と判断するが、日本人は図のように周りの人が怒っているとその影響を受けて「喜んでいる」という判断の程度が低下してしまう。

　以上のような研究から、アメリカ人などの欧米人は周りの影響から独立してそのものだけを理解しようとする「木を見る」認識をするのに対し、日本

この絵を 30 秒見つめてから本を閉じてどんな画像だったか詳しく思い出してみよう。

真ん中の人の表情を見て彼がどのような感情でいるのか述べてみよう。

図 13-5　場や状況に対する認識の違い（増田貴彦、2010 をもとに作成）

Chapter 13 文化と人

人などの東アジア人は周りを見る、場に影響される「森を見る」認識の文化である、といえよう。

3 原因は内側にあるのか外側にあるのか

モニターに魚が何尾もいて動いている。図13-6のように1尾だけが群れから離れて泳いで行った時、その行動の理由を問うとアメリカ人はその魚自身の意図や目的など内的な動機で説明するが、中国人は他の魚が促すなど、周りの状況で説明する傾向がある（モリスとペン〔M. Morris & K. Peng〕、1994）。

> 「盧剛（ルー・ガン）事件」
> 　1991年、アメリカ・アイオワ大学で中国からの留学生ルーは彼の論文が認められずに他の学生が認められた。彼の抗議も無視され、就職にも失敗した。彼は大学の物理学の研究棟に行き、指導教授をはじめ6人を射殺した後自殺した（後に映画「Dark Matter」邦題「アフター・ザ・レイン」）。

アメリカ人が個人に焦点を当てることは殺人事件の解釈でも同じである。1991年に起きたアイオワ大学での銃による事件を報じる大学新聞は、犯人の個人特性ばかりに焦点を当てていた。そこで、モリスとペン（1994）がこの事件を報じた「ニューヨーク・タイムズ」と中国語紙の「世界日報」の記事について分析すると、アメリカの新聞では「危険な性格」「精神障害」な

先頭の魚だけが前に向かってどんどん泳いでいる。
Q「魚はなぜあのように動くのか？」
A「群れから逃げ出したい」「リーダーになりたい」など魚自身の動機で説明。
A「群れでやっていけない」「群れから追い出された」など群れや状況で説明。

図13-6　行動の原因は内側にあるのか外側にあるのか

ど個人の特性についての記述が多く、中国語の新聞では「指導教授とうまくいかない」「コミュニティーで孤立」「銃所持が可能」など周囲の状況について多く報じられていた。また、これらの殺人事件の記事から抜粋した項目の重要性を評定させると、アメリカ人学生は個人特性、中国人学生は状況要因が大事だと評価した。そして、「もしルーが新しい仕事を得ていたらこんな悲劇は起こらなかっただろうか」と聞くと、中国人の多くは「おそらく起こらなかっただろう」と答えたが、アメリカ人は状況が変わっても本人の気性が原因だと考えるので「やはり犯行は起こっただろう」と答えた。

何でも個人の問題と考えるアメリカ的態度は、勝者を称賛し「金持ちはそれに値することをした」と尊重する一方、家庭内暴力やレイプを被害者の側に原因があると考えたり、「貧乏人はその人が悪い」、「不幸な目にあっている人には理由がある」とネガティブなことも自己責任と考える傾向がある。

4 西洋と東洋

ニスベットによれば、西洋と東洋の思考の違いは多岐にわたる。医学では西洋は傷んだ部分を除去するというやり方だが、東洋医学は体内のバランスを重視する。西洋人は普遍的な正義で目的を果たそうとするため、アメリカでは弁護士などの法律家が日本よりはるかに多い。西洋ではディベートで決着をつけたがり、日本では根回しで対立を避ける。

アメリカで授業中発言しない東洋系の留学生は無能だといわれがちだが、老子いわく「知者はいわず、いうものは知らず」で東洋人は沈黙を尊ぶ。また、分析的思考では言語化が容易だが、包括的思考は言語化が難しい。

西洋では契約が絶対だが、東洋では暫定的である。西洋では個人と個人、個人と政府の間には権利、自由、義務を伴う社会契約が結ばれるが、東洋では社会は個人の集合ではなく、それ自体有機的な組織体である。

西洋人にとって宗教は善か悪かの問題で、「どちらも一理あり」ではなく、キリスト教のような一神教が支持され、一神教どうし妥協することはないが、日本では「八百万の神（やおよろずのかみ）」であり、神々も仏も同居する。

西洋の形式的で論理的なアプローチは、科学や数学の成立にずば抜けた力があり近代をリードしてきたが、東洋の「あれもこれも、どちらにも真実がある」や、背景や状況に注意を向けるというアプローチは、複雑な現代の世界を理解するのに力があるかもしれない。

Ⅳ 文化によって違う「自己」

1 相互独立的自己観と相互協調的自己観

日本の学生が授業中発言したがらないのは、「出る杭は打たれる」ということわざのように、出しゃばったり人と違うことを避けようとしているようだし、「キーキーと軋む歯車は油をさしてもらえる」というアメリカのことわざのように、アメリカの学生はとりあえず意見をいって自分を前に出したがる。

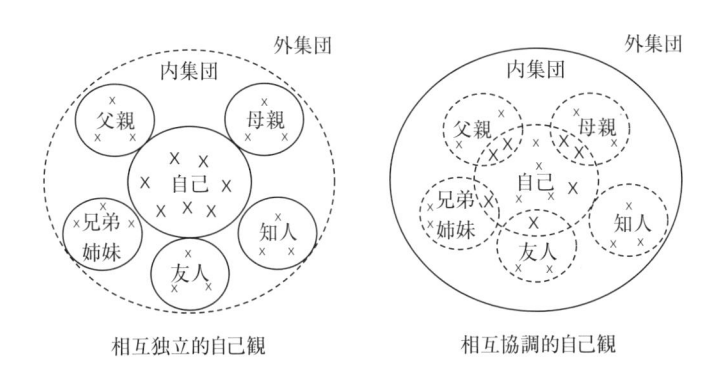

Xは性格・態度などの個人特性。相互独立では自己の個人特性は他者から独立しているが、相互協調では個人特性は家族や友人などと重なり他者は自分に組み込まれている。相互協調は自己と内集団（自分の属する集団）との境界はあいまいで、他者は自己の中に入り込んでいるが、内集団と外集団（自分の属さない集団）の区別ははっきりしている。

図 13-7 相互独立的自己観と相互協調的自己観

(Markus & Kitayama, 1991；増田・山岸、2010 から修正して引用)

マーカスと北山（N. R. Markus & S. Kitayama, 1991）は、このような違いのもとは「自分とは何か」ということの違いと考えた。アメリカなどの欧米文化の自己は「相互独立的自己観」と呼ばれ、図13-7のように他の人や周りから独立している。自分自身の能力や特性が重要で、自分の行動は自分の内部の性格や能力や動機によって決められるべきで、個人の自由や権利、ユニークさや自己主張が重視される。

　日本や中国などの東アジアの「相互協調的自己観」では、自己は近い人たちと明確には区切られておらず、自己に組み込まれている。自分にとって重要な人たちの期待や関係が大事で、私的な特徴より社会的な地位や役割が大切である。人の気持ちを理解し協調して自分を抑え、周りの人から期待されているように行動する。そして、自分の仲間（内集団）とそうでない人々（外集団）を区別する。

1）　ユニークであること

　アメリカ人は自分のことを個性的だといいたがり、個性的であることを好む。広告を分析した研究では、韓国では「トレンドは……」「多くの人が……」と同調を促す内容だったのに対して、アメリカでは「個性」「差をつける」「選ばれた……」などユニークさを強調する。

　調査のお礼だといってペンを5本の中から1本選ぶという実験では、アメリカ人は1本しかないユニークな色のペンを選び、日本人は4本ある色のペンを選ぶ。これはアメリカ人の個性、日本人の協調の表れといわれているが、山岸（2008）の実験では、普通に選ばせると日本人は多い色を選ぶが、「あなたが最後です」といって選ばせると日本人も1本のユニークな色を選んだ。日本人もアメリカ人と同様ユニークなものが好きなのだが、自分が1本しかない色を選ぶと他人に迷惑ではないか、まずいのではないかと考える。「他人の眼」を気にするということなのである。

> 日本人はユニーク？
> 　人を笑わせ考えさせるユニークな研究に与えられる賞に『イグノーベル賞』がある。日本人は「ハトにピカソとモネの絵を区別させる研究」「たまごっち」「カラオケ」「犬語翻訳機バウリンガル」など、この賞の常連である。賞の創設者は「日本と英国には奇人・変人を誇りにする風潮があり、アメリカ人は個人を尊重する一方、自分と違う意見を排除するところがある」という（朝日新聞2013年11月16日をもとに作成）。

2) 自己高揚と自己卑下

　アメリカ人は自己紹介で「私は社交的で、スポーツが得意で……」など、良いことを述べたがる。西洋文化では自尊感情（Chapter 5 参照）は高くあるべきだと考えられているために、「自己高揚動機」といって自分をよく見ようという傾向がある。しかし、日本人は「至らぬ者ですが……」など、自己紹介では長所より短所を述べ、自慢より自己批判をする。アジアでは「自己卑下動機」といって自分を低く見ようとする傾向がある。自分が内集団のメンバーより優れているということに対する抵抗感だが、常に自己批判をして向上して完璧に近づこうとする動機にもつながる。

　アメリカ人は理想の自分と現実の自分との違いが小さいが、日本人は大きい。それは日本人が他人の眼で自分を客観的に見ようとする傾向があるからであり、日本人は失敗を自分の努力不足と考えて、アメリカ人とは違い成功した時より失敗した時に頑張って挑戦しようとする。ニスベットは西洋は不変、東洋は変わる、つまり、東洋人は才能より努力だ、努力すれば変われると考えることにつながると考える傾向があるという。

3) 幸　福　感

　国際比較などによると不幸の原因の一つは貧困であるが、ある程度以上の豊かさを達成すると幸福度≠経済的豊かさとなり、日本は同じ経済水準の国に比べると主観的幸福感が高くない。大石（2009）によると、アメリカ的幸福感をハッピネスと並んでウェルビーイング（well-being）、つまり良い状態ということが多いが、何が良いかといえば、興奮、ワクワク、ドキドキとい

表13-2 文化と幸福 (内田由紀子、2013)

	日本	北米
幸福感情	低覚醒感情「おだやかさ」 関与的感情「親しみ」	高覚醒感情「うきうき」 脱関与的感情「誇り」
幸福の捉え方	陰陽思考・ネガティブさの内包	増大モデル・ポジティブ
幸福の予測因	関係思考 協調的幸福、人並み感 関係性調和 ソーシャル・サポート	個人達成志向 自己価値・自尊心

う肯定的な気持ちが多く、悲しみ、怒りが少ないほど幸福感が強いということである。このような北米の幸福感を、内田由紀子 (2013) は増大モデル (表13-2) と呼び、若さ、健康、収入、自尊心などが増大し続けることが幸福につながる。日本人に幸せの意味について書いてもらうと、アメリカ人と違って「ねたまれる」「かえって不安」などネガティブな記述が3割近くあり、幸せは良いことの足し算ではなく「禍福は糾える縄」「塞翁が馬」のように良いことがあれば悪いこともあるというバランス志向の幸福観で、「穏やか」「親しみ」が大切である。ブータンは、国内総生産GDPは低いが国民総幸福量GNHが高いことで知られている。家族などを大切にする東洋的生き方のようであるが、文化は後戻りのできない歯車であり、一度ケータイやスマホの魅力を知ると後戻りはできないので、日本がブータンになるわけにはいかない。しかし、興奮より平穏、経済的豊かさより「足るを知る」、個人的成功や優越、達成より他者との関係や協調という日本的幸福観は、高齢化、低成長、不安定な雇用という時代でも幸せの道があることを示している。

2 文化と発達

　アメリカの赤ちゃんは小さな時から親と違うベッドで寝て、自分のことは自分でし、自分で決めるように促される。ドイツの親はきわめて早い時期から子どもを自立させようとする。他方、日本の赤ちゃんは親と一緒に寝、母

Chapter 13 文化と人

親はいつも一緒で子どもは離れたがらない。アメリカの母親は子どもを権威的に上の立場からしつけるが、日本の母親は「（おもちゃの）クマさんがイタイイタイって泣いているでしょ」など他者の気持ちに注意を向けるように育てる（東洋、1994）。このような子どもの育て方はそれぞれの「文化」の反映であり、このような育ちが自己観や他者との関係についての「心」をつくっていく。

現在の発達心理学の主流になっているスイスのピアジェ（J. Piaget）は人の認知発達を、まだ認識が十分でない乳児の感覚運動期から、前操作期、具体的操作期を経て、最後は形式的操作期という抽象的概念を操り論理的に考える大人の段階になるとし、発達には普遍的な方向があると考える。しかし、この4段階の発達は文化によって異なり、欧米より最後の段階の到達が遅かったり到達しない人たちも多くいる。つまり、具体的な内容から離れて形式的な論理を尊ぶというのは西欧の文化であり、他の文化では、欧米的論理ではなく、宗教や詩や人間関係が発達の高い段階であるとされる場合もある（D. マツモト、2001）。

同様のことは道徳性の問題についてもいうことができ、ピアジェは子どもの道徳判断、何が良いか悪いかという判断は結果論的判断（お手伝いをしててお皿を10枚も割った）から動機論的判断（いいつけに背いてつまみ食いをしてお皿を1枚割った）に発達するとしたが、バンデュラ（A. Bandura et al., 1963）は、他の人の善悪の判断を観察させると子どもの道徳判断はピアジェの発達の方向とは反対にも変化することを示した。

コールバーグ（L. Kohlberg, 1976）の道徳の発達理論は、道徳判断が内化されていない幼児の「前慣習的水準」から、他の人のことや規則を考えるようになる「慣習的水準」、そして、最後は慣習を超えて自分自身の信念や価値観によって判断する「後慣習的水準」になるというものである。この理論にも人は自己の内的な信念や動機で生きるべきものという西欧的自己観が見られる。多くの研究は、道徳的推論が文化の影響を強く受け、たとえば自己の信念より社会的な役割を重視する文化があるなど、道徳には文化によって根

本的な違いがあるということを示している（マツモト、2001）。

3 個人主義と集団主義

　日本人とアメリカ人の違いをいう時によく用いられるのが、個人主義と集団主義という二分法である。ホフステード（G. Hofstede, 1980）は、世界50ヵ国のIBMの社員を対象に調査をして、西欧の個人主義に対して日本人を集団主義と分類した。最も個人主義なのがアメリカ・イギリスのようなアングロサクソン・プロテスタントの国で、次いで西欧で、日本や韓国は個人主義ではなく、最も個人主義でないのは中米であった。

　トリアンデス（H. C. Triandes, 2002）によると、個人主義文化では人々は相互独立的で個人の目標や欲求に従って行動し、人間関係ではなく利益で判断する。集団主義文化では相互依存的で、集団行動や他者との調和、集団の利益や決まりが重んじられる。トリアンデスは個人主義か集団主義かに加えて垂直か水平かという次元も述べている。垂直とは内集団に仕える、不平等が認められる、地位に特権が認められるということで、水平とは社会的連帯や一体感、特に地位において同等ということである。

　水平的個人主義文化はスウェーデンに当てはまり、自立的であるが平等主義的で地位は望まない、垂直的個人主義傾向が強いのはアメリカ人で、不平等を認め達成的で市場主義である。水平的集団主義は平等、同一、協力が特徴でイスラエルのキブツのような特殊な共有、平等の共同社会に見られる。垂直的集団主義傾向が強い人々が日本には多く見られ、地位が大切で礼儀正しく相互依存的で人と違うことはしないが、日本は個人主義へ移行しているという。

　以上のような研究から日本人は集団主義的といわれるが、高野陽太郎（2008）によれば、ほとんどすべての実証的研究は日本人＝集団主義を支持していない。欧米の自民族中心主義やホフステッドに基づくステレオタイプで、アメリカ人も日本人もそう思い込んでいるだけである。たとえばアッシュの有名な同調の実験（Chapter 11）を日本人で再現すると、日本人が周りの

人に同調する傾向はアメリカ人と同じで、日本人が特に同調的ということはない。また、山岸（1999）の実験では、報酬のかかったゲーム場面で、集団作業で報酬を分け合うより自分の成果が自分1人のものになる個人作業を選ぶ傾向が日本人はアメリカ人より強かった。

4 文化は心の中にあるのか社会にあるのか

これまで文化の問題を主に人の「心」の問題として見てきた。しかし、われわれは出来事の原因を環境ではなく人の問題と誤って考えがち（基本的帰属錯誤または根本的帰属錯誤。Chapter 3）であるが、文化は心の問題ではなく人を取り巻く社会の状況の問題なのかもしれない。

日本人が5本のペンから1本のペンを選ぶ時1本しかないユニークな色を選ばないで多い色を選ぶという実験結果は、「協調的」という心ではなく、この社会では多い色のほうを選んでおいたほうが良いと考えるからである。日本人とアメリカ人とどちらが人を信じるかという実験（山岸、1999）では、4人の参加者が、自分の所持金を100円寄付すると、その2倍の金額が他のメンバーに3等分されるというゲームをした。全員が寄付すれば自分も含めて皆200円になるが、全員が寄付しないと皆、もとの100円のまま、自分だけ寄付して他の3人がしないと自分は0円、他の人はもとの100円+100円×2倍の3分の1で167円になる。このゲームは相手を信用するかどうかで寄付するかどうかが決まるが、アメリカ人のほうが日本人より寄付の割合が多かった。つまりアメリカ人のほうが他者を信頼しているということである。開かれたアメリカ社会では他者を信じることで良い結果を得ようとするが、閉ざされた日本社会では「ウチ」では支え合うが、「ソト」では他者を信じないのである。

北山ら（1997）は、アメリカ人と日本人に「成功して自尊心が高まる場面」と「失敗して低まる場面」を挙げさせた。そして、挙げさせた場面がどのくらい自尊心を高めるかを聞いてみると、アメリカ人が挙げる場面のほうがどちらの国でも自尊心が高まる場面であった。そして、日常を聞くとアメリカ

人のほうがそのような自尊心を高める場面に頻繁に接しているのであった。アメリカの本や教科書にはサクセスストーリーが多く、互いの会話にも「良い」話題が多い。つまり、自尊心が大切というアメリカ人の心がお互いに「ほめ合う」「自尊心を高め合う」社会をつくり、その結果高い自尊心という心をつくっている。

　集団主義についても、日本人は必ずしも集団主義的心を持っているわけではなく、自分では「個人主義のほうが好ましい」と思っている。しかし、他の人々は「集団主義的に行動すべきだと考えている」と思っている。このような社会や人々に対する信念があるため、そのような社会に適応しようとして心ならずも集団主義的に振る舞う結果になるという説明も成り立つのである。

【研究の展開】

I　恥の文化

　欧米の「罪の文化」に対して、日本の「恥の文化」という、ルース・ベネディクトの日本人論は有名である。欧米、特にアメリカ人は神との関係に基づく「罪」が心の基本的ブレーキとなっているが、日本人にはそれがない。代わりに周りの人々を気にする「恥」が日本人の行動を規制するという。松井　洋（2007）は、恥の意識について中高生を中心に比較研究をした。結果は図13-8のように文化によって恥ずかしい場面は異なり、イスラームだがアジア系の伝統のあるトルコは、先生や親のような大人の他人に対する恥の気持ち「他人恥」が強い、ベネディクトのいう昔の日本のようである。アメリカは他人に対して恥ずかしいとは感じないが、自分の目標などに対して「自分恥」を感じる。日本の中高生は大人や世間など他人に対する恥の意識は強くないが、身近にいる友だちを意識した「仲間恥」が強い。

Chapter 13 文化と人

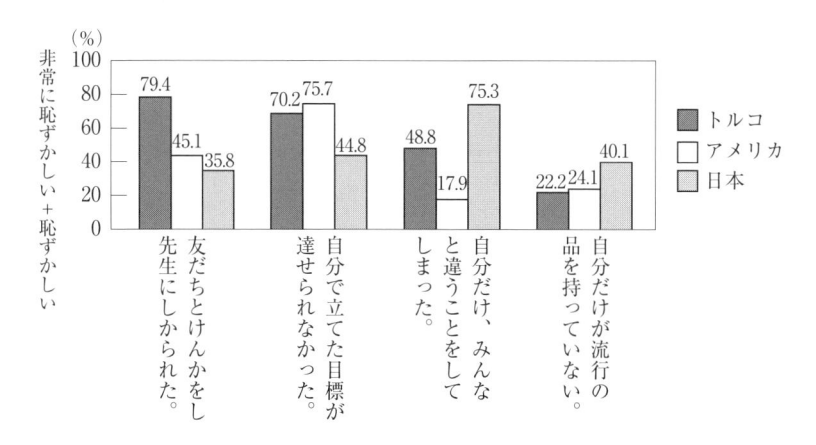

図 13-8 中高生が恥ずかしい場面（松井、2007 より修正して引用）

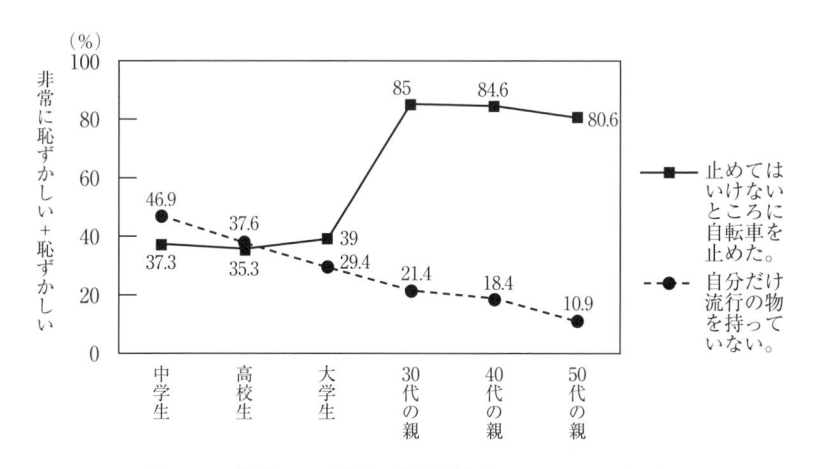

図 13-9 恥ずかしい場面の世代比較（松井、2007 より作成）

　ベネディクトのいう恥の文化は日本にないのかというと、図 13-9 のように親の世代は「止めてはいけないところに自転車を止める」など他人の眼を気にする「他人恥」が強く、若い世代だと大人や世間の眼を気にする気持ちは弱くなり、「流行の品を持っていない」のように自分の近しい友だちを気にする。人の行動を規制する「恥意識」や、他者に対する感じ方は文化や時

代や世代によってかなり違っているようだ。

II 相互独立的自己―相互協調的自己

　マーカスと北山の相互独立的と相互協調的という自己観は文化心理学における中心的な概念となっている。高田利武（2012）はこれを質問紙テスト（表13-3）にして文化比較や発達について研究している。自己診断してみよう。彼によるとやはり日本人はカナダ人に比べて相互独立性が低く相互協調性が高い。

　表13-3で自分の相互独立的自己と相互協調的自己のどちらの傾向が強いかみてみよう。

表13-3　相互独立的・相互協調的自己尺度（高田ら、1996；高田、2012をもとに作成）

　次の（1）から（20）まがあなたにどの程度当てはまるか、7ぴったり当てはまる、6当てはまる、5やや当てはまる、4どちらともいえない、3あまり当てはまらない、2当てはまらない、1まったく当てはまらない、のうち一つを選んでお答えください。
（1）常に自分自身の意見を持つようにしている。
（2）自分が何をしたいのか常にわかっている。
（3）自分の意見をいつもはっきりいう。
（4）いつも自信を持って発言し、行動している。
（5）一番最良の決断は、自分自身で考えたものであると思う。
（6）自分で良いと思うのならば、他の人が自分の考えを何と思おうと気にしない。
（7）自分の周りの人が異なった考えを持っていても、自分の信じるところを守り通す。
（8）たいていは自分一人で物事の決断をする。
（9）良いか悪いかは、自分自身がそれをどう考えるかで決まると思う。
（10）自分の考えや行動が他人と違っていても気にならない。

（11）仲間の中での和を維持することは大切だと思う。
（12）人から好かれることは自分にとって大切である。
（13）自分がどう感じるかは、自分が一緒にいる人や、自分のいる状況によって決まる。
（14）自分の所属集団の仲間と意見が対立することを避ける。
（15）人と意見が対立したとき、相手の意見を受け入れることが多い。

Chapter 13 文 化 と 人

(16) 相手やその場の状況によって、自分の感度や行動を変えることがある。
(17) 人が自分をどう思っているかを気にする。
(18) 何か行動をするとき、結果を予測して不安になり、なかなか実行に移せないことがある。
(19) 相手は自分のことをどう評価しているかと、他人の視線が気になる。
(20) 他人と接する時、自分と相手との間の地位や関係が気になる。

(1)〜(10)の合計/10＝相互独立性得点、(11)〜(20)の合計/10＝相互協調性得点

大学生の得点（標準偏差）

	男子	女子	全体
相互独立性	4.48 (.89)	4.28 (.99)	4.45 (.87)
相互協調性	4.88 (.80)	4.91 (.77)	4.89 (.79)

III 20 答 法

　個人主義―集団主義の測定法のうちトリアンデス (1990) は20答法を用いた（この方法のオリジナルはM. H. Kuhn & T. S. McPartland, 1954）。まずは表13-4に従って自己診断しよう。

　回答の分析は「私は頑張り屋」「音楽が好き」というような私自身の特徴などについての答えを個人的回答に分類し、「○○大学の学生」「長女」「××出身」という答えは社会的回答と分類する。

　個人主義者は社会的回答の割合が低く、集団主義者は高い。アメリカでは社会的回答は20％以下で、アジアでは20％以上が多く、中には50％であったりする。

　このような回答の傾向は答えさせる時の状況などで変わってくる。たとえば事前に自分と他の人との共通点を考えさせておくと社会的回答が増え、違いを考えさせておくと個人的回答が増える。日本人では「学校で私は……」と状況を特定すると、社会的回答は減り個人的回答が増える。つまり、人は2種類の自分の見方ができるが、日本人にとっては自分の見方はその場の状況次第で変わるものという傾向がある。

表 13-4　20 答法

「私は誰だろうか」という問いを自分自身にした時に頭に浮かんでくることを、浮かんできた順に下の 1. から 20. に書いてください。時間をかけず手早くどんどん書いてください。

1. 　　　私は
2.
3.
4.
5.
6.
7.
8.
9.
10.
11.
12.
13.
14.
15.
16.
17.
18.
19.
20.

引用・参考文献

Markus, N. R. & Kitayama, S.（1991）Culture and self: Implication for cognition, emotion, and motivation. *Psychological Review*, 98, 224-253.
増田貴彦（2010）『ボスだけを見る欧米人―みんなの顔まで見る日本人』講談社 α 新書
増田貴彦・山岸俊男（2010）『文化心理学　上・下』培風館
D. マツモト（南 雅彦・佐藤公代監訳）（2001）『文化と心理学―比較文化心理学入門―』北大路書房
中里至正・松井 洋（2007）『「心のブレーキ」としての恥意識―問題の多い日本の若者たち』ブレーン出版
R. E. ニスベット（村本由紀子訳）（2004）『木を見る西洋人森を見る東洋人―思考の違いはいかにして生まれるか』ダイヤモンド社
大石繁宏（2009）『幸せを科学する―心理学からわかったこと』新曜社
M. H. シーガル他（田中國夫・谷川賀苗訳）（1995）『比較文化心理学　上・下』北大路書房
高田利武（2012）『日本文化での人格形成―相互独立性・相互協調性の発達的検討』ナカニシヤ出版
高木 修監修，金児曉嗣・結城雅樹編（2005）『文化行動の社会心理学　シリーズ21世紀の社会心理学3』北大路書房
H. C. トリアンデス（神山貴弥・藤原武弘編訳）（2002）『個人主義と集団主義―2つのレンズを通して読み解く文化―』北大路書房
内田由紀子（2013）「日本人の幸福感と幸福度指標」『心理学ワールド』日本心理学会
山岸俊男（1998）『信頼の構造』東京大学出版会

人名索引

ア 行

アーガイル（M. Argyle） 148-9
アーチャー（J. Archer） 117
相川充 152
アイゼンバーグ（N. Eisenberg） 10, 132, 133, 139
東清和 33
東洋 239
アッシュ（S. E. Asch） 23-4, 185, 187-8
アドルノ（T. W. Adorno） 37
アロン（A. P. Aron） 92
アロンソン（V. Aronson） 93
安藤清志 84, 126
伊藤陽一 216
井上祥治 87
今井芳昭 156, 189
今田純雄 223
井村修 204
岩淵千明 154, 213
ウィックランド（R. A. Wicklund） 77
ウィリアムズ（K. Williams） 193-4
ウィルソン（E. Wilson） 113
ウインチ（R. F. Winch） 95
ウェイス（W. Weiss） 63
ウォルスター（E. Walster） 47, 93, 99
内田由紀子 238
ウッド（J. V. Wood） 82
ヴント（W. Wundt） 2
エイブラハム（D. Abrahams） 93
大石繁宏 237
大淵憲一 116
岡隆 36
岡田守弘 214
小川浩一 216
押見輝男 87
長田雅喜 94
オズグット（C. E. Osgood） 61
オールポート（F. H. Allport） 3
オールポート（W. Allport） 216

カ 行

カークホフ（A. C. Kerckhoff） 96
カーライト（D. Cartright） 171
カールスミス（J. M. Carlsmith） 60
カシオッポ（J. T. Cacioppo） 67, 69
カッツ（E. Katz） 215
加藤隆勝 142
金井壽宏 180
唐沢穣 145
川名好裕 156
川野健治 36
ギア（J. Gere） 107
菊池章夫 153
ギグリエリ（M. C. Ghiglieri） 111, 113, 123
北山忍 235, 241, 243
ギフォード（R. K. Gifford） 38
キンツェル（A. F. Kinzel） 201
クーパースミス（S. Coopersmith） 87
クーリー（C. H. Cooley） 75-6
クーン（M. H. Kuhn） 245
釘原直樹 206
グッドマン（C. C. Goodman） 20
クラーク（M. S. Clark） 100
グリーンワルド（A. G. Greenwald） 82
グレイサー（S. A. Greyser） 72
クレッチ（D. Krech） 59
桑原尚史 154
ケリー（H. H. Kelley） 28, 44-5
ケルマン（H. C. Kelman） 63
ゴールドマン（R. Goldman） 69

249

コールバーグ（L. Kohlberg）
　　　　　　　　　　　15-6, 132-3, 239

サ 行

ザイアンス（R.B.Zajonc）	70, 95, 193
榊博文	65, 216
坂元章	23
サンフォード（R. N. Sanford）	37
シーガル（M. H. Segall）	227
ジェームズ（W. James）	75-6, 81
ジェラード（H. B. Gerard）	188
シェリフ（C. W. Sherif）	38
シェリフ（M. Sherif）	38, 187-8
シガール（H. Sigal）	94
渋谷昌三	201, 203
下斗米淳	100-5, 107-8
シャイアー（M. F. Scheier）	79
シャクター（S. Schachter）	9, 49, 51, 92-3, 95
ジャニス（I. L. Janis）	64, 87, 169
ジャンセン-キャンプベル（L. A. Jensen-Campbell）	107
シュナイダー（M. Snyder）	153
ジュリィ（L. July）	107
ジョーンズ（E. E. Jones）	42, 48, 84
ジョエル（S. Joel）	107
白樫三四郎	52
ジンガー（J. E. Singer）	49
ジンバルド（P. G. Zimbardo）	77, 118, 196
ジンメル（G. Simmel）	210
菅原健介	87
鈴木裕久	209
ストナー（A. F. Stoner）	168
スナーレー（J. R. Snarey）	16
スノエク（D. J. Snoek）	98

タ 行

ダーウィン（C. R. Darwin）	113, 130
ターナー（J. C. Turner）	38
ダーリー（J. Darley）	10, 135
ターンブル（C. Turnbull）	138
ダイオン（K. K. Dion）	93
タイラー（E. B. Tylor）	224
高田利武	244
高野陽太郎	240
竹内郁郎	146
タジウリ（R. Tagiuri）	26
タジフェル（H. Tajfel）	38
ダットン（D. G. Dutton）	92
田中宏二	207, 218
ダネット（M. E. Dunnette）	165
タネンバウム（P. H. Tannenbaum）	61
ダブス（J. M. Dabbs）	64
ダラード（J. Dollard）	116
タルド（G. Tarde）	2-3
ディーン（J. Dean）	148-9
デイビス（K. E. Davis）	42, 96
テイラー（S. E. Taylor）	82
テダスキ（J. T. Tedeski）	85
テッサー（A. Tesser）	83
デュヴァル（S. Duval）	77
ドーキンス（R. Dawkins）	224
ドイッチ（M. Deutsch）	188
ドゥエック（C. S. Dweck）	55
トリアンデス（H. C. Triandes）	240, 245
トリヴァース（R. Trivers）	131

ナ 行

中里至正	6, 11, 125
永田良昭	105
中村真	33, 36, 211
中谷内一也	70
ニスベット（R. E. Nisbett）	48, 122, 237

人名索引

ニューカム（T. M. Newcomb）	61
ニューバーグ（S. L. Neuberg）	29-30
ネルソン（D. Nelson）	94
ノーマン（N. Norman）	85

ハ行

ハーキンス（S. Harkins）	193-4
バーコヴィッツ（L. Berkowitz）	116, 121
バーシェイド（E. Berscheid）	93, 99
バーソフ（D. M. Bersoff）	17
パーソンズ（T. Parsons）	104
バーン（D. Byrne）	94
バーンズ（J. M. Burns）	178
パイク（K. L. Pike）	226
ハイダー（F. Heider）	31, 61
ハウス（R. J. House）	178, 181-2
バス（B. M. Bass）	178
バス（A. H. Buss）	79, 125
パッカード（V. Packard）	23
バック（K. Back）	95
バナジ（M. R. Banaji）	82
ハミルトン（D. L. Hamilton）	38
ハミルトン（W. D. Hamilton）	113, 130
林文俊	26
バングリスティ（A. L. Vangelisti）	107
バンデューラ（A. Bandura）	119, 239
ピアジェ（J. Piaget）	133, 239
ビカリー（J. M. Vicary）	23
ヒギンズ（E. T. Higgins）	80
ピネール-リード（A. Pinaire-Reed）	211
廣岡秀一	27
広瀬弘忠	219
フィードラー（F. E. Fiedler）	173-4, 176, 182-3
フィールド（P. B. Field）	87
フィスク（S. T. Fiske）	29-30
フィッシュバイン（M. Fishbein）	70
フェスティンガー（L. Festinger）	59-60, 95
フェッシュバック（S. Feshback）	64
フェニグスタイン（A. Fenigstein）	79, 87
深田博己	147, 156
フッド（W. E. Hood）	38
ブラウン（B. B. Brown）	197
ブラウン（R. W. Brown）	207
ブラックス（T. G. Plax）	211
フランクル-ブルンスウィック（E. Frenkel-Brunswick）	37
フリードマン（J. L. Freedman）	158
ブルーナー（J. S. Bruner）	20-1, 26
古川久敬	180
ブレイク（R. R. Blake）	171
フレイザー（S. C. Fraser）	158
フレンチ（J. R. French）	189
プレンティス-ダン（S. Prentice-Dunn）	64
ブルーワー（M. B. Brewer）	29
フロイト（S. Freud）	115, 121, 224
ベールズ（R. F. Bales）	104
ヘックホーセン（H. Heckhausen）	52
ペティ（R. E. Petty）	67, 69
ベネディクト（R. Benedict）	226, 242
ベム（D. J. Bem）	80
ペリー（M. P. Perry）	125
ペン（K. Peng）	233
ホー（K. Hau）	16
ポストマン（L. Postman）	21, 216
ホフステード（G. Hofstede）	240
ホブランド（C. I. Hovland）	57, 63
ホワイティング夫妻（J. Whiting & B. Whiting）	139
ホワイト（O. J. White）	38
ホワイト（R. White）	170
本間道子	197

マ行

マーカス（H. Markus）	192
マーカス（N. R. Markus）	235, 243

マーシャル（T. C. Marshall）	107
マースタイン（B. J. Muestein）	98
マクガイア（W. J. MacGuire）	64
マクギニー（E. McGinnies）	21-22
マクドナルド（G. MacDonald）	107
増田貴彦	232
松井洋	125, 138, 242
松井豊	107
マックポートランド（T. S. McPartland）	245
マッセン（P. Mussen）	10, 139
マツモト（D. Matsumoto）	239
マドセン（M. Madsen）	138
マリノウスキー（B. K. Malinowski）	224
マレー（H. A. Murray）	8, 92
ミード（G. H. Mead）	76
ミード（M. Mead）	225
三上俊治	218
三隅二不二	12, 171-2
ミラー（J. G. Miller）	17
ミルグラム（S. Milgram）	118, 188-9, 191
ミルズ（J. Mills）	100
ムートン（J. S. Mouton）	171
メイヨー（E. Mayo）	12
メヤー（W. Meyer）	52
モリス（M. Morris）	233
森田洋司	123-4

ヤ 行

山岸俊男	236, 241
山崎明子	16
吉田道雄	52
能見義博	134, 137
米山俊直	34

ラ 行

ラザースフェルド（P. F. Lazarsfeld）	215
ラズバルト（C. E. Rusbult）	99
ラタネ（B. Latané）	10, 135, 193-5
ランガー（E. J. Langer）	48
ランディー（D. Landy）	94
リッチマン（R. R. Lichtman）	82
リピット（R. Lippitt）	170
リンゲルマン（M. Ringelmann）	167
ルー（W. J. Lew）	16
ルイス（R. A. Lewis）	97
ル・ボン（G. LeBon）	2
レイブン（B. H. Raven）	189
レヴィン（K. Lewin）	12, 170
レヴィンソン（D. J. Levinson）	37
レーベンソール（H. Leventhal）	64
レビンガー（G. Levinger）	98
ローゼンバーグ（M. J. Rosenberg）	57, 81, 87
ローゼンフェルド（L. B. Rosenfeld）	211
ローレンツ（K. Lorenz）	114
ロジャース（E. M. Rogers）	211
ロジャーズ（R. W. Rogers）	64
ロス（L. Ross）	47
ロッター（J. B. Rotter）	52
ロットマン（L. Rottman）	93
ロディン（J. Rodin）	195

ワ 行

ワイナー（B. Weiner）	52
我妻洋	34
和田実	148, 150

事項索引

ア 行

愛他行動	129
アイデンティティ	198
甘えの構造	226
誤った関連づけ	38
アンダードッグ効果	214
暗黙裡の性格	26
異化	210
いじめ	123
一面的コミュニケーション	65
因果図式モデル	45
因果スキーマ	45
印象管理	211
印象形成	23, 149
印象操作	85
栄光浴	84
エティック	226
エミック	226
援助行動	9, 129, 195
送り手（説得者）	69
オピニオンリーダー	215
思いやり行動	129

カ 行

外的統制志向	52
カクテル・パーティ現象	21
家族的類似性	230
葛藤理論	38
カテゴリー依存型処理	30
カテゴリー化	25
観察者効果	192
客我	75
客体的自覚状態	77
鏡映的自己	76
観察法	5
感情	33
寛容効果	25
規範的影響	185, 188
共感性	132
共行動効果	192
強制勢力	190
恐怖喚起コミュニケーション	63
共変原理	44
均衡理論	31
空間行動	196
群集	205, 207
——行動	207
血縁淘汰	130
権威主義的性格	37
原因帰属	41
言語的コミュニケーション	146
現実の葛藤理論	38
見物効果	192
行為者-観察者バイアス	48
攻撃の利益とコスト	117
向社会的行動	129
向社会的判断	132
コーシャスシフト現象	168
公正性の信奉	47
構造こわし	181
公的自己意識	79, 87
行動	33
光背効果	24
幸福感	237
互恵的利他性	131
後光効果	24
個人空間	199
個人主義	240
コミュニケーション	145-8, 151
——の2段階流れ仮説	215

コンティンジェンシー理論	173	社会的影響	185, 195
コントロールの錯覚	48	社会的学習理論	39
根本的帰属錯誤	47	社会的距離	36
		社会的勢力	188-9

サ 行

サピア＝ウォーフの仮説	228	社会的促進	192
サブリミナル効果	23	社会的怠惰	193
差別	33	社会的知覚	19
参照（準拠）勢力	190	社会的手抜き	167, 193
自意識尺度	87	社会的動機	7
自己	154	社会的比較理論	82
自己意識特性	79	社会的抑制	192
自己開示	86	集合	205
自己概念	79	——行動	205
自己過程	76	集団	163
自己完結的コミュニケーション	146	——規範	164
自己高揚	82, 237	——凝集性	164
——動機	237	——極化現象	168
自己知覚理論	80, 158	——思考	169
自己呈示	84	——主義	240
自己認識の二重性	75	——年齢	180
自己卑下	237	周辺特性	23
——動機	237	主我	75
自己評価維持モデル	83	承諾先取り要請法	158
視線	148-9	情動	206
——の交差	203	消費者	156
自尊感情	81	情報勢力	191
——尺度	81, 87	情報的影響	185, 188
自尊心	38, 152	譲歩要請法	156
実験法	5	ジョハリの窓	86
私的自己意識	79, 87	心理学的アプローチ	36
自動運転現象	187	心理的リアクタンス理論	66
死の本能	115	スケープゴート	37
自民族中心主義	224	ステレオタイプ	25, 33
社会的アイデンティティ理論	38	——的認知	25
社会的圧力	187	ストーカー	124
社会的痛み	107	スリーパー効果	63
社会的インパクト理論	167	正常性バイアス（正常化の偏見）	49
		精神分析	22
		正当勢力	190

事項索引

生得的攻撃機構	114
責任の帰属と攻撃	116
責任の分散	195
説得的コミュニケーション	61
——の精緻化見込みモデル	67
セルフ・サーヴィング・バイアス（自己奉仕的バイアス）	48
セルフ・ディスクレパンシー	80
セルフ・ハンディキャッピング	85
セルフ・モニタリング	153
——尺度	154
潜在的自尊感情	82
潜在的態度	58
潜在的連合テスト	82
専制的リーダー	170
専門勢力	190
相互協調的自己	235
相互独立的自己	235
ソーシャルサポート	147
ソーシャルスキル	151-3
ソースアムニジア	63

タ 行

対応推論理論	42
対人葛藤	151, 153
対人関係	31, 154
対人距離	146, 148-9, 200
対人認知	23
態度	33, 57
多属性態度モデル	70
タテ社会	226
段階要請法	157
単純接触効果	71
知覚的鋭敏化	21
知覚的強調化	20
知覚的防衛	22
中心特性	23
調査法	6

聴衆	207
罪の文化	226, 242
デマ	215
同化	210
道具的コミュニケーション	146
同調	185
道徳意識	15
独断主義	211
特典付加要請法	160
匿名性	77, 196

ナ 行

内的統制志向	52
なわばり	196
1次的——	197
公的——	198
2次的——	197
二重処理モデル	29
認知	33
——的アプローチ	37
——的不協和理論	59
——閾	21
ノンバーバル・スキル尺度	151

ハ 行

排除	107
恥の文化	226, 242
パス・ゴール理論	181
パーソナル・スペース	196, 199
罰勢力	190
パニック	205, 218
——の発生条件	218
パラ言語	149
バランス理論	31
ハロー効果	24
反映過程	83
バンドワゴン効果	214

255

ＰＭ理論	171	利得的――	207
比較過程	83	モデリング	119
比較広告	72	漏れ聞き効果	67
非言語的コミュニケーション			
	146, 148, 150, 153		
ピースミール依存型処理	31	**ヤ 行**	
風土	226	役割取得	76, 132
服従	188	有効フリクエンシー	71
複数十分原因スキーマ	45	要請技法	156
ブーメラン効果	66	欲求不満と攻撃	116
文化人類学	224	世論	205, 213
分散分析モデル	44	――過程	213
分析的思考	229	――現象	213
偏見	32	――調査	213
返報性の規範	86		
防衛機制	22	**ラ 行**	
防衛的帰属	48		
包括的思考	229	ランチョン効果	66
傍観者効果	135	リスキーシフト現象	168
防護動機理論	65	利他行動	129
報賞勢力	189	リーダーシップ	11, 170
包装効果	25	カリスマ的――	177
放任的リーダー	170	交換的――	178
没個性化	77, 195	変革的――	178
		流言	205, 215
マ 行		――の発生条件	216
		流行	13, 205, 208
マキャベリアン的傾向	211	――現象	205, 208
マス・コミュニケーション	214	――の普及過程	211
マスメディア	214	両面的コミュニケーション	65
民主的リーダー	170	連続体モデル	29
メッセージ	147	論理的過誤	25
免疫理論	67		
模擬監獄	119	**ワ 行**	
モッブ	207		
攻撃的――	208	割り引き原理	46
逃走的――	208	割り増し原理	46
表出的――	207		

＊執筆者紹介＊

清水　裕　1966年生まれ。東京都出身。学習院大学大学院人文科学研究科博士後期課程中退。現在、昭和女子大学人間社会学部教授。
主な著書・論文：『あのとき避難所は―阪神・淡路大震災のリーダーたち―』（共著）ブレーン出版、1998。『人を支える心の科学』（共著）誠信書房、1998。『援助とサポートの社会心理学』（共著）北大路書房、2000。

越智啓太　1965年生まれ。神奈川県出身。学習院大学大学院人文科学研究科博士前期課程修了。現在、法政大学文学部教授。
主な著書・論文：『Progress & Application 犯罪心理学』サイエンス社、2012。『ケースで学ぶ犯罪心理学』北大路書房、2013。『法と心理学の事典』（共編）朝倉書店、2011。

永房典之　1972年生まれ。静岡県出身。東洋大学大学院社会学研究科博士後期課程修了。現在、淑徳大学短期大学部教授。
主な著書・論文：『なぜ人は他者が気になるのか？―人間関係の心理』（編著）金子書房、2008。『人間関係の心理パースペクティブ』（共著）誠信書房、2010。「厚生施設入所児の公衆場面における行動基準に関する研究」心理学研究、第83巻第5号、2012。

下斗米淳　1961年生まれ。東京都出身。学習院大学人文科学研究科心理学専攻博士後期課程単位取得退学。博士（文学）。現在、専修大学人間科学部教授。
主な著書・論文『はんらんする身体』（共著）専修大学出版局、2006。『自己心理学6：社会心理学へのアプローチ』（編著）金子書房、2008。Conflict pressures on romantic relationship commitment for anxiously attached individuals. (coauthor) *Journal of Personality*, 79, 2011. Valuing romantic relationships: The role of family approval across cultures. (coauthor) *Cross Cultural Research*, 46, 2012.

西迫成一郎　1967年生まれ。大阪府出身。関西大学大学院社会学研究科博士課程後期課程単位取得退学。現在、相愛大学人文学部准教授。
主な著書・論文：『新・心理学の基礎を学ぶ』（共著）八千代出版、2013。「社会的不公正事態の類型化および社会的不公正事態にともなう感情の分析」（共著）心理学研究、第81巻第6号、2011。

堀内勝夫　1964年生まれ。東京都出身。東洋大学大学院文学研究科教育学専攻修士課程修了。現在、（学）産業能率大学総合研究所。
主な著書・論文：『BRA 尺度構築の試み』産業組織心理学研究、2003。『性格心理学ハンドブック』（共著）福村出版、1998。「共創型技術開発マネージャーのマネジメント行動に関する分析的視点」産能短期大学紀要、第31号。

＊編者略歴＊

中里至正（なかさと　よしまさ）

　1935 年生まれ　　北海道出身
　青山学院大学大学院修了　社会学博士
　東洋大学名誉教授
　主な著書
　『道徳的行動の心理学』（単著）有斐閣、1989
　『日本の若者の弱点』（共著）毎日新聞社、1999
　『日本の親の弱点』（共著）毎日新聞社、2003

松井　洋（まつい　ひろし）

　1950 年生まれ　　東京都出身
　青山学院大学大学院修了
　川村学園女子大学名誉教授
　主な著書
　『異質な日本の若者たち』（共編著）ブレーン出版、1997
　『日本の親の弱点』（共著）毎日新聞社、2003
　『インテリ公害』（共著）グラフ社、2010

中村　真（なかむら　しん）

　1967 年生まれ　　沖縄県出身
　東京都立大学大学院博士課程満期退学
　現在　江戸川大学社会学部教授
　主な著書
　『社会心理学入門 自己・他者そして社会の理解のために』（共著）福村出版、1997
　『環境認知の社会心理』（共著）八千代出版、1997
　『現代のエスプリ 384 偏見とステレオタイプの心理学』（共著）至文堂、1999
　『未来をひらく心理学入門』（共著）八千代出版、2007
　『人間関係の心理学』（共著）おうふう、2010

新・社会心理学の基礎と展開

　2014 年 4 月 15 日　第 1 版 1 刷発行
　2022 年 12 月 15 日　第 1 版 7 刷発行

　編　者――中里至正・松井　洋・中村　真

　発行者――森　口　恵美子

　印刷所――三 光 デ ジ プ ロ

　製本所――グ　リ　ー　ン

　発行所――八千代出版株式会社

　　　〒101-0061　東京都千代田区神田三崎町 2-2-13
　　　TEL　03-3262-0420
　　　FAX　03-3237-0723
　　　振 替　00190-4-168060

　＊定価はカバーに表示してあります。
　＊落丁・乱丁本はお取り替えいたします。

ISBN 978-4-8429-1623-1　　　© 2014 Y. Nakasato et al.